COMO PENSAR COMO UM ECONOMISTA

COMO PENSAR COMO UM ECONOMISTA

ROBBIE MOCHRIE

TRADUÇÃO MARCIA BLASQUES

Copyright © Robbie Mochrie 2024
Tradução para Língua Portuguesa © Marcia Blasques 2025
Esta tradução de Como pensar como um economista,
foi publicada de acordo com a Bloomsbury Publishing Inc.
Todos os direitos reservados à Astral Cultural e protegidos pela
Lei 9.610, de 19.2.1998. É proibida a reprodução total ou parcial
sem a expressa anuência da editora.

Editora
Natália Ortega

Editora de arte
Tâmizi Ribeiro

Coordenação editorial
Brendha Rodrigues

Produção editorial
Manu Lima e Thais Taldivo

Revisão de texto
Carlos César da Silva, Mariá Moritz Tomazoni e Mariana C. Dias

Ilustrações da capa
Jasmine Parker

Dados Internacionais de Catalogação na Publicação (CIP)
Angélica Ilacqua CRB-8/7057

M687c

    Mochrie, Robbie
      Como pensar como um economista / Robbie Mochrie;
tradução de Marcia Blasques. -- São Paulo, SP : Astral
Cultural, 2025.
      288 p.

    ISBN 978-65-5566-555-0
    Título original: How to think like an economist

    1. Economia I. Título II. Blasques, Marcia

24-5268

CDD 330

Índice para catálogo sistemático:
1. Economia

BAURU	SÃO PAULO
Rua Joaquim Anacleto Bueno 1-42	Rua Augusta, 101
Jardim Contorno	Sala 1812, 18º andar
CEP: 17047-281	Consolação
Telefone: (14) 3879-3877	CEP: 01305-000
	Telefone: (11) 3048-2900

E-mail: contato@astralcultural.com.br

Para meus pais.

SUMÁRIO

PREFÁCIO — 9

1. Aristóteles, o filósofo — 16

2. Tomás de Aquino, o doutor angélico — 26

3. Adam Smith, o fundador — 36

4. Robert Malthus e David Ricardo, o realista e o teórico — 46

5. John Stuart Mill, o liberal clássico — 56

6. Karl Marx, o visionário comunista — 66

7. William Stanley Jevons, Carl Menger e Léon Walras, três revolucionários silenciosos — 76

8. Alfred Marshall, o artesão frágil — 86

9. Joseph Schumpeter, criador e destruidor — 96

10. John Maynard Keynes, o último amador — 107

11. Friedrich Hayek, um tipo de liberal muito diferente — 117

12. John von Neumann, o matemático mais brilhante — 127

13. Ronald Coase, o observador plácido — 137

14. Milton Friedman, o monetarista — 148

15. Paul Samuelson, o Keynes dos Estados Unidos? — 159

16. Herbert Simon, o realista científico-social — 170

17. Thomas Schelling, o contador de histórias — 180

18. Robert Solow, artesão e construtor — 190

19. Gary Becker, o imperialista inabalável — 201

20. Elinor Ostrom, a cientista política — 212

21. Daniel Kahneman e Amos Tversky, dois psicólogos — 222

22. Robert Lucas, o idealista — 233

23. George Akerlof, o emprestador — 244

24. Esther Duflo, a experimentadora — 255

POSFÁCIO — 266
AGRADECIMENTOS — 271
ÍNDICE REMISSIVO — 273

PREFÁCIO

O que é a economia?

Tudo que é útil, tudo que é valioso e tudo que nos conecta às outras pessoas. E, em geral, não estamos conscientes disso.

Para entender a economia, precisamos olhar para o mundo de uma maneira completamente nova. Precisamos ver que ele está repleto de *recursos*. Temos recursos. Nós os gerenciamos e os usamos, mas também podemos criá-los. E podemos comprá-los, vendê-los ou compartilhá-los. Ao olharmos ao redor e enxergarmos recursos, também enxergaremos uma teia complexa de relacionamentos, que conecta pessoas e organizações. Tudo isso é a economia.

Como primeiro exercício para pensar como um economista, considere este livro um recurso. Você o pegou e começou a lê-lo. Podemos presumir que escolheu gastar seu tempo dessa maneira. Há alguns instantes, você decidiu ler este parágrafo. Ninguém o obrigou a fazer isso. E não faria sentido algum falar que o livro chegou por si só às suas mãos, abrindo-se nesta página e exigindo que você o lesse.

Aqui estão duas questões econômicas para você considerar: por que você escolheu este livro, em vez de um dos milhões de outros livros no mundo? E, se comprou este livro, em vez de simplesmente encontrá-lo por acaso, por que escolheu gastar seu dinheiro nele e não em outra coisa?

Dar esse primeiro passo na direção de ver o mundo e pensar nele como um lugar cheio de recursos deve levar você a se fazer muitas outras perguntas como essas.

Mas, ainda que os recursos sejam importantes, os economistas estão muito mais interessados nas pessoas e nos relacionamentos entre elas. Assim como aconteceu com a escolha deste livro, as pessoas tomam decisões sobre o que farão com o que têm. Em sua forma mais geral, a economia trata de pessoas gerenciando recursos para satisfazer desejos. Como economista, não posso dizer o que você esperava encontrar neste livro, o que o tornou digno de ser lido. Tampouco posso dizer qual prazer você renunciou para poder lê-lo. Mas afirmarei que achou que comprar este livro seria um bom uso de um de seus recursos mais importantes, o dinheiro, e que lê-lo seria um bom uso de outro tipo muito importante de recurso, o tempo.

Continuando a pensar como economistas, há muito mais que podemos dizer sobre a leitura deste livro. Uma xícara de café é um recurso. Você o usa bebendo-o. Um bilhete de trem lhe dá o direito de viajar entre duas estações ferroviárias. Você o usa fazendo a viagem. Uma casa é uma construção projetada para que as pessoas possam viver nela. Ao usá-la, você não apenas tem abrigo e calor, mas a transforma em um lar.

E este livro? Ele não foi escrito apenas para ser uma forma de entretenimento. Quando terminar a leitura, espero que saiba mais sobre o pensamento econômico e como uma variedade de teóricos brilhantes o moldaram. De alguma forma, esse conhecimento mudará você. Isso nos dá uma maneira muito moderna e verdadeiramente econômica de pensar nas pessoas como recursos autogerenciados. Ao escolher a leitura deste livro hoje, pode ser que você interaja com a economia de maneira diferente amanhã — mesmo que seja apenas porque se tornou mais consciente do que está fazendo. Exploraremos o que significa pensar nas pessoas como autogerenciáveis nos capítulos 17, 19 e 23, que tratam das obras de Thomas Schelling, Gary Becker e George Akerlof.

A economia é um sistema complexo no qual as pessoas gerenciam o que têm e interagem com outras pessoas (e com o que elas têm). As ciências econômicas são, portanto, o estudo estruturado das pessoas como gerentes de recursos, e do sistema dentro do qual elas os gerenciam. Essa definição é deliberadamente vaga e geral. Ela permite que a primeira metade do livro explique como as ciências econômicas surgiram de maneira gradual ao longo dos séculos, por meio das ideias de pessoas que não eram necessariamente economistas. Você encontrará filósofos, padres, financistas, jornalistas e funcionários públicos.

Voltemos para Atenas, cerca de 2.400 anos atrás, quando a cidade não era apenas o estado-líder na região de língua grega do Mediterrâneo, mas o berço da civilização ocidental. Pensar sobre como gerenciar recursos era uma parte minúscula da filosofia, que na época era uma forma radical e nova de pensar sobre tudo no mundo e além dele. Para os antigos gregos, entender como gerenciar recursos externos era menos interessante do que entender como gerenciar a nós mesmos. Portanto, o estudo da economia começou como um conjunto de argumentos a respeito do comportamento ético dos cidadãos atenienses.

O primeiro avanço importante nessa abordagem grega ocorreu no Califado Islâmico, mais de mil anos depois. Em vez de pensar na economia, antes de mais nada, como autogerenciamento, os estudiosos muçulmanos reconheceram o valor da troca de recursos entre as pessoas. Eles ainda pensavam em termos filosóficos — ou, dado que estavam tentando explicar a vontade de Deus, em termos teológicos. Essa abordagem foi adotada por estudiosos cristãos na Europa Ocidental no século XIII, que adicionaram a ela ideias retiradas do direito romano sobre a natureza da propriedade e do comércio. A economia ainda estava inserida na análise do comportamento dos indivíduos.

Foi somente em 1776 que o filósofo escocês Adam Smith produziu o primeiro relato sistemático da economia. Seu livro *A riqueza das nações* é o ancestral comum de todas as formas de pensamento econômico que existem hoje. Seus argumentos eram tão amplos e profundos que qualquer economista pode olhar para *A riqueza das nações* e encontrar material que tenha relação com sua própria ideia da economia. No entanto, talvez seja melhor pensar em Smith como representante da tradição filosófica do gerenciamento de recursos, quase no instante em que esta evoluiu para a economia moderna. Ele foi um grande nome do pensamento econômico, conectando ética e economia.

Durante a maior parte do século XIX, as pessoas que escreviam sobre economia começavam a pensar no assunto após estudarem filosofia ou, sobretudo na Alemanha, história. Na França, vários engenheiros fizeram contribuições substanciais para a análise econômica, ao passo que, no Império Austro-Húngaro, uma tradição influente de análise econômica surgiu das faculdades de direito. À medida que a economia passava a se destacar como uma disciplina própria, parecia que todos tinham algo a dizer sobre ela.

Com seu *Princípios de economia*, publicado em 1890, Alfred Marshall finalmente colocou o pensamento econômico em uma base que pode ser reconhecida como moderna. Como resultado, no início do século XX, a economia finalmente se separou da filosofia e das humanidades, desenvolvendo sua identidade atual. Mesmo assim, no trabalho de psicólogos, como Daniel Kahneman e Amos Tversky, de cientistas políticos, como Herbert Simon e Lin Ostrom, e de matemáticos, como John von Neumann e John Nash, veremos que existem acadêmicos de muitas outras disciplinas que continuam a fazer contribuições importantes para a economia.

Durante o século XX, houve enormes mudanças na natureza da economia. Em 1900, o carvão era a principal fonte de energia, os carros eram basicamente carruagens sem cavalos, e os telefones, uma invenção recente. As pessoas tendiam a morrer muito mais jovens do que hoje, após trabalharem longas horas em empregos fisicamente exigentes. Pouquíssimas pessoas tinham diplomas universitários. Ao longo do século XX, em parte devido aos efeitos de duas guerras mundiais, os Estados Unidos se tornaram a potência econômica dominante.

Quando a estrutura econômica muda, o pensamento econômico também muda. Adam Smith escreveu sua obra nos primeiros anos da Revolução Industrial. Sua análise refletia a pequena escala da indústria, antes que a energia a vapor permitisse a criação de grandes fábricas. John

Stuart Mill e Karl Marx foram ambos profundamente críticos em relação à forma como a Revolução Industrial do início do século XIX beneficiava em especial os donos de fábricas, em vez dos trabalhadores. Alfred Marshall continuou a tradição de defender que a economia deveria possibilitar uma melhoria nas condições da classe trabalhadora.

Encontrar uma saída da Grande Depressão dos anos 1930 foi um desafio imenso para o pensamento econômico. A economia dos Estados Unidos, que havia sido o motor do crescimento econômico para o mundo todo na década de 1920, chegou perto de um colapso total. Quase um quarto dos trabalhadores ficou desempregado entre 1930 e 1932. O economista inglês John Maynard Keynes discutiu que a única solução possível seria os governos gastarem mais dinheiro.

No centro do argumento complexo de Keynes estava uma visão brilhante, que rapidamente ganhou o apoio de economistas mais jovens. Muitos detalhes de seu pensamento eram obscuros, e por isso os economistas debateram por muitos anos sobre o quanto os argumentos de Keynes deveriam ser aceitos e com base em quê. Mas há poucos economistas que argumentariam contra a implicação principal de sua análise: de que o governo de um país pode desempenhar um papel importante na estabilização da economia.

Keynes foi muito mais do que um economista acadêmico. Politicamente ativo durante grande parte de sua vida, também foi um jornalista brilhante. Enquanto defendia que os gastos do governo poderiam ter muitos benefícios, Friedrich Hayek e Milton Friedman, que o sucederam como importantes intelectuais públicos, discordavam dele e influenciaram o pensamento de Margaret Thatcher e de Ronald Reagan, tentando limitar o tamanho e o poder do Estado. Tais diferenças políticas, porém, não impediram Keynes e Hayek de admirarem o trabalho um do outro como economistas.

Na economia moderna, a informação é talvez o recurso mais valioso que devemos gerenciar, e muitas das diferenças mais significativas entre os economistas se dão quanto a como fazer isso. Adam Smith presumia que teríamos conhecimento suficiente para que a economia se auto-organizasse e fosse estável. De certa forma, quando Maynard Keynes lembrou ao mundo que a estabilidade econômica depende de um senso generalizado de confiança, credibilidade e esperança no futuro, ele olhava para Smith e para a tradição filosófica sobre o que podemos saber a respeito da economia, mesmo enquanto desafiava a suposição de que a auto-organização seria sempre eficaz.

As diferenças entre economistas talvez tenham sido mais bem captadas por Herbert Simon, um dos maiores cientistas sociais do século XX. Ele argumentava que havia duas maneiras de pensar sobre a tomada de decisão econômica: tratando as pessoas como solucionadoras de problemas, que sempre escolhem as melhores ações possíveis, ou como seguidoras de regras, que se apoiam em procedimentos suficientemente bons.

Era natural que os economistas vissem as pessoas como solucionadoras de problemas, em especial quando as análises tomavam uma forma matemática. Economistas que continuam a tratar as pessoas como seguidoras de regras tendem a buscar *insights* na psicologia e em outras ciências sociais para desenvolverem suas ideias. Veremos a diferença no final do livro, ao compararmos o trabalho de Robert Lucas e George Akerlof. Lucas acreditava que era sempre melhor tratar as pessoas como solucionadoras de problemas. A abordagem de Akerlof, que via as pessoas como seguidoras de regras, indicava que as escolhas delas seriam apenas ligeiramente diferentes. E essas pequenas diferenças bastaram para que Lucas e Akerlof discordassem substancialmente sobre o funcionamento da economia.

Essa comparação também ajuda a explicar por que a teoria econômica geralmente progride de maneira gradual. Já que diferenças sutis no pensamento dos economistas podem ter efeitos gigantescos em suas previsões. Encontrar boas maneiras de adaptar as ideias econômicas é complicado e, muitas vezes, leva tempo. Além disso, o valor das ideias econômicas é amplamente determinado por sua capacidade de orientar políticas econômicas. Todos os economistas deste livro tentaram aplicar suas ideias a tais questões práticas.

Por exemplo, Thomas Schelling começou a carreira pensando na natureza do conflito entre os Estados Unidos e a União Soviética durante a Guerra Fria, contribuindo de maneira substancial para o desenvolvimento da doutrina da Destruição Mútua Assegurada (MAD, ou "louco", da sigla em inglês para *Mutually Assured Destruction*). Isso foi importante para garantir os tratados de desarmamento nuclear na década de 1970. No final de sua carreira, no início do século XXI, ele voltou sua atenção para as mudanças climáticas, mais uma vez pensando no papel que os governos poderiam desempenhar na resolução desse desafio existencial.

Podemos ver uma abordagem muito diferente na aplicação da teoria econômica na obra de Esther Duflo, cujo trabalho é o tema do último capítulo do livro. Como economista desenvolvimentista, Duflo trabalhou com alguns dos povos mais pobres do mundo, tentando entender quais características do ambiente econômico estariam impedindo seu desenvolvimento e os mantendo na pobreza. De muitas maneiras, seu trabalho é um final adequado para uma discussão na qual *A riqueza das nações* de Adam Smith tem um papel central. Duflo argumenta que a pobreza não significa simplesmente falta de dinheiro, mas, sim, uma capacidade limitada de comandar recursos econômicos. Muitas configurações econômicas que consideramos óbvias em países mais ricos ainda não surgiram nos mais pobres. Mas o trabalho de Duflo é importante porque trabalha com as populações pobres para entender a natureza precisa das barreiras que enfrentam. Então, por meio de experimentos, ela recomenda pequenas mudanças que talvez tenham impactos substanciais no bem-estar. Essa é uma nova maneira de pensar como economista, que vem se mostrando muito útil.

E esta é, talvez, a parte mais importante de pensar como economista: olhar para o mundo de uma maneira particular, não apenas para compreendê-lo, mas para mudá-lo e torná-lo melhor.

1
ARISTÓTELES, O FILÓSOFO
Abundância por meio da prática da virtude

Atenas: berço da civilização ocidental, onde os maiores filósofos gregos da antiguidade se encontravam e tentavam compreender o mundo, a sociedade e o que significava ser humano. O primeiro pensamento econômico surgiu há cerca de 2.500 anos, no longo e sangrento conflito da Guerra do Peloponeso, na qual Atenas e sua grande rival, Esparta, lutaram pelo domínio entre as cidades-estado gregas.

Apesar de ter vencido a guerra no final, Esparta deixou poucos registros escritos. Assim, a maior parte do que sabemos sobre o período vem do lado perdedor. No final do século V a.C., Atenas tinha instituições democráticas e se tornara um centro cultural. O debate público e a literatura se uniam em um novo movimento: *philosophia*, ou o "amor pela sabedoria", que floresceu ao longo do século seguinte.

Esse movimento teve início com Sócrates, o "irritador profissional", que incentivava os jovens a questionar o que achavam que sabiam. Seu sucesso em perturbar a paz levou os atenienses a julgarem-no por crimes capitais e condená-lo à morte por suicídio.

Discípulo de Sócrates, Platão era um idealista que sonhava com o governo de um rei filósofo. Acreditando na possibilidade de colocar seus planos em prática, viajou para Siracusa, na Sicília, onde acabou sendo preso e vendido como escravo. Amigos conseguiram libertá-lo.

Por fim, chegamos ao pupilo de Platão, Aristóteles, que queria catalogar toda a experiência humana. Na pintura de Rafael *A escola de Atenas* (feita no início do século XVI), Platão, o idealista racional, aponta para o céu, enquanto Aristóteles, o realista, aponta diretamente para o espectador. Aristóteles desenvolveu um método de argumentação: observar e, a partir daí, fazer generalizações. Isso fez com que seu pupilo mais famoso, Alexandre, o Grande, lhe enviasse espécimes de flora e fauna coletados durante suas campanhas militares. Com a morte de Alexandre e a turbulência política subsequente, Aristóteles achou prudente deixar Atenas. Ele faleceu no ano seguinte.

A esses três grandes filósofos, devemos somar Xenofonte, soldado mercenário ateniense, contemporâneo de Platão e admirador de Sócrates. No fim da vida, depois de ter sido banido de Atenas e se estabelecido em Esparta, escreveu sobre diversos temas, incluindo economia. Com a conquista de Esparta por Tebas, Xenofonte foi exilado novamente e terminou seus dias em Corinto. Era uma época em que pensar era perigoso.

A obra Econômico (*Oikonomikos*), de Xenofonte, trata das habilidades necessárias para administrar uma casa. Aristóteles escreveu um tratado com o mesmo título, mas apenas fragmentos sobreviveram. Às vezes, Platão é creditado como o autor de *Eríxias*, um diálogo sobre questões de moralidade econômica. Todos eles definiam *oikonomia* como a gestão prática do lar, mas também se interessavam pelo significado ético do manejo dos recursos. Refletiam sobre como controlar os próprios desejos para reservar recursos que poderiam ser usados em prol do bem público. Vivendo os primeiros experimentos com a democracia, buscavam explicar como administrar tanto os recursos coletivos quanto os pessoais.

Pelos padrões modernos, a Atenas clássica era bem pequena. Embora a população variasse de acordo com as fortunas da cidade, podemos estimá-la em cerca de 150 mil habitantes, sendo mais da metade escravizados. Tais escravizados eram frequentemente cidadãos de outras cidades, capturados durante a guerra. Além deles, nem mulheres nem crianças tinham direitos políticos, restando possivelmente 30 mil cidadãos, todos homens adultos, que compunham a audiência principal para os debates dos filósofos. No total, talvez houvesse apenas 10 mil casas, ou *oikoi*. De certa maneira, funcionavam como empresas familiares, grandes o suficiente para serem autossuficientes, com escravizados que pertenciam à casa e produziam alimentos e roupas. Os cidadãos, especialmente os chefes titulares das casas, desdenhavam da administração doméstica, e o pensamento dos filósofos a respeito da economia aceitava isso. Enquanto a literatura anterior sugeria que a gestão do lar deveria ser responsabilidade das esposas, é possível que, no século IV a.C., as mulheres de famílias mais ricas também tenham delegado a gestão prática da casa aos escravizados. Foi nessa época que Aristóteles atuou, discutindo as funções manuais e de gestão assumidas pelos escravizados.

De muitas maneiras, Sócrates definiu o que era ser um filósofo. Como todos os seus argumentos eram desenvolvidos durante seus encontros pessoais, ele não deixou registros escritos. O que sabemos dele vem principalmente da reconstrução de diálogos por seu aluno Platão, mas também pelas histórias um tanto fofoqueiras de Xenofonte, nas quais, talvez, vejamos mais o homem por trás do filósofo. Nas discussões, Sócrates tinha o costume de começar afirmando não entender algo que parecia bastante comum. Isso atraía outras pessoas para a conversa, que então eram obrigadas a suportar questionamentos persistentes até que, sem terem mais o que dizer, tinham que ouvir a opinião de Sócrates sobre o assunto.

Sócrates não discutia economia diretamente, mas, para Xenofonte, sua vida estava repleta de virtude econômica. Para Xenofonte, as casas poderiam ser autossuficientes, pelo menos enquanto a população em geral praticasse o autocontrole. Em sua admiração pela austeridade da vida espartana, que levou ao seu exílio de Atenas, Xenofonte concordava com Sócrates. Ele argumentava que, na prática de autocontrole de Sócrates, o cidadão se libertava para ser alguém ativo dentro da cidade e perseguir objetivos mais elevados do que o cotidiano de administrar uma casa. Segundo o Sócrates de Xenofonte, a melhor vida possível para um cidadão envolvia a devoção ao conhecimento, especificamente capacitando outros a adquiri-lo. A outra possibilidade que Xenofonte considerava honrosa era tornar-se um benfeitor da cidade por meio da atividade política.

Após a derrota de Atenas para Esparta, alguns seguidores de Sócrates desempenharam um papel importante no curto reinado dos Trinta Tiranos, que buscaram uma limpeza moral purificadora para Atenas. No entanto, os atenienses se revoltaram e rapidamente restauraram o governo democrático. No rescaldo dessas revoltas, Sócrates foi acusado de corromper a juventude da cidade e, como agravante, de impiedade. Considerado culpado em seu julgamento, foi condenado à morte por ingestão de cicuta e faleceu em 399 a.C.

Ao contrário de Sócrates, que intrigou e enfureceu a população de Atenas, Platão e Aristóteles tiveram longas carreiras, o que lhes proporcionou oportunidades substanciais para colocar sua filosofia política em prática. Platão tinha cerca de trinta anos quando Sócrates morreu, e viveu por mais cinquenta. Durante suas viagens pelo mundo grego após a morte de Sócrates, conheceu Dion, tio de Dionísio I, rei de Siracusa, na Sicília, que o convidou para formar o soberano em filosofia. Para Platão, essa era uma chance de estabelecer seu ideal de governo por um rei filósofo. No entanto, nem Dionísio I nem seu filho, Dionísio II, demonstraram interesse na filosofia. Foi assim que Platão acabou sendo vendido como escravo.

Aristóteles, nascido na cidade de Estagira, no norte da Grécia, em 384 a.C., mudou-se para Atenas quando jovem e estudou na Academia de Platão a partir de 367 a.C., aproximadamente. Mais tarde, fundou sua própria escola, o Liceu, por volta de 350 a.C. O pai de Aristóteles havia sido médico na corte do reino da Macedônia, que se expandia rapidamente. É provável que essa conexão familiar tenha levado Filipe II a convidar Aristóteles para participar da formação de seu filho, Alexandre. Em 337 a.C., Filipe já havia unificado os estados gregos sob sua liderança, mas foi assassinado no ano seguinte. A curta e brilhante carreira militar de Alexandre terminou com sua morte em 323 a.C. Na época, seus exércitos já haviam subjugado o Império Persa e penetrado na Ásia Central, antes de se dirigirem ao sul, para o Vale do Indo. O vasto império entrou em colapso quase imediatamente após sua morte.

Se Sócrates debatia e se Platão era um idealista racional cujo argumento era de que o mundo observável derivava imperfeitamente de um mundo ideal de "formas" abstratas, Aristóteles defendia que o conhecimento vinha de aplicar a razão das causas de mudança àquilo que podíamos observar. Isso o levou a tentar uma explicação detalhada de todos os fenômenos observáveis. O estudo sistemático de disciplinas como física, biologia, estética, retórica, política e, para os nossos fins, administração doméstica, remonta a Aristóteles. Como perdemos sua obra *Econômico*, precisamos nos basear em passagens do Livro II de *Política* e do Livro V de *Ética a Nicômaco* para entender sua visão das relações econômicas.

Aristóteles tentou classificar cada objeto dentro de uma tipologia complexa, na qual definir a natureza de um objeto permitiria entender suas características e seu comportamento. Ele acreditava que tudo existia para cumprir algum propósito, e compreender tais propósitos era essencial para compreender fenômenos físicos e sociais.

Para sua análise econômica, era importante que Aristóteles tratasse o homem como um animal social, sendo a linguagem necessária para a manutenção e o desenvolvimento das relações sociais. Ao também defini-lo como um animal moral, que alcançaria a felicidade através do exercício da virtude, ele estava efetivamente definindo o que significava ser um cidadão ateniense, capaz de exercer a atividade política como parte do exercício da virtude. Dentro dessa definição, havia a implicação de que o Estado deveria garantir que todos tivessem acesso aos recursos necessários para o pleno florescimento humano. Juntas, a comunidade política e a atividade econômica dentro da cidade deveriam garantir o bem-estar da população.

É difícil conciliar a ideia de cidadãos autossuficientes com o hábito das cidades gregas de formar alianças complexas e travar frequentes e brutais guerras para ampliar a área sob seu controle. Mesmo aceitando que o comércio fosse geralmente conduzido por autoridades públicas, a suposta autossuficiência das casas parecia pressupor a capacidade da cidade de garantir recursos para elas, incluindo um suprimento contínuo de escravizados. O que era bom para os atenienses quase sempre era ruim para seus vizinhos.

Não é de surpreender que, em uma sociedade tão violenta, na qual o prestígio dependia de um relacionamento próximo com a família governante, a análise econômica de Aristóteles enfatizasse a gestão do comportamento por meio do autocontrole. Em sua ética, ele definiu a virtude como tendências que governam o comportamento e que se fortalecem com a prática. A posse de virtude por um homem podia, portanto, ser vista em seu comportamento habitual. Em sua teoria política, havia quatro "virtudes cívicas": sabedoria prática, ou prudência; adiamento da gratificação, por meio da temperança; coragem, importante já que os cidadãos eram soldados; e justiça, que envolvia igualdade e imparcialidade.

Para Aristóteles, a prática da *oikonomia* dependia sobretudo da prudência, que poderia identificar o meio-termo entre a avareza e a extravagância, assim como da temperança, que para ele era o meio-termo entre a abnegação e a autoindulgência. (Ele lutava para imaginar condições sob as quais a abnegação seria problemática — talvez vejamos isso hoje em transtornos alimentares.)

Aristóteles separou a *oikonomia* virtuosa da *chrématistiké*, a arte de adquirir dinheiro. Junto ao argumento de que as casas poderiam ser autossuficientes, sua distinção enfatiza o quanto a economia de hoje se afastou das origens na antiguidade clássica. Mas, para Aristóteles, as oportunidades de ganhar dinheiro, por assim dizer, tendiam a vir da aquisição de contratos públicos, por exemplo, para o fornecimento de grãos das colônias. Economistas modernos reconheceriam que, em tais situações, há pelo menos o risco de as pessoas enriquecerem ao controlar o suprimento de um bem escasso. Podemos ver nisso uma elaboração da preocupação de

Aristóteles, de que não haveria limite para a capacidade de ganhar dinheiro, o que confirmava sua crença de que quem buscasse esse recurso nunca poderia estar no caminho da virtude. Então descartou o ganho financeiro como sendo adequado para pessoas que tinham o que ele chamava de "disposição servil".

Embora a natureza moral do pensamento econômico de Aristóteles seja mais evidente em suas preocupações com a aquisição de riquezas, seu legado prático e duradouro veio por meio dos argumentos que apresentou contra a cobrança de juros sobre empréstimos. Precisamos colocar isso em um contexto mais amplo: os gregos não eram os únicos interessados em indagações filosóficas na antiguidade; os pensamentos judaico e persa também eram muito ricos; e a teologia cristã primitiva tinha raízes judaicas e gregas. No século VII d.C., o islã emergiu da península Arábica, e os estudiosos islâmicos debatiam ativamente com estudiosos cristãos e persas quando os encontravam, desenvolvendo um rico corpo de pensamento. Talvez por o profeta Maomé ter sido um comerciante, o islã nunca compartilhou da antipatia de Aristóteles pelo comércio. Mas, mesmo no Alcorão, havia argumentos contra a cobrança de juros sobre empréstimos, cuja forma refletia a análise de Aristóteles.

Os economistas sempre tiveram muito a dizer a respeito do dinheiro. Valorizamos bens e serviços em termos de dinheiro, e com ele os compramos. Quando guardamos dinheiro, ele se torna parte da nossa riqueza. Mas essa é uma compreensão relativamente moderna de sua função. O idealismo de Platão o permitiu enxergar esses argumentos, reconhecendo que uma moeda não era apenas um pedaço de metal, mas um símbolo cujo valor era determinado por um acordo entre seus usuários. Ele apontou para o fato de que o dinheiro que circulava em uma cidade seria inútil em outras, assim como seria muito difícil usar notas do rublo russo em uma loja dos Estados Unidos hoje.

Aristóteles também tinha certa compreensão dessas ideias e enfatizava o valor de um sistema monetário se comparado ao escambo. Ele tratava o dinheiro simplesmente como moeda cunhada, com uma estampa para confirmar seu peso. Portanto, definia o dinheiro como uma mercadoria artificial, estéril e incapaz de aumento natural. Embora compreendesse que o dinheiro guardava valor, em parte devido à natureza da sociedade grega e seu limitado desenvolvimento social, o filósofo não compreendia totalmente os processos econômicos associados ao comércio. Nunca lhe ocorreu que as pessoas pudessem pedir dinheiro emprestado para comprar bens, a partir dos quais fariam novos bens e os venderiam com lucro para que pudessem pagar o empréstimo, os juros sendo apenas parte do custo do negócio.

Em outras palavras, embora Aristóteles entendesse que o dinheiro era uma forma de manter riqueza, não percebeu que era possível transformá-lo em capital produtivo e gerador de riqueza. Por essas razões, concluiu que pedir mais do que o valor principal do empréstimo como pagamento nunca poderia ser justificado. Em vez disso, ele acreditava que qualquer cobrança de juros envolveria um aumento anormal de uma mercadoria artificial, o dinheiro, tornando-se outra forma da busca desenfreada por ganho.

Esses argumentos eram consistentes com as doutrinas de todas as religiões abraâmicas, que os absorveram prontamente. Enquanto os estudiosos cristãos gradualmente encontraram maneiras de tolerar a cobrança de juros, isso não aconteceu no pensamento islâmico. Desde meados do século XX, alguns estudiosos muçulmanos defendem o retorno a uma prática bancária que seja consistente com os princípios da *Sharia*, ou lei islâmica. Como parte de suas propostas, revivem os argumentos aristotélicos contra a cobrança de juros. Os fundos islâmicos representam uma pequena proporção de todos os investimentos financeiros globais, mas crescem rapidamente. Há muito debate sobre quão plenamente a indústria aceitou as restrições da *Sharia*, mas isso demonstra que as ideias aristotélicas ainda estão sendo colocadas em prática.

Escrevendo para uma elite em uma sociedade em estágio inicial de desenvolvimento econômico, com famílias, em grande parte autossuficientes e oportunidades limitadas de troca, a *oikonomia* de Aristóteles só se tornou influente devido à amplitude de seus interesses e à contínua importância de sua escola, o Liceu, ao longo da antiguidade clássica. Para muitos estudiosos clássicos, a evidência limitada de atividade baseada no mercado na época em que ele escrevia basta para classificar o pensamento de Aristóteles sobre a administração do lar — e também a administração do Estado — puramente como parte de sua filosofia política.

Talvez, sem surpresa, os economistas modernos tendam a discordar. Embora ninguém chame Aristóteles de economista, entender o que ele tinha a dizer é um bom ponto de partida para pensar como um economista. Na década de 1930, Lionel Robbins definiu a ciência econômica como "a ciência que estuda o comportamento humano como uma relação entre fins e recursos escassos que têm usos alternativos". Ainda amplamente utilizada, a definição de Robbins enfatiza a amplitude da economia como disciplina. Para os economistas, assim que os filósofos políticos da antiguidade reconheceram a necessidade de gerenciar recursos, tiveram que pensar como economistas. Tendiam a tratar a economia como um ramo da ética, porque era assim que pensavam sobre as pessoas e a sociedade. Podemos achar seus argumentos estranhos e incompletos, e discordar de muitas de suas conclusões. O que significa "pensar como um economista" mudou ao longo do tempo.

Em cada capítulo, exploraremos como grandes pensadores propuseram novas maneiras de pensar sobre a economia ao perceberem que não apenas as relações econômicas, mas toda a estrutura da sociedade, estava mudando. Como ciência social, a economia não afirma conter verdades absolutas. Suas teorias refletem, em vez disso, as sociedades a partir das quais se desenvolveram. Os gregos tendiam a acreditar que poderiam suprir suas necessidades materiais levando uma vida austera e chamando isso de busca pela virtude. Para os cidadãos atenienses, era perfeitamente natural gastar a renda que poderiam ter economizado, ou dedicado a uma vida de luxo, em investigações filosóficas e no envolvimento com o governo de sua cidade. Também era perfeitamente natural adquirir os recursos de uma cidade vizinha derrotando-a na guerra. Nesse contexto social, Aristóteles não precisava se preocupar muito em entender o que hoje consideramos as atividades econômicas centrais, como compra e venda, ou o comércio.

O modo de Aristóteles pensar sobre investigações científicas e éticas permaneceu influente por séculos, e por quase mil anos sua filosofia foi considerada a fonte original por estudiosos muçulmanos e cristãos, que apenas modificaram os argumentos de Aristóteles gradualmente. Isso significa que suas declarações sobre economia foram muitas vezes tratadas como absolutas. Partindo da gestão prática de recursos, sua análise econômica refletia sua ética da virtude, e por acreditar ser impossível perseguir riqueza e virtude simultaneamente, concentrou-se em como as pessoas poderiam usar a riqueza para promover o bem comum. Ao fazer isso, estabeleceu uma abordagem da economia que pode ser valiosa à medida que lidamos com os desafios de controlar as mudanças climáticas, questão em que a busca pela virtude pública parece inevitável.

2
TOMÁS DE AQUINO, O DOUTOR ANGÉLICO
Como um mercador pode entrar no reino dos céus?

Na segunda metade do século XIII, Tomás de Aquino, o "Boi Mudo", foi meticuloso ao unir a ética da virtude de Aristóteles, a doutrina cristã primitiva e o direito comercial romano em uma declaração autoritária de teologia econômica.

A resposta dele para a pergunta acima: não explore as necessidades dos outros, mas não sacrifique suas próprias necessidades.

Após a morte de Aristóteles, sua escola, o Liceu, continuou funcionando por quase oitocentos anos, até que as autoridades cristãs, certas de que a filosofia pagã ia contra a vontade de Deus para o mundo, fecharam-na. Pelos mil anos seguintes, filosofia e economia ficaram dentro do pensamento religioso.

Após a queda de Roma, a cidade de Constantinopla, de língua grega, se tornou a capital de um novo império, que controlava o Mediterrâneo Oriental e tinha como religião oficial o cristianismo. Um século após as revelações do profeta Maomé, os exércitos muçulmanos estabeleceram o Califado, que se estendeu pela Arábia e seguiu ao norte até Bagdá, depois para o oeste, através do norte da África, e, finalmente, para a Espanha, onde Córdoba se tornou uma cidade importante no Emirado de Andaluzia. À medida que emergia da Idade das Trevas, a Europa Ocidental começou a reconstruir suas relações econômicas e sociais com o Império Romano do Oriente e o Califado.

Isso levou a muitas guerras, como as Cruzadas, mas também ao comércio de bens e ideias. No início do século XIII, seiscentos anos após a primeira onda de expansão muçulmana, Jerusalém estava sob firme controle turco. Constantinopla, saqueada em 1204 por exércitos venezianos durante a Quarta Cruzada, havia perdido a maior parte de seu poder. O cristianismo se dividia entre as tradições ortodoxa e católica, e, na extremidade ocidental do Mediterrâneo, príncipes espanhóis expandiam gradualmente seus territórios, enquanto reis normandos tomavam o controle da Sicília.

À medida que se espalhavam, os primeiros professores cristãos e muçulmanos encontraram os sofisticados pensamentos grego e persa. Acreditando ter recebido a revelação de Deus, os professores religiosos debateram com estudiosos de tradições mais antigas, absorvendo muitas de suas ideias. Estamos interessados nos debates entre estudiosos muçulmanos e cristãos gregos, que já haviam adotado muitas das ideias de Aristóteles, incluindo sua crença de que o principal problema econômico era administrar os desejos individuais para garantir que todos tivessem o suficiente. Riqueza e virtude cristã não combinavam muito.

O islã era diferente. O comércio ocupava um lugar importante na cultura árabe. Para os estudiosos islâmicos, o desafio era definir condições sob as quais o comércio pudesse promover a virtude. Se Aristóteles enfatizava a importância da prudência e da temperança, para entender a troca de bens e serviços, os estudiosos muçulmanos acrescentavam a justiça às virtudes necessárias ao comércio.

Na segunda metade do século XII, Córdoba, famosa pela tolerância religiosa e onde muçulmanos, judeus e cristãos viviam juntos, era um centro efervescente para esses debates filosóficos. Maimônides, um escritor judeu, produziu o *Guia dos perplexos*, que visava reconciliar o pensamento aristotélico com o judaísmo. O estudioso muçulmano Ibn Rushd também produziu um guia detalhado do pensamento de Aristóteles. Rushd ficou como Averróis quando sua obra foi traduzida para o latim, a língua da igreja em toda a Europa Ocidental. Seus comentários deram aos pensadores cristãos da Europa Ocidental sua primeira exposição detalhada da filosofia aristotélica. Isso levou à tradução de sua obra para o latim pela primeira vez. Mais de 1.500 anos após a morte de Aristóteles, esses estudiosos abordaram o trabalho dele com novos olhos, trazendo uma nova interpretação para o que já eram textos antigos.

No início do século XIII, em resposta à forma como a sociedade na Europa Ocidental mudava por meio da urbanização, do crescimento populacional e do comércio, São Domingos de Gusmão e São Francisco fundaram ordens religiosas com a intenção de pregar o Evangelho nos centros urbanos, dependendo de seus ouvintes (e adeptos) para apoio material. Isso marcou uma mudança em relação à prática das ordens contemplativas, que operavam em comunidades monásticas no campo.

O contínuo desenvolvimento econômico e social levou à demanda por uma nova teologia econômica. Conforme enfatizado pela citação no início do capítulo, os leigos queriam orientação de como administrar recursos sem cair no pecado da avareza. Os dominicanos e franciscanos responderam ao desafio adaptando os argumentos dos estudiosos muçulmanos.

Além de enfrentar o islã, o cristianismo ocidental também conviveu com novos movimentos religiosos no século XIII. Em parte devido ao enorme sucesso do livro de Dan Brown, *O código Da Vinci*, os cátaros se tornaram os mais conhecidos. Liderados por pessoas sem formação religiosa, esses novos grupos ofereciam entrada para o céu de uma forma muito mais simples do que a Igreja Católica. Exércitos papais esmagaram o que a Igreja julgava ser heresia — graças a isso, pouco sabemos sobre os cátaros além do que pode ser obtido a partir dos registros de seus julgamentos por tal heresia.

Nesse período de incerteza quanto a qual seria a doutrina cristã legítima, a Ordem Franciscana foi atacada. São Francisco insistia na renúncia completa de seus seguidores à propriedade, partindo do princípio de que Cristo havia ordenado a todos os seus sacerdotes que fossem materialmente pobres. Em 1279, para garantir o cumprimento desse comando evangélico, a Ordem Franciscana renunciou a todos os direitos de propriedade sobre as terras e construções que utilizava, colocando-as sob a tutela do Papa, o representante de Cristo na Terra. Em 1318, a hierarquia da Igreja decidiu que o ensinamento franciscano sobre a pobreza era herético, encerrando os arranjos para a administração de bens e executando os franciscanos mais radicais. A ortodoxia religiosa se estendeu aos arranjos econômicos.

Ao contrário da Atenas clássica, a teologia econômica medieval era voltada à elite social. Os padres que desenvolveram esses argumentos eram, em geral, acadêmicos nas universidades que começavam a surgir naquela época, mas alguns deles também eram confessores, fornecendo orientação religiosa à indivíduos ricos. Para falar efetivamente sobre as mudanças na sociedade, a Igreja precisou desenvolver sua própria teologia econômica. Incorporar novas ideias de justiça econômica e estabelecer novos limites para o que era aceitável levou tempo.

Nascido em uma família nobre no sul da Itália por volta de 1225, Tomás de Aquino ingressou na Ordem Dominicana, provavelmente contra a vontade de sua família, estudou em Colônia e em Paris e, então, durante os vinte anos anteriores à sua morte em 1274, produziu uma série de comentários e materiais didáticos que culminaram na massiva *Suma teológica*, a qual deixou inacabada por sua morte. Assim como Aristóteles, Aquino ocupou um lugar dominante na história intelectual, em parte devido ao volume e à amplitude de sua obra. Ele iniciou a *Suma teológica* perguntando o que poderíamos saber sobre Deus e toda a sua criação, mas, na Segunda Parte da *Suma*, discute a motivação do comportamento, a importância do livre-arbítrio e das emoções, a natureza das virtudes (e, portanto, do pecado), a lei divina, as virtudes cristãs da fé, a esperança e o amor e todas as quatro virtudes cívicas de Aristóteles (prudência, temperança, coragem e justiça).

A última seção da Segunda Parte, frequentemente chamada de "Tratado sobre a lei e a justiça", é um resumo claro do que se entendia serem as relações econômicas depois de o cristianismo ter absorvido as ideias de Aristóteles. Aplicando argumentos sobre justiça ao comércio e à troca de bens, explicava como os cristãos poderiam administrar sua riqueza material para que compradores e vendedores ficassem satisfeitos com o resultado das transações. Ao explicar a troca de recursos dentro de uma estrutura de ética da virtude, o texto introduzia elementos de uma análise econômica reconhecível.

O professor de Aquino, Alberto Magno, já havia escrito em detalhes sobre como encontrar um preço justo ao comprar e vender. Ele argumentava que havia duas possibilidades. Na primeira, haveria muitas transações semelhantes, e o preço justo seria o mais recorrente dos preços acordados nessas transações. Tal raciocínio antecipa a lei do preço único na economia moderna — desde que haja informação perfeita no mercado e muitos compradores e vendedores, todas as transações devem ocorrer a um preço único. Qualquer vendedor que queira mais do que esse preço não conseguirá encontrar compradores. Qualquer comprador que se recuse a pagar não poderá comprar nada.

Se a transação for incomum, Alberto Magno propôs que o comprador e o vendedor precisariam concordar a respeito de um preço. Propunha que, em caso de desacordo, as partes deveriam consultar um especialista em avaliação, possivelmente um padre, que fixaria o preço. Podemos relacionar isso com a prática atual de incluir uma cláusula no contrato de venda futura de um ativo que estipule o seguinte: quando as partes discordarem, elas permitirão que um órgão externo resolva a questão por arbitragem vinculativa.

A isso, Aquino acrescentou o princípio da troca voluntária. Seja por um preço de mercado para a transação, ou por negociação quanto ao preço, ambas as partes devem concordar voluntariamente com a realização da transação. Então, a disciplina da competição se aplicará quando os bens trocados forem padronizados e houver muitas transações semelhantes, fornecendo uma referência sólida. A avaliação especializada será útil quando os bens forem únicos.

No início do século XIV, John Duns Scotus, um dos pensadores mais eloquentes e perspicazes do período, foi além, pois percebeu que trocávamos bens devido às diferenças no valor que atribuíamos a eles. Ele não usava a terminologia moderna, mas teria entendido a ideia de que a livre troca de recursos cria valor econômico ao garantir que cheguem às mãos das pessoas que mais os valorizam. Ele argumentou efetivamente que, quando comprador e vendedor negociavam, agiam com justiça ao compartilhar o valor criado na troca. Também propôs que, em geral, os vendedores não insistiam no preço mais alto que os compradores estavam dispostos a pagar. Isso era importante porque, para Aquino e seus contemporâneos, casos difíceis em que o vendedor parecia ter poder econômico e, portanto, podia escolher o preço a cobrar, eram essenciais para entender a natureza da justiça.

Em um exemplo interessante, Aquino considerou o desafio ético de saber se seria justificável um comerciante chegar a uma cidade sitiada, que ele sabia estar prestes a ser liberta, e cobrar um preço mais alto por suas mercadorias, mesmo estando confiante de que haveria suprimentos abundantes no dia seguinte.

Aquino concluiu que o comerciante tinha várias justificativas para cobrar o preço mais alto. Primeiro, chegar a uma cidade sitiada provavelmente envolveria riscos. A jornada poderia ter sido cara ou exigente do ponto de vista do esforço físico. Encontrar uma rota segura poderia ter exigido habilidade excepcional. Aquino conclui, então, que essas são razões válidas para cobrar um preço mais alto. Em segundo lugar, era importante que o comerciante soubesse que o preço alto duraria apenas um curto período. Somente ao definir o preço alto hoje, o comerciante pode obter o lucro decorrente de ser o único fornecedor. Recusar-se a aceitar o preço mais alto seria agir contra seus próprios interesses.

Para Aquino, alcançar a justiça na troca era uma questão de autocontrole em situações nas quais um comerciante poderia explorar os compradores. Além da necessidade, observou que a ignorância ou a credulidade das pessoas poderia levá-las a aceitar um preço apenas por não estarem totalmente informadas. Argumentou, ainda, que vendedores só agem com justiça quando divulgam todas as informações relevantes. Este continua sendo um princípio importante no direito comercial. Um contrato pode ser anulado se houver falha na divulgação de informações relevantes.

Mas a justiça funciona nos dois sentidos, e isso explica a conclusão de que o comerciante não deve sacrificar seus próprios interesses econômicos para beneficiar os compradores, pois isso transformaria a troca em um ato de caridade. Essa importante distinção está por trás da ideia mais moderna de que os mercados funcionam bem porque todos estão cuidando de seus próprios interesses. Aquino e outros estudiosos dos séculos XIII e XIV não foram tão longe, mas reconheciam a importância da justiça no comércio, mesmo quando queriam promover outros tipos de atividade social, como dar esmola aos pobres, nas quais outras virtudes, como o amor, orientariam nossas ações.

Ao discutir a justiça na troca, Aquino enfatizou a justiça comutativa, que envolvia a atribuição de valores iguais. Também defendeu que havia um papel importante para a justiça distributiva. A teoria tinha raízes na ideia de que haveria uma distribuição natural do valor das pessoas dentro de uma economia, que Aquino tendia a associar com os papéis sociais nos quais as pessoas nasciam ou para os quais eram designadas. Por exemplo, ele acreditava que os reis deveriam ser capazes de demonstrar magnificência e magnanimidade. Aplicou os mesmos argumentos aos bispos, governantes nomeados da igreja. Magnificência e magnanimidade eram virtudes clássicas, sendo a generosidade de espírito essencial para tais papéis sociais. Associou-as à caridade e à partilha voluntária de recursos, de forma que as regras que governassem essas atividades fossem diferentes das regras de troca.

Tais argumentos não fazem muito sentido hoje, uma vez que esperamos que a situação econômica dependa unicamente da nossa capacidade de criar recursos que outras pessoas valorizem. As pessoas recebem salários que refletem o valor da função que desempenham para seus empregadores, e não sua idade, gênero ou mesmo estado civil. A justiça distributiva de Aquino parece problemática, pois envolvia a aceitação de grandes desigualdades sociais, que geralmente surgiam da capacidade de usar a ameaça de violência para garantir o poder econômico.

Franciscanos e dominicanos discordavam com frequência quanto a questões econômicas, o que não é surpreendente, dada a prática franciscana de não poderem ter (apenas usar) bens materiais. Podemos ver no entendimento de Aquino acerca da propriedade muito do que temperou seus argumentos sobre justiça distributiva. Como vivemos na criação de Deus, não há direitos absolutos de propriedade. Em vez disso, esses direitos estão condicionados ao uso racional, de modo que, em princípio, a comunidade poderia assumir a propriedade de bens não utilizados.

Para fins econômicos e para a prática da justiça como virtude, os direitos de propriedade impediam a expropriação pela força. Mas, com os direitos de propriedade condicionados ao uso, os estudiosos debatiam a aplicabilidade da tradicional "lei da necessidade". Ampliando a afirmação de que nunca devemos agir contra nossos próprios interesses, defenderam que não deveríamos nos permitir o sofrimento por inação. Seguiu-se, portanto, que um pobre, incapaz de comprar pão, agiria com justiça ao roubar o pão de que precisava para sobreviver. A necessidade seria resultado da avareza de seus vizinhos mais ricos, que não haviam sido movidos por impulsos caritativos para atender àquela necessidade.

Esse é o princípio fundamental da Doutrina Social da Igreja, iniciada com a bula papal *Rerum Novarum* em 1891. Nos negócios corriqueiros da vida, envolvendo a produção e troca de recursos, podemos agir como se fôssemos proprietários absolutos, mas, quando se trata do consumo de recursos, devemos estar atentos para que a distribuição garanta que estejam sendo bem utilizados. Não há virtude na pobreza — e não deveria haver pobreza em uma sociedade virtuosa.

Embora aceitassem que o comércio beneficiava a sociedade, que não se limitava a enriquecer a classe mercantil e que não era motivado por um desejo insaciável de ganhar dinheiro, os teólogos do século XIII relutavam muito em deixar de lado o ensinamento tradicional que impedia a aplicação de juros sobre os empréstimos.

Eles começaram a mudança ao adaptarem argumentos que estudiosos muçulmanos haviam desenvolvido e que permitiam a participação nos lucros de sociedades.

Para os argumentos sobre a legitimidade do financiamento comercial, Aquino se baseou na lei romana que falava das sociedades, e não nos princípios islâmicos. Parece ter se familiarizado com os tipos de sociedade em geral utilizados para o financiamento do comércio marítimo, no qual a participação de alguns sócios era inteiramente financeira, e propôs que os sócios financeiros que compartilhassem os riscos associados ao transporte marítimo deveriam ter direito a compartilhar os lucros (e as perdas) da sociedade.

Dando continuidade a essa análise dos elementos práticos do comércio, Aquino demonstrou que dinheiro e capital eram conceitos distintos. Assim como Aristóteles, ele tratava a moeda apenas como cunhagem e, portanto, como reserva de riqueza, meio de troca e meio de pagamento. Mas, ao contrário de Aristóteles, ele argumentava que, dentro dos empreendimentos comerciais, o dinheiro financiava a compra de bens, que podiam, então, ser transformados, mesmo que apenas pelo transporte para um país diferente, para que os produtos finais pudessem ser vendidos com lucro.

A distinção é importante. Aquino reconhecia que, sem a disponibilidade de dinheiro como capital para financiar o comércio, este não prosseguiria. Ao insistir na partilha de riscos como pré-requisito para o retorno do investimento, ele tratava esse tipo de financiamento como uma forma do que hoje chamamos de financiamento por capital próprio, e não por dívida. Ao compartilharem os lucros, os parceiros financeiros eram investidores diretos de expedições comerciais, e estavam expostos a riscos.

Isso facilitava seu argumento contra a cobrança de juros, porque a análise não previa um papel para os bancos. Voltemos ao argumento do preço justo: podemos aceitar o preço de mercado como justo quando há muitas transações. Esse não era realmente o caso dos acordos financeiros no século XIII. Exceto pelo financiamento comercial, havia poucas oportunidades. O empréstimo tendia a refletir necessidade — e, por isso, talvez fosse mais bem atendido pela caridade. Um credor com poder econômico considerável poderia facilmente explorar as necessidades dos tomadores de empréstimo. Abrir mão dos juros seria, então, justo.

Depois de Aquino, o próximo grande avanço no pensamento sobre finanças e economia foi aceitar que juros fixos sobre empréstimos poderiam ser legítimos. Levou mais de três séculos para que os teólogos concordassem que havia argumentos éticos para a cobrança de juros. O suíço João Calvino, líder da Reforma Protestante, em seus escritos de meados do século XVI, foi um dos primeiros a fazer isso, e mesmo ele lamentou sua acomodação ao que se tornava uma prática cada vez mais comum.

Ainda mais do que a de Aristóteles, a economia de Aquino abordava questões morais, com seus argumentos voltados para os membros mais ricos da sociedade. Enquanto Aristóteles defendia que a virtude vinha da administração dos apetites e do engajamento na vida intelectual e da cidade, Aquino colocava o comércio no centro de sua análise econômica, estabelecendo como poderíamos, agindo com justiça, cuidar dos interesses de outras pessoas sem abrir mão dos nossos.

3
ADAM SMITH, O FUNDADOR
Em louvor da mão invisível

Foi o filósofo escocês do século XVIII, Adam Smith que tornou a ciência econômica possível. Olhando para os pensadores de antes, ele explicou como a sociedade dependia do cultivo da virtude, e, ao olhar para o futuro, entendeu como as relações econômicas se desenvolveriam, mas também deu aos economistas sua forma de pensar a gestão de recursos. Observador atento do comportamento humano, nunca estava mais feliz do que quando se retirava para a casa da família em Kirkcaldy, onde morava com a mãe, e trabalhava em suas ideias durante longas caminhadas pelo estuário do rio Forth.

Depois de termos nos debruçado sobre a teologia econômica escolástica da Paris medieval, saltamos para desenvolvimentos radicais na filosofia política durante o Iluminismo escocês da segunda metade do século XVIII. Naquela época, já havia Estados europeus reconhecidamente modernos, com governos centralizados gozando de autoridade política sobre todo o seu território. Depois que a cristandade ocidental se fragmentou no século XVI, a Europa foi tomada por conflitos civis e religiosos até meados do século XVII. No pior deles, a Guerra dos Trinta Anos, aproximadamente um terço da população da Europa Central morreu entre 1618 e 1648, em grande parte de doenças e desnutrição. Uma vez que ambos os lados estavam exaustos, a guerra terminou em impasse. Em toda a Europa, o movimento iluminista do século XVIII foi uma tentativa de garantir que nada semelhante voltasse a ocorrer.

Até meados do século XVIII, a rivalidade entre as potências europeias atingiu a Ásia e a América do Norte, com Espanha, Grã-Bretanha e França travando guerras enquanto tentavam construir impérios globais. Quando a Grã-Bretanha prevaleceu, assegurando seu controle sobre a Índia e a costa leste da América do Norte, os franceses responderam apoiando as colônias britânicas da América do Norte na Guerra da Independência. O dano econômico causado à França pela perda de possessões ultramarinas foi um importante contribuinte para a Revolução Francesa.

Quatro meses antes de as colônias americanas declararem sua independência, Adam Smith havia publicado *A riqueza das nações*. Ele argumentava que as colônias deveriam ser dispensadas de pagar cargas tributárias ou passar a fazer parte da Grã-Bretanha. Já antevendo o que viria a acontecer, também previu que os colonos venceriam qualquer guerra. Sem dúvida, isso ajudou a criar a reputação inicial do livro, que é muito mais do que um relato sobre a política da época. Partindo da ideia de que as pessoas eram os melhores juízes de seus próprios interesses, Smith construiu seu sistema a respeito do princípio da liberdade econômica. Ele sabia que as instituições públicas eram importantes, mas as tratava como garantidoras da liberdade pessoal e capacitadoras da virtude econômica. Toda a economia moderna deriva das ideias desse grande filósofo político liberal.

Filho póstumo de um coletor de impostos, Adam Smith nasceu em Kirkcaldy, uma pequena cidade escocesa, em 1723. Sua devota mãe o criou, e permaneceram próximos durante a maior parte de sua vida. Em 1740, após se formar na Universidade de Glasgow, foi para Oxford estudar teologia como preparação para ingressar no sacerdócio da Igreja Anglicana. Pela leitura de *A riqueza das nações*, sabemos que Smith não gostou dessa experiência, acreditando que os acadêmicos de Oxford, que gozavam de rendimentos substanciais provenientes das grandes doações de suas faculdades, não tinham nenhum incentivo para ensinar bem. Decidido a não ingressar nas ordens sagradas, ele se voltou para o estudo da filosofia moral.

Ao retornar para a Escócia em 1746, Smith chegou a Edimburgo e encontrou a universidade fechada. No ano anterior, a cidade havia se rendido ao exército jacobita do príncipe Charles Edward Stuart, cuja família reivindicava o trono britânico. Após derrotar os rebeldes em Culloden, na última batalha travada em solo britânico, o governo procedeu à pacificação das áreas consideradas redutos jacobitas, reforçando a guarnição do Castelo de Edimburgo e fechando a maioria das instituições da cidade, incluindo a universidade. Isso deu a Smith a oportunidade de iniciar sua carreira como intelectual público, dando palestras sobre retórica.

Essas palestras fizeram de Smith um participante do Iluminismo escocês quase desde o início. Em parte, como resposta à rebelião jacobita, os pensadores escoceses queriam projetar instituições civis que fossem suficientemente fortes e flexíveis para que a mudança acontecesse por meio do debate político, e não da violência. Isso exigia uma nova tolerância às diferenças nas crenças políticas e religiosas.

A carreira do amigo de Smith, o grande filósofo David Hume, demonstra como tudo ocorreu lentamente. Na década de 1750, houve tentativas de processá-lo por heresia em tribunais religiosos. Ainda que os processos tenham fracassado, o mais perto que Hume chegou da posição de professor que tanto merecia foi se tornar bibliotecário da Faculdade de Advogados. Sua reputação pública como o "Grande Infiel" o tornava atraente em jantares elegantes em Edimburgo, assim como em salões literários em Paris, mas também garantia que só fosse um visitante dos recônditos da academia.

As palestras de Smith em Edimburgo foram um trampolim para sua nomeação como professor de Ética (e depois de Filosofia Moral) na Universidade de Glasgow após a morte de seu ex-professor, Francis Hutcheson, em 1746. Hutcheson havia apresentado a filosofia liberal e racionalista de John Locke aos estudantes universitários escoceses. Embora o ensino de Smith carecesse do vigor de Hutcheson, ele se baseou no material do predecessor e despejou suas ideias nos dois livros pelos quais é, agora, lembrado: *Teoria dos sentimentos morais*, publicado em

1759, e *A riqueza das nações*. A marca da abordagem de Smith era o cuidado e a precisão. Embora tenha prometido por muitos anos um terceiro livro, falando de jurisprudência, isso nunca aconteceu. Temos uma ideia do seu plano e do conteúdo dessa obra pelas anotações detalhadas das aulas feitas por um aluno em 1762. As aulas de Smith também contemplavam a estética, as origens da linguagem e a filosofia da ciência. Ele usou pela primeira vez o termo "mão invisível", famoso por *A riqueza das nações*, para representar a maneira como a atividade econômica se auto-organizava, no ensaio "História da astronomia". Provavelmente escrito enquanto trabalhava em *Teoria dos sentimentos morais*, o texto era um estudo sobre como desenvolvemos o conhecimento.

Smith não era economista. Era um filósofo que trabalhava na tradição da ética das virtudes, embora de forma bem diferente de Aristóteles ou de Tomás de Aquino. Por isso, Smith considerava a *Teoria dos sentimentos morais* mais importante do que *A riqueza das nações*. Ele argumentava que, uma vez que os humanos eram seres sociais, sentíamos simpatia pelos outros. A simpatia de Smith não era empatia — estar ciente dos sentimentos dos outros —, mas literalmente "sentir junto", o que depende de uma projeção imaginativa do estado mental de outras pessoas. Para explicar como funcionava a simpatia, ele usou um exemplo vívido do que sentiríamos se víssemos o braço de outra pessoa sendo cortado com uma espada.

Ao invocar a simpatia, não era preciso invocar Deus como motivação para o comportamento das pessoas e a ordem social. Em vez disso, Smith argumentava que usávamos nossa capacidade de simpatia para sentir como um "espectador imparcial" interno responderia às nossas ações. Essa análise introspectiva nos faz tender a escolher ações que ganhem a aprovação de outras pessoas, não apenas daquelas com quem nos engajamos diretamente, mas de observadores reais. Para Smith, essa preocupação em promover nossa reputação nos permitiria agir de forma virtuosa.

Talvez isso captasse a tendência do próprio Smith para o diálogo interno, mas ele parecia imaginar o espectador imparcial assumindo um papel muito semelhante ao de um confessor medieval. Enquanto Alberto Magno sugeria que mercadores que não conseguiam chegar a um acordo quanto ao preço de um bem poderiam buscar o conselho de um especialista, Smith acreditava que isso era desnecessário, porque carregamos nosso especialista conosco, oferecendo aconselhamento e julgamento.

Os argumentos de Smith são inerentemente otimistas. Ele tinha grande confiança na capacidade das pessoas de agir em benefício da sociedade. Embora acreditasse na importância da educação moral para que isso acontecesse, confiava que o desejo de aprovação guiaria nosso comportamento. Smith percebia que era muito fácil sermos influenciados pelas opiniões das classes mais altas. É quase certo que ficaria chocado com a cultura das celebridades e a ascensão dos influenciadores digitais.

Talvez fosse um viés natural para um filósofo discutir que queremos ser considerados virtuosos e, portanto, pensar em como ser visto como alguém que segue o caminho da virtude. O argumento certamente estava de acordo com a época. Quando jovem, o eminentemente prático Benjamin Franklin, com quem Smith se encontrou tanto na França quanto na Escócia, desenvolveu a prática de considerar o que ganharia aprovação social antes de tomar qualquer ação. Hume forneceu a Smith uma explicação muito semelhante daquilo que guia o comportamento, com seu argumento de que nossas "paixões", ou desejos, nos motivam a agir; e que a "razão", ou racionalidade, só é capaz de desempenhar um papel de apoio na direção de nossos atos para satisfazer nossas paixões.

Se Aristóteles enfatizava a prudência e a temperança, e Tomás de Aquino considerava a justiça importante para o comportamento econômico, em *Teoria dos sentimentos morais*, Smith defendia que era impossível identificar uma virtude dominante, mas então colocava claramente mais ênfase na temperança. Para Smith, agir em prol dos nossos verdadeiros interesses significava estar disposto a adiar prazeres. A temperança generalizada era necessária para aumentar os níveis de confiança e de cooperação entre as pessoas. Antecipando argumentos econômicos de *A riqueza das nações*, a temperança permitia a poupança, a formação de capital e o desenvolvimento da indústria. Esses processos aumentariam a riqueza nacional e a renda da população.

O otimismo radiante que permeia a *Teoria dos sentimentos morais* só vacila quando Smith examina os argumentos de Bernard Mandeville em *A fábula das abelhas*, de que a virtude pública depende do vício privado. Smith não tinha tempo para o argumento de que a prosperidade dependia da ganância. Ele argumentava fortemente que a ganância levaria à fraude, o que corroeria a confiança e reduziria as oportunidades de comércio. Aqui, vemos Smith retomando as afirmações um pouco anteriores do jurista francês Montesquieu, sobre o *doux commerce*[1] ter um efeito civilizador sobre as pessoas.

Assim como Tomás de Aquino, Smith percebeu a importância do interesse pessoal, motivando o argumento de *A riqueza das nações* ao afirmar: "Não é da benevolência do açougueiro, do cervejeiro ou do padeiro que esperamos o nosso jantar, mas da consideração deles pelos seus interesses pessoais. Nós nos dirigimos não à sua humanidade, mas ao seu amor-próprio, e nunca lhes falamos de nossas próprias necessidades, mas das vantagens que eles terão." Equilibrando o interesse pessoal e a consciência social, Smith transformou o princípio de Tomás de Aquino de que devemos estar cientes das necessidades dos outros sem sacrificar nossos próprios interesses.

A reputação que Smith conquistou graças à *Teoria dos sentimentos morais* o levou a ser nomeado tutor do jovem duque de Buccleuch, a quem acompanhou à França entre 1764 e 1766. Logo entediado pela falta de curiosidade intelectual de seu pupilo, Smith começou a planejar *A riqueza das nações* em detalhes, encontrando-se com alguns dos principais pensadores do país em questões econômicas, notadamente François Quesnay e

---

1   Literalmente "doce comércio", uma crença de que o comércio seria capaz de tornar as pessoas mais civilizadas e menos propensas a comportamentos violentos e irracionais. (N. E.)

Anne-Robert-Jacques Turgot, os principais pensadores da abordagem fisiocrática da economia. Eles acreditavam que a riqueza emergia dos produtos da terra e que a manufatura transformava recursos, não criava novos produtos. Também desenvolveram a ideia, central em *A riqueza das nações*, de que sem poupança não pode haver investimento.

Os fisiocratas nunca foram um grupo coeso. Além da oposição à abordagem mercantilista predominante na gestão do comércio, pouco os unia. A doutrina mercantilista havia surgido no século anterior e se baseava na afirmação de que a riqueza das nações podia ser medida por suas reservas de ouro e prata. Isso levou a argumentos para a proteção da indústria nacional contra a competição estrangeira. Tratando o comércio quase como uma extensão da guerra, o conselho mercantilista visava garantir que o valor das exportações fosse maior que o valor das importações. Enxergava-se um elemento substancial de gestão estatal da economia, com grandes empresas dominando o comércio. Isso fez do mercantilismo uma justificativa para a concentração do poder econômico nas mãos de elites ricas. Ao se tornar ministro das finanças de Luís XVI em 1774, Turgot tentou aplicar os princípios fisiocratas à reforma e à estabilização das finanças do governo francês. Visto como um ataque aos privilégios da nobreza, a oposição aos seus planos levou à sua demissão em 1776.

Uma vez que assimilou as ideias dos fisiocratas, Smith retornou à Escócia e se recolheu na casa da família em Kirkcaldy, onde rascunhou *A riqueza das nações*. Trabalhando quase em completo isolamento, até mesmo adiando visitas de David Hume, refletiu sobre a natureza das relações econômicas. Com base nos argumentos de *Teoria dos sentimentos morais*, Smith dizia que nosso comportamento econômico era motivado pelo interesse pessoal, mas que isso acabava sendo benéfico para a sociedade. Ao concluir que a economia era em grande parte autorregulada, ele explicou como a operação poderia exibir estrutura e ordem, como se a distribuição de recursos fosse administrada pela mesma mão invisível que havia invocado em sua análise da astronomia.

Isso o levou a concordar com os fisiocratas quanto ao fato de que o governo não deveria tentar administrar a economia.

Entretanto, em sua análise do valor econômico, Smith discordava dos fisiocratas. Em vez de insistir na primazia da terra, considerava que o valor de mercado dos bens deveria refletir o custo de sua produção. Ele definiu os custos em termos gerais como os pagamentos feitos para contratar terra, mão de obra e capital, contrastando o custo de produção com o valor de uso derivado do consumo de bens. Sendo a troca totalmente voluntária, ele concluiu que os preços deveriam compensar os vendedores pelos custos incorridos para trazer os bens ao mercado, enquanto os compradores precisariam obter um valor de uso maior pelas compras do que aquele que haviam pagado por elas.

Essas ideias eram conhecidas da teologia econômica de Tomás de Aquino, e Smith as colocou em um contexto muito mais geral. *A riqueza das nações* começa com o exemplo de uma fábrica de alfinetes, introduzido para explicar a ideia de que ter pessoas realizando apenas uma etapa de um processo de manufatura, com ajuda de máquinas, pode ser muito mais eficiente do que ter um único trabalhador realizando cada etapa. Em tais exemplos, Smith presumia que as empresas eram muito pequenas e que competiam com outras similares. Em 1776, isso era perfeitamente razoável. James Watt havia patenteado seu condensador separado em 1769, mas só produziu o primeiro protótipo da máquina a vapor em 1776, de modo que, à época em que Smith escrevia, as fábricas dependiam de água para funcionar. Eram mais tipicamente oficinas do que os moinhos escuros e satânicos da imaginação romântica de William Blake. Ao descrever uma economia na qual a competição entre empresas era comum, *A riqueza das nações* refletia a organização econômica da sociedade em que foi escrita.

O pensamento de Smith sobre mercados competitivos continua importante. Grande parte da economia moderna se baseia em sua percepção de que, à medida que perseguimos nosso interesse pessoal, os concorrentes restringem nossa capacidade de fazê-lo. Não podemos definir preços mais altos que os de nossos concorrentes e esperar muitas vendas, em especial se todos estiverem plenamente informados sobre as condições econômicas. Os preços altos não parecerão um bom valor. Ao se opor às ideias mercantilistas, Smith demonstrou como era prejudicial para a sociedade permitir a concentração do poder econômico e diluir a competição.

A crítica mordaz à gestão econômica mercantilista continuou em sua análise do dinheiro. No século XVIII, os bancos privados emergentes emitiam suas próprias notas, lastreadas por reservas de ouro e prata. Smith considerava as moedas de metal um símbolo de valor acordado, mas desconfiava do tratamento de notas bancárias como dinheiro, preferindo vê-las como uma forma conveniente de reivindicar o direito à moeda metálica subjacente. Essa compreensão explica por que ele dedicou a parte central de *A riqueza das nações* a explicar a mudança de valor da prata ao longo do tempo.

Podemos ver a influência fisiocrática em seu uso do valor do grão como medida preferida de valor constante, que ele associava aos salários da mão de obra não qualificada. Nesse relato, vemos Smith em seu melhor momento, reunindo dados históricos para produzir uma narrativa convincente. À história do preço da prata, seguiu-se um relato da "opulência de diferentes nações", no qual ele se concentrou no desenvolvimento da agricultura e da indústria em toda a Europa, mais uma vez recorrendo a ideias fisiocratas ao enfatizar que o rápido desenvolvimento da indústria na Europa não se encaixava bem em sua narrativa.

Tendo examinado a natureza do dinheiro, Smith pôde discutir a natureza do capital. Baseando-se em argumentos de *Teoria dos sentimentos morais*, de que temperança e justiça promoviam a negociação justa, a confiança, a cooperação e, em última instância, a poupança e o investimento, ele afirmou que o investimento levava à formação de capital, necessário para o desenvolvimento social e econômico, e dispensou o argumento mercantilista de que a riqueza de um país era seu estoque de ouro e prata, argumentando, em vez disso, que residia em seu capital, que poderia ser usado para produzir bens.

Isso levou Smith a distinguir o trabalho produtivo do improdutivo, dependendo de se a produção fazia parte do estoque de capital e se permitia a produção futura de bens de capital e consumo, em vez de ser consumida imediatamente.

Tudo isso foi um prelúdio para uma defesa vigorosa do livre comércio e uma discussão sobre o papel do Estado. Embora alguns economistas queiram tratar Smith puramente como um campeão do individualismo desenfreado, ele tinha certeza de que a ação pública era necessária para o funcionamento eficiente dos mercados. Por exemplo, acreditava que o Estado precisava ter o monopólio do uso da força para garantir a sua defesa. Apoiador da luta dos colonos norte-americanos pela independência, ele acreditava que tal monopólio exigia o consentimento dos cidadãos.

Smith também argumentava que a justiça deveria ser administrada pelo Estado, para que os tribunais estivessem abertos a todos. Deu exemplos de obras públicas, como estradas ou faróis, nas quais empreiteiros privados seriam incapazes de gerar a receita necessária para cobrir os custos. Por último, de acordo com sua associação de riqueza com capital, argumentou que havia necessidade de apoio público à educação, para que os trabalhadores fossem mais produtivos. Nisso, antecipou ideias que só seriam totalmente desenvolvidas dois séculos depois. A partir daí, o livro termina com um exame das finanças públicas, escrito como erudição histórica, mas incluindo um relato sobre a melhor forma de gerir a tributação.

A riqueza das nações não foi apenas o documento fundador da economia moderna. As reflexões de Smith a respeito do funcionamento das instituições econômicas na segunda metade do século XVIII deram ao estudo da economia uma estrutura que foi adotada por autores posteriores, e as perguntas que ele levantou trouxeram à tona problemas que ainda são importantes. Como o deus romano Jano, com suas duas faces, Smith retomou a tradição da ética da virtude. Ao reformular a filosofia econômica de Aristóteles e de Tomás de Aquino de uma forma completamente nova, estabeleceu a estrutura necessária para o estudo das economias industrializadas.

4
ROBERT MALTHUS E DAVID RICARDO, O REALISTA E O TEÓRICO
Tanta gente, tão pouca terra... e nenhum lucro?

Ninguém fez mais para justificar a zombaria de Thomas Carlyle de que a economia é a "ciência lúgubre" do que Robert Malthus. Este construiu sua reputação com o *Ensaio sobre o princípio da população*, de 1798, no qual argumentava que a classe trabalhadora sempre seria pobre, recebendo salários que normalmente bastariam apenas para sobreviver. Ele pretendia que o *Ensaio* fosse um corretivo para os argumentos do cientista político William Godwin, de que a natureza humana era aperfeiçoável e o progresso social, inevitável. Isso também fez de Malthus um crítico de Adam Smith, que sofria do otimismo aparentemente incurável, mas comum entre os intelectuais do século XVIII.

Só nos lembramos de Malthus por seu *Ensaio*. Suas outras ideias econômicas se tornaram a matéria-prima para seu amigo David Ricardo. Este brilhante financista de sucesso descobriu *A riqueza das nações* durante uma visita a Bath em 1799, aos 27 anos. Depois de se aposentar do trabalho no centro financeiro de Londres em 1815 e se tornar um cavalheiro rural, começou a escrever *Princípios de economia política e tributação*. Nos poucos anos que lhe restavam — morreria em 1823 —, Ricardo estabeleceu uma nova maneira de pensar sobre a economia, cuja influência é sentida até hoje.

Como segundo filho de uma família de classe média alta, a entrada de Malthus na economia foi bem diferente da de Ricardo. Ele estudou matemática em Cambridge, e obteve um diploma de primeira classe. Isso o levou à ordenação como sacerdote da Igreja da Inglaterra, caminho comum para segundos filhos — costume popularizado pelos romances de sua contemporânea, Jane Austen. Ao se tornar o pároco de Walesby, Lincolnshire, em 1803, seu aumento de renda permitiu que renunciasse à comunhão com o Jesus College em Cambridge e se casasse. Em 1805, tornou-se professor de história e economia política no Haileybury College, que preparava meninos para ingressarem no serviço da Companhia das Índias Orientais. Durante a maior parte do século XIX, a análise econômica assumiu a forma de economia política, com ênfase na compreensão da distribuição da riqueza nacional. Essa nomeação como professor de economia política fez de Malthus, então, o primeiro economista político profissional da Inglaterra.

Sua formação fez com que fosse natural dar uma estrutura matemática ao problema ético do *Ensaio*. A forma como ele o apresentou foi bastante simples, mas, ao se basear em ideias matemáticas, Malthus introduziu uma nova e formal maneira de pensar sobre a economia. Ricardo viria a desenvolver tal abordagem.

O *Ensaio* parte do fato de que a produção de alimentos requer insumos tanto de terra quanto de mão de obra. Malthus estava disposto a aceitar que tanto os trabalhadores quanto a terra se tornariam mais produtivos com o tempo. A suposição mais importante era a de que, como os trabalhadores têm filhos, aqueles produzem mais trabalhadores, assim como alimentos. Também presumiu que uma maior mão de obra produziria mais alimentos. Se houvesse comida suficiente para atender às necessidades dos trabalhadores, Malthus propôs que ou os trabalhadores teriam mais filhos, ou mais de seus filhos sobreviveriam até a idade adulta. O importante era que o excedente de alimentos levaria a uma população crescente. Por um argumento semelhante, a escassez de alimentos levaria a taxas de mortalidade mais altas, ou a menos nascimentos, e a uma população em declínio.

Malthus formalizou esse argumento ao pressupor que era natural a população crescer a uma taxa percentual constante. Como exemplo, citou evidências que indicavam que a população dos Estados Unidos dobrava a cada 25 anos. Em seguida, sugeriu que, em cada período, a produção de alimentos aumentaria em uma quantidade fixa.

Vamos supor que a população dobrasse a cada período, seguindo uma sequência como 2, 4, 8, 16. Se o suprimento de alimentos aumentasse de quatro em quatro a cada período, poderíamos ter uma sequência como 4, 8, 12, 16. Ao longo desses quatro períodos, o suprimento de alimentos por pessoa cairia pela metade. A população acabaria ultrapassando o suprimento de alimentos.

Pelo fato de isso não ter acontecido (com regularidade) na Europa, onde o crescimento populacional parecia muito mais lento do que nos Estados Unidos, Malthus concluiu que devia haver freios populacionais que impediam o crescimento explosivo. Ele definiu os freios positivos como doenças, fome e guerras, sobre os quais as pessoas não teriam nenhum controle, e também que seria possível antecipar os freios positivos ao implementar freios preventivos, restringindo voluntariamente o crescimento da população. A possibilidade de freios preventivos permitiu a sugestão de que poderia haver um nível de subsistência socialmente determinado, que seria superior ao nível necessário para uma subsistência física básica.

No melhor estilo iluminista, o argumento de Malthus partia da "paixão entre os sexos", que ele considerava a causa fundamental da procriação. Assim como Smith apelava para a temperança, Malthus argumentava que práticas como castidade, casamento tardio e abstinência sexual dentro do casamento reduziriam a taxa de natalidade e, portanto, a taxa de crescimento populacional. Para fortalecer seu argumento, após o lançamento da primeira edição do *Ensaio*, ele e o irmão viajaram pela Escandinávia e pela Rússia em busca de evidências da operação de freios positivos e preventivos. Seus estudos influenciaram as versões posteriores do *Ensaio*, que se expandiu substancialmente em tamanho e escopo até a sexta edição, publicada em 1826.

Como parte desse processo, Malthus delineou políticas que os governos deveriam adotar para melhorarem a moral pública. Ele se opôs à ação pública de limitar a operação dos freios positivos, como as Poor Laws, ou Leis dos Pobres, na Inglaterra, que forneciam (de forma bem limitada) apoio público para pessoas que não podiam se sustentar. Para Malthus, o financiamento para aliviar a pobreza causaria crescimento populacional. O número de pobres, portanto, aumentaria, com mais deles dependendo do dinheiro público.

Esses argumentos levaram à famosa afirmação, na sexta edição do *Ensaio*: "A criança, comparativamente falando, tem pouco valor para a sociedade, pois outras a substituirão imediatamente." Mas Malthus tinha em mente a situação de filhos ilegítimos abandonados pelos pais — um ato que considerava negligência criminosa. Malthus observou de passagem que essas crianças, tratadas como objetos de caridade, em geral morriam em um ano. Não era de se surpreender. No início do século XIX, quase metade de todas as crianças morria antes dos cinco anos. Como padre, Malthus batizava e enterrava muitas delas.

Por acreditar que a política pública deveria incentivar a adoção de freios preventivos, Malthus propôs que o clero do Reino Unido fosse obrigado a fornecer educação moral para as pessoas que desejavam se casar. Para isso, baseou-se na experiência de suas viagens pela Escandinávia, onde o clero das igrejas nacionais luteranas era efetivamente composto de funcionários públicos, com visitas paroquiais regulares destinadas a encorajar a disseminação da moral cristã. Smith também considerava esse um papel importante para o clero de uma igreja oficial.

Deixando de lado os argumentos morais, as ideias de Malthus são importantes, hoje, por causa de sua ênfase na fragilidade e transitoriedade do crescimento econômico. À medida que lutamos para gerenciar as mudanças climáticas e planejar a transição para emissões zero, argumentos com tons malthusianos se tornaram populares. Sem ações preventivas adequadas, podemos enfrentar freios positivos crescentes.

Além disso, historiadores econômicos ainda usam "modelos malthusianos" como uma forma de pensar a estrutura da sociedade até o século XVIII, quando o crescimento econômico constante começou em partes do noroeste da Europa. Talvez pudéssemos esperar que Malthus, tendo desenvolvido suas ideias no final do século XVIII, estivesse ciente da contínua expansão da economia. No entanto, mesmo na Grã-Bretanha, então o país mais rico da Europa, os salários só aumentaram de forma persistente em meados do século XIX. Malthus teria precisado de uma presciência incrível para ter visto tão longe no futuro.

Mesmo seu amigo David Ricardo, um pensador muito maior e mais original, carecia dessa visão de futuro. Aposentado dos negócios e tendo publicado alguns panfletos sobre questões de política econômica, Ricardo poderia facilmente ter se retirado para sua propriedade rural. Em vez disso, incentivado por amigos, especialmente James Mill, cujo filho John Stuart Mill se tornou um dos maiores economistas e filósofos do século XIX, Ricardo começou a rascunhar *Princípios de economia política e tributação*. Certamente, sem o incentivo persistente de Mill, Ricardo não o teria terminado. Mestre severo, a determinação de Mill para que Ricardo completasse seu trabalho era exatamente do que o autor tímido precisava.

Sem o interesse de Smith em construir argumentos persuasivos e abrangentes, Ricardo passou menos de dois anos escrevendo *Princípios*. Em parte por isso, a obra sempre teve a reputação de ser uma leitura difícil. Alguns de seus editores do século XX tomaram a liberdade de reorganizar o texto para torná-lo mais legível. Até certo ponto, porém, era quase inevitável que o texto fosse desafiador para os leitores, porque Ricardo estava tentando fazer algo totalmente novo. *Princípios* era muito mais do que uma atualização de *A riqueza das nações* com algumas ideias novas. Ao longo do livro, Ricardo explora novos conceitos econômicos e novas maneiras de pensar a respeito da economia. Para escrevê-lo, precisou até mesmo encontrar a terminologia necessária para explicar o propósito e o método da pesquisa econômica.

A complexidade da tarefa que Ricardo assumiu ajuda a explicar por que a reputação de Smith é muito maior que a dele, pelo menos entre o público. No entanto, para muitos economistas profissionais, Ricardo teve tanta influência no pensamento econômico quanto Smith. Por exemplo, algumas de suas ideias, sobretudo a análise do comércio internacional, continuam a aparecer em cursos introdutórios, e, ao longo do século xx, os economistas prestaram homenagem às suas ideias usando-as como base para modelos matemáticos. É impossível tentar fazer isso com os relatos narrativos e as análises históricas detalhadas de Smith.

Além de pegar emprestada a ideia de Malthus de que os salários sempre estariam próximos do nível de subsistência, ele usou a teoria malthusiana de que o aluguel da terra era simplesmente uma cobrança pelo uso de um recurso escasso. Então, ao argumentar que o capital só tinha valor por causa do trabalho que havia sido feito anteriormente com as matérias-primas, Ricardo afirmava que o trabalho era a fonte final de todo valor econômico. Essa "teoria do trabalho" diferia da "teoria da soma" de Smith, na qual os aluguéis pagos para usar a terra, os juros pagos para usar o capital e os salários pagos aos trabalhadores eram custos distintos de produção, e o valor de venda de um bem era simplesmente os custos associados à sua produção.

A releitura sobre a natureza do valor permitiu que Ricardo se concentrasse na teoria da distribuição de renda. Escrevendo durante a Revolução Industrial, e tendo como pano de fundo disputas políticas entre interesses rurais e comerciais, Ricardo disse a Malthus que entender quanto do valor da produção seria pago aos trabalhadores, aos proprietários de terras e aos proprietários do capital era o problema central da economia política.

Ricardo argumentava que, em um período suficientemente longo, a taxa de lucro sobre o capital cairia para zero. Nesse estado de longo prazo, o valor de um bem consistiria nos salários necessários para produzi-lo e no aluguel da terra utilizada na produção. Dadas as premissas de que precisava para gerar esse resultado, Ricardo sabia que o argumento só se aplicava a casos especiais. No entanto, a ideia de que haveria uma taxa de lucro decrescente permaneceu importante na economia política durante grande parte do século XIX.

O exemplo com o qual Ricardo ficou mais satisfeito é frequentemente chamado de "modelo do milho". Terra, trabalho e capital são todos insumos necessários para a agricultura arável. Ao fornecer capital, alugar terras e contratar trabalhadores, os agricultores administrariam a produção. Ricardo partiu do pressuposto de que os agricultores utilizariam mão de obra e capital em proporções fixas, além de aplicarem a mesma intensidade em todas as terras utilizadas, mesmo supondo que a qualidade da terra fosse variável. Ele supôs que os agricultores usariam as terras mais férteis ao iniciarem a produção, cultivando mais à medida que precisassem expandir a produção.

Pelo modelo populacional de Malthus, os salários estariam no nível de subsistência, e, assim, os agricultores não poderiam reduzi-los. Aplicando a teoria de renda de Malthus, Ricardo argumentou que a renda paga por qualquer pedaço de terra seria igual à diferença entre a quantidade de trigo que um agricultor pudesse produzir e a quantidade produzida na terra menos produtiva em que as plantações cresciam. Era isso que esses economistas queriam dizer ao afirmarem que os aluguéis eram cobranças pelo acesso a terras férteis. Assim, os lucros dos agricultores seriam a diferença entre a quantidade de grãos produzida na terra menos produtiva e os salários (em termos de produção) pagos aos trabalhadores que a produziam.

Ricardo, então, argumentava que os agricultores continuariam a usar mais terras até que não pudessem mais obter lucro. Isso aconteceria quando algum agricultor estivesse cultivando terras cujo rendimento fosse suficiente apenas para pagar os salários dos trabalhadores. Tal agricultor não poderia obter nenhum lucro, e a terra não renderia aluguel. Em toda a indústria agrícola, a taxa de lucro seria zero, os salários, apenas suficientes para a sobrevivência dos trabalhadores, e os proprietários de terras receberiam todo o excedente da produção na forma de aluguel. Ricardo mostrou que, nesse processo, à medida que a parcela do capital caísse para zero, as parcelas de valor reivindicadas pelos aluguéis e salários aumentariam.

Com o modelo do milho, Ricardo deu os primeiros passos no desenvolvimento da teoria econômica, e sua abordagem dominou a economia política pelo restante do século XIX. Se Ricardo tivesse se concentrado nas questões de quanta terra seria utilizada e de quanta safra seria produzida quando a taxa de lucro caísse para zero, ele teria antecipado a economia do final do século XIX. Ao afirmar que os agricultores continuariam a alugar terras até que não pudessem mais lucrar com isso, estabeleceu a estrutura para um tipo de argumento que os economistas ainda usam hoje.

Também podemos ver como Ricardo desenvolveu um tipo de análise muito diferente de Smith ao explorarmos as diferenças em seus relatos do comércio internacional. Ambos estavam convencidos dos méritos do livre comércio. No entanto, para desmascarar o argumento mercantilista de que a riqueza nacional exigia um superávit comercial e o acúmulo de metais preciosos, Smith recorreu ao seu conhecimento acerca do desenvolvimento histórico do comércio internacional. Sua análise teórica do comércio era bastante simples e, em grande parte, emprestada de seu grande amigo David Hume.

Hume havia argumentado que, se dois países produzissem dois bens, e cada um tivesse uma "vantagem" ao poder produzir um deles a um custo menor, então ambos poderiam ficar em melhores condições se decidissem se especializar na produção do bem com menor custo. Essa especialização significaria que mais bens seriam produzidos, e o comércio, então, permitiria que o consumo de ambos os bens aumentasse em ambos os países.

Ricardo foi além disso em um breve exemplo de como tecido e vinho poderiam ser comercializados pela Inglaterra e por Portugal. Para ilustrar sua defesa, começou supondo, galantemente, que a economia portuguesa era mais produtiva do que a inglesa, de modo que, em um ano, os trabalhadores portugueses produziriam mais vinho e mais tecido do que os trabalhadores ingleses. Nos termos de Hume, Portugal tinha a vantagem em ambos os produtos. Ricardo, porém, argumentou que o comércio ainda poderia ser benéfico, desde que as vantagens portuguesas na produção de vinho e tecido fossem diferentes.

Dada a diferença de clima entre os dois países, poderíamos esperar, com razão, que os trabalhadores portugueses fossem muito mais produtivos do que seus equivalentes ingleses na vinificação. Para que o comércio fosse benéfico, bastava que houvesse uma diferença menor na produtividade dos trabalhadores na produção de tecido. Assim, poderíamos dizer que Portugal tinha a vantagem comparativa na vinificação, e a Inglaterra, na produção de tecido.

Agora podemos aplicar o argumento de Hume nesse cenário mais geral. Vamos supor que os portugueses decidissem se especializar na vinificação. Ao produzirem menos tecido e mais vinho, poderiam aumentar o consumo de vinho e exportar a produção excedente para a Inglaterra. Ao mesmo tempo, com a mudança da vinificação para a produção de tecido na Inglaterra, mais tecido poderia ser usado no país e as exportações para Portugal aumentariam. Por meio desse comércio, portugueses e ingleses poderiam consumir mais vinho e usar mais tecido. Ambos ficariam em melhor situação.

Muitos estudantes encontram uma versão desse argumento no primeiro ano do curso de economia, pois ele define, de forma muito elegante, os fundamentos de como pensar como um economista. Economistas admiram Smith quando, na verdade, são ricardianos.

Para Ricardo, os argumentos econômicos tinham muitas implicações políticas. Buscando influenciar o debate público, Ricardo foi eleito para o parlamento em 1818 ao comprar efetivamente um assento irlandês na Câmara dos Comuns. Isso lhe deu uma plataforma pública para defender reformas políticas e econômicas. Na época, as Leis do Milho, que restringiam a importação de grãos estrangeiros mais baratos para a Grã-Bretanha, eram o foco de debates intensos entre proprietários de terras, que se beneficiavam de aluguéis mais caros, e fabricantes, que acreditavam que preços mais altos de grãos elevavam os salários, assim subsidiando os proprietários. Ricardo estava firmemente do lado dos fabricantes na busca do livre comércio. Com a Grã-Bretanha tendo o estoque de capital mais produtivo do mundo, ele acreditava que o país deveria se especializar na manufatura, permitindo que outros países, como os Estados Unidos, que tinham a vantagem comparativa na agricultura, se especializassem na produção de commodities agrícolas.

No início, seu profundo conhecimento de economia e finanças públicas lhe rendeu uma audiência respeitosa nos debates. Mas logo foi criticado por ser um "profeta sem honra" e descartado como um teórico (e excêntrico) que poderia muito bem ter vindo de outro planeta. É possível que, ao fornecer análises cuidadosas, mas indesejadas, aos parlamentares, Ricardo tenha sido o primeiro verdadeiro economista.

Com seu princípio da população e sua teoria da renda, Malthus possibilitou a Ricardo desenvolver um novo tipo de economia política. Assim como Ricardo, Malthus escreveu um livro intitulado *Princípios de economia política*, mas este nunca teve a mesma influência do *Ensaio sobre o princípio da população*. Ricardo era simplesmente mais sistemático e minucioso. Os *Princípios (de economia política)* de Ricardo, especialmente o modelo do milho, se tornaram a base da economia política do século XIX. Embora esse modelo não seja mais usado, grande parte da terminologia de Ricardo, muitos de seus conceitos e seu estilo de retórica continuam sendo essenciais para se pensar como um economista.

5
JOHN STUART MILL, O LIBERAL CLÁSSICO
O trabalho pode ser, em algum momento, recompensador?

Vamos esquecer a economia por um momento. Para entender a vida de John Stuart Mill e sua maneira de pensar sobre a economia, precisamos conhecer seu relacionamento com seu pai e sua esposa, Harriet Taylor. Enquanto o pai o treinava para pensar, Taylor o incentivava a pensar no que precisava ser feito para que todos se beneficiassem do processo de industrialização que varria as economias europeias no século XIX.

Já conhecemos o pai de John Stuart Mill, James, que incentivou Ricardo durante a escrita de *Princípios de economia política e tributação*. Isso foi um desdobramento do papel de James Mill como organizador do círculo dos "Filósofos Radicais". Esse grupo se formou em torno do filósofo político Jeremy Bentham, lembrado pelo desenvolvimento da ética utilitarista, que teve grande influência sobre os economistas. Comprometido com a exploração do pensamento liberal, secular e utilitarista, James Mill queria que a educação dos filhos tivesse uma base rigorosa na filosofia de Bentham.

James nunca foi rico, e deu a seu filho mais velho o nome de John Stuart, em homenagem a um proprietário de terras que lhe forneceu importante apoio financeiro no início de sua carreira. Felizmente para os planos de James Mill, o menino se revelou precoce. Saindo da infância, John Stuart começou a estudar os clássicos. Capaz de traduzir Platão aos oito anos, também teve que dominar matemática, filosofia e, por fim, economia política. Com a participação ativa de Bentham, James Mill moldou o intelecto do filho sem poupá-lo, treinando-o para aceitar a premissa utilitarista de que toda ação devia ser escolhida para maximizar o bem-estar da sociedade.

Talvez o plano não fosse tão diferente de mandar os filhos para aulas de mandarim aos quatro anos de idade. No entanto, nesse plano, James Mill ignorou amplamente os sentimentos do filho e até sua autonomia como indivíduo (uma negligência especialmente interessante, dada a forte oposição dos Filósofos Radicais à escravidão). O resultado talvez fosse previsível. Aos vinte anos, John Stuart entrou em um período de depressão. Em vez de se voltar para o serviço público, descobriu a poesia romântica e, através dela, o amor, como fontes confiáveis de felicidade, concluindo, depois de um tempo, que não poderia alcançar a felicidade de forma autoconsciente.

Em 1830, aos 23 anos, conheceu Harriet Taylor. Na época, ela era a esposa de 21 anos de John Taylor, que encabeçava uma drogaria atacadista. A relação entre Mill e Harriet Taylor floresceu rapidamente, e, embora John Taylor estivesse disposto a ignorar o fato até certo ponto, ficando em seu clube à noite, sua paciência se esgotou em 1834, quando insistiu que a esposa estabelecesse uma moradia própria.

Seu relacionamento próximo de Harriet Taylor forneceu a Mill os recursos internos para que os extraordinários esforços de seu pai dessem frutos. Depois da reação juvenil contra as ideias forçadas pelo pai, ele se tornou um dos principais intelectuais públicos de meados do século XIX. Filósofo antes de mais nada, abordou as questões morais e éticas que emergiram no sistema econômico da Grã-Bretanha durante o período. A principal potência industrial do mundo também estava em vias de consolidar seu império global.

Mill desempenhou um papel substancial no projeto imperial. Assim como o pai, ascendeu à posição de Examinador de Correspondência na Companhia das Índias Orientais, a empresa privada que administrou os interesses britânicos na Índia até 1858, quando o governo decidiu que precisava governar o país diretamente. Remanescente do sistema mercantilista e notória por sua corrupção no século XVIII, a Companhia era, em meados do século XIX, um anacronismo. Os Mill entenderam isso, mesmo supervisionando as relações da Companhia com os estados principescos, formalmente independentes do domínio britânico. O trabalho de ambos ajudou muito a melhorar a governança da Índia.

Mill manteve seu trabalho para a Companhia separado de seus esforços intelectuais. Estes floresceram na década de 1840, com a produção das primeiras edições de *Sistema de lógica dedutiva e indutiva* em 1843 e *Princípios de economia política* em 1848. Seus livros se tornaram as introduções-padrão para esses assuntos pelo restante do século XIX e foram a base sobre a qual ele construiu seus outros trabalhos. Hoje, Mill é provavelmente mais conhecido entre os economistas pelos ensaios intitulados *Sobre a liberdade*, publicado em 1859, e *O utilitarismo*, de 1861, nos quais expôs a filosofia política liberal considerada óbvia em grande parte da economia moderna.

Sua habilidade de tornar ideias complexas interessantes e de envolver um amplo público na discussão de questões difíceis de política social e econômica também fez de Mill um jornalista de sucesso, e ele escrevia frequentemente para o *Morning Chronicle*, favorável ao Liberalismo. Era perfeitamente natural que ele deixasse de lado seu trabalho em *Princípios de economia política* em 1845, quando uma doença destruiu a safra de batata da Irlanda e a Grande Fome começou. Em uma série poderosa de artigos, Mill argumentou a favor de um socorro público imediato e em larga escala, o que o fez entrar em disputa com os malthusianos, para quem a fome era simplesmente a operação de um freio positivo. Opondo-se com veemência a qualquer auxílio público devido a seus princípios, Nassau Senior, professor de economia em Oxford, considerou 1 milhão de mortes como "não sendo suficientes para avançar algo".

Para Mill, a repressão política era a causa fundamental da fome. Ele concordava com Ricardo ao mirar nos interesses políticos da nobreza rural que dominava o governo conservador em Westminster, e observou que a Irlanda passava fome mesmo com a Grã-Bretanha sendo o país mais rico do mundo. Ele argumentou que, ao incorporar a Irlanda ao Reino Unido, a Grã-Bretanha estabeleceu um regime aristocrático, no qual a população rural tinha o status de meeira (agricultores camponeses). Isso significava que eles tinham que trabalhar duro em grandes propriedades em troca da mais ínfima subsistência. Mill defendia que a lei de propriedade irlandesa retardava a capacidade moral das pessoas, e que uma reforma agrária substancial estimularia uma transformação social e moral, a difusão das virtudes comerciais e a autonomia econômica individual. Sem dúvida, todos esses eram objetivos valiosos, mas não resolviam os problemas prementes quanto ao alívio da fome.

Mill também declarou que o governo deveria comprar e, depois, melhorar a fertilidade de pelo menos 10.360 quilômetros quadrados de terra, que poderiam então ser entregues a proprietários "camponeses". Ainda assim, era um plano de longo prazo, que não atenderia às necessidades imediatas de uma população faminta. De fato, até certo ponto, Mill concordava amplamente com seus oponentes, uma vez que se opunha a um extenso auxílio externo — o que hoje chamaríamos de pagamento de benefícios sociais. Acabar com a fome exigia, antes de mais nada, um maior suprimento de alimentos. A revogação das Leis do Milho em 1846 permitiu a importação de grãos baratos da Europa, mas naquela altura a fome já havia cobrado a vida de quase 1 milhão de pessoas e causado a migração de mais 1 milhão.

Em 1848, ano de revoluções políticas por toda a Europa, Mill finalizou a primeira edição de *Princípios de economia política*. Na época da sétima edição, em 1871, a Alemanha e a Itália haviam se tornado estados nacionais unificados, e a Segunda Revolução Industrial estava começando. Redes ferroviárias haviam substituído canais, o concreto armado permitia que as cidades crescessem em direção ao céu, avanços na engenharia e na química industrial tinham transformado a escala da manufatura, e o petróleo e a energia elétrica estavam começando a substituir o carvão e as máquinas a vapor. As empresas podiam empregar capital em larga escala, e o exemplo da fábrica de alfinetes de Smith tornara-se uma curiosidade interessante. Havia também uma profunda desigualdade econômica. Nos Estados

Unidos, a Reconstrução dava lugar à Era Dourada. Mill desenvolveu sua economia política para atender às necessidades da sociedade industrial.

Baseando-se nas ideias que Malthus e Ricardo — e também o próprio pai de Mill — haviam desenvolvido na geração anterior, os *Princípios* de Mill eram um relato magistral da economia política clássica. Ele combinava a fluência da análise histórica de Smith com o rigor da análise teórica de Ricardo. Baseando-se em ideias de todas as ciências sociais, ele considerava muitas questões de política pública, acreditando ser mais útil do que desenvolver uma teoria. Ao sintetizar o trabalho da geração anterior, sempre foi generoso em dar crédito aos seus predecessores, mas era modestamente discreto quanto às próprias contribuições.

Mill deu lugar central ao modelo de três setores de Ricardo para a distribuição de renda, no qual os aluguéis refletiam a oferta fixa de terra. Politicamente mais radical que Ricardo, Mill argumentou que, como os aluguéis não ofereciam compensação por habilidade, esforço ou risco, deveriam, então (exceto na medida em que fossem um retorno sobre o investimento de capital destinado a aumentar a produção) ser tributados. A terra ainda teria uma oferta escassa, de modo que o imposto simplesmente desviaria os aluguéis dos proprietários de terras para os cofres públicos. Essa tributação não teria efeito sobre a atividade econômica produtiva.

Com os insights teóricos de Ricardo aplicados dessa forma, a abordagem de Mill se mostrou muito semelhante à de Smith. Ambos acreditavam que a concentração de poder político afetaria o poder econômico e a distribuição de renda. Em parte por meio de Taylor, Mill conheceu muitos dos primeiros socialistas e discutiu suas ideias em detalhes. Embora simpático aos princípios dos socialistas, seu liberalismo político o levou a rejeitar as propostas de propriedade comum dos bens e de experimentos socialistas utópicos, como o estabelecimento de comunas. Em vez disso, ele acreditava que reformas na educação e na lei de propriedade eram um caminho mais realista para transformar a posição econômica da classe trabalhadora.

Por acreditar que grande parte da prosperidade advinda da indústria havia beneficiado uma classe relativamente pequena de empresários e profissionais, Mill propôs que houvesse limites para as heranças e impostos sobre a terra. Voltando-se para a classe trabalhadora, Mill argumentou que organização, educação e competição econômica teriam importantes efeitos benéficos, e ao reconhecer que a competição entre trabalhadores por empregos poderia manter os salários em níveis de subsistência, ele defendeu a formação de sindicatos para reduzir essa competição. Com base na análise de Smith, ele argumentou que a educação universal aumentaria a autonomia moral dos trabalhadores, permitindo-lhes assumir papéis mais produtivos nas organizações.

A organização da classe trabalhadora reduziria o desequilíbrio no poder econômico que enfrentavam ao lidar com os empregadores. Talvez compartilhando do otimismo de Smith, Mill argumentava que a competição entre produtores exerceria pressão para que os preços dos bens caíssem, ao passo que a competição entre empregadores que enfrentassem sindicatos efetivos aumentaria os salários.

Podemos facilmente rastrear o interesse de Mill em melhorar as condições da classe trabalhadora até a educação que o pai lhe deu, mas também a Harriet Taylor. Ao planejar a publicação de *Princípios de economia política*, Mill havia proposto uma dedicatória calorosa a Harriet Taylor como coautora efetiva. No entanto, John Taylor vetou a ideia. Por alguma razão, na versão disponível em cópias distribuídas privativamente a amigos, não havia menção de que ela tivesse esse papel.

No final da vida, Mill afirmou em sua *Autobiografia* que o tratamento simpático dado aos primeiros movimentos socialistas, em especial ao cooperativismo, foi em grande parte resultado dos incentivos de Taylor. No entanto, nenhum dos amigos (homens) de Mill aceitou a descrição do método de trabalho deles. Eles não conseguiam discernir evidências da coautoria, que Mill alegava ser resultado de suas constantes discussões e refinamentos de ideias.

Quando *Princípios* foi lançado, os Taylor já viviam separados havia quase quinze anos, e Harriet Taylor só retornou à casa conjugal para cuidar do marido moribundo, em 1849. Lembre-se de que os *Princípios* de Mill foram publicados pela primeira vez em 1848, um ano depois de Charlotte Brontë publicar *Jane Eyre* sob o pseudônimo Currer Bell. Na época, não havia um caminho claro para a sra. Taylor ser reconhecida como parceira de Mill, nem no trabalho nem na vida pessoal.

Viúva, Taylor finalmente pôde se casar com Mill em 1851, mas ambos sofriam de tuberculose, e Taylor morreu em 1858, enquanto moravam em Avignon. Mill manteve uma casa na região pelos seus últimos quinze anos de vida, e também está enterrado lá. Avaliar a influência de Taylor sobre Mill é difícil. Durante a vida, ela não publicou nada separadamente dele, mas Mill deixou bem claro que Taylor deveria ser considerada a autora do ensaio "The Enfranchisement of Women" [A emancipação das mulheres].

Afirmar que a reforma da educação e da lei de propriedade beneficiaria a sociedade não era algo novo. No entanto, ao propor que deveria haver completa igualdade de gênero, Mill foi inovador. Quase certamente, é aqui que vemos de forma mais clara a influência de Taylor no pensamento de Mill. Suas propostas políticas foram muito além da defesa do direito de voto das mulheres quando era parlamentar na década de 1860. Enfatizava a importância da igualdade de direitos de propriedade em uma época na qual as mulheres não podiam possuir bens separadamente de seus maridos — uma razão pela qual muitas viúvas optavam por não se casar novamente. Ele também enfatizava que as mulheres tinham capacidade para se beneficiar da educação e que deveriam poder ingressar nas profissões. Além disso, previa benefícios substanciais para a sociedade ao acabar com essa discriminação sistemática. Entretanto, mais uma vez, o vemos defender a reforma dos direitos de propriedade e da educação como meio de quebrar a concentração do poder econômico.

Se tivesse vivido para ver a publicação do filho, James Mill poderia muito bem ter considerado que *Princípios* demonstrava a eficácia de seu programa educacional. Os Filósofos Radicais haviam desenvolvido uma forma fortemente igualitária de liberalismo político, além da abordagem utilitarista do comportamento ético. Com o argumento de que as ações produziam prazer ou dor, propuseram que deveríamos escolher aquelas que maximizassem o prazer total. Embora acreditassem que as pessoas se preocupavam com o bem-estar das outras, discordavam de Smith quanto à possibilidade de confiar na simpatia dos líderes políticos para promover a justiça. Em vez disso,defendiam que somente o governo democrático poderia alinhar os interesses dos estadistas com os do povo. Podemos ver a ênfase deles no bem-estar coletivo nas propostas de Mill para a reforma agrária, os direitos de propriedade, a educação e a organização da classe trabalhadora.

Como liberal, Mill defendia a liberdade de crença, ação e associação, sujeita ao princípio de que as ações não deveriam causar danos. Consistente com sua versão do utilitarismo, ele argumentava que a sociedade tinha interesse em qualquer ação que pudesse afetar a felicidade dos outros, e introduziu o "princípio do dano". Uma sociedade que impedisse apenas as ações que tendiam a causar dor aos outros promoveria a "felicidade geral". Para Mill, a única forma de intervenção pública consistente com a liberdade individual seria a prevenção de possíveis danos.

Sua economia política brotava dessas raízes filosóficas e psicológicas. Assim como Smith, ele enfatizou o papel da competição econômica, isentando-a especificamente do princípio do dano. Se produzimos o mesmo tipo de bem, mas eu tenho o preço mais baixo e, como resultado, obtenho seus clientes e forço você a fechar seu negócio, não lhe causei dano algum. Empreendimentos comerciais requerem que assumamos riscos, façamos julgamentos e operemos em um mar de incertezas. Nem você nem eu podemos ter certeza do retorno sobre a habilidade. O esforço é o conhecimento que aplicamos aos nossos empreendimentos. Pode ser simplesmente o acaso que me ofereceu a oportunidade de ter um preço menor que o seu. Portanto, não podemos dizer que o dano que você sofreu é resultado de minhas ações. Pelo contrário, é o resultado de todas as ações que ocorrem em tal mercado.

Podemos ler os *Princípios* de Mill como a declaração final e completa da economia política clássica. Por outro lado, devemos estar cientes de que, ao revisar repetidamente o livro ao longo de mais de vinte anos, ele começou a explorar alguns problemas inerentes à sua estrutura teórica. A edição final ainda se baseava nas ideias de Smith e Ricardo, mas apontava claramente para a economia mais moderna que emergiu no último terço do século XIX.

Podemos ver isso na mudança de tratamento quanto à doutrina do fundo de salários, que se desenvolveu logo após a morte de Ricardo. O fundo de salários deveria ser a parte da receita que uma empresa obtinha de sua produção corrente, que ela reservava para pagar salários futuros. Isso refletia a maneira de pensar dos economistas políticos sobre como o dinheiro fluía através de uma empresa. Eles acreditavam que haveria capital fixo, geralmente mantido como maquinário, mas também capital circulante, necessário para atender aos pagamentos. O fundo de salários fazia parte desse capital circulante.

Economistas defendiam que seria possível esse fundo de salários aumentar com o tempo, em especial se os trabalhadores pudessem formar sindicatos e realizar greves. Como parte de sua análise de como a classe trabalhadora poderia se organizar, Mill discutiu na primeira edição dos *Princípios de economia política* que, em certos setores, a negociação parecia ter aumentado os salários. Preocupado com o fato de que esses salários mais altos teriam um efeito depressivo sobre os salários de outros trabalhadores, Mill acabou concluindo, com seu otimismo típico, que os salários mais altos, a longo prazo, seriam sustentados por controles preventivos. Ao contrário de Malthus, ele previu que os salários poderiam ficar bem acima do nível de subsistência (física).

Em 1870, Mill mudou de ideia sobre seu argumento do fundo de salários. Revendo o livro *On Labour* [Sobre o trabalho], de William Thornton, Mill aceitou que os empregadores contratavam apenas a mão de obra necessária para produzir a quantidade por eles planejada, e percebeu que tratariam a queda dos salários como uma bênção inesperada. A menos que a queda dos salários os levasse a mudar os planos de produção, a demanda de mão de obra pelos empregadores permaneceria a mesma, e sua folha de pagamento total diminuiria. Sem fundo de salários para distribuir, economistas mais jovens começariam a tratar os salários puramente como um custo de produção. Isso efetivamente comprometia o modelo de distribuição de três setores, que fora central para a economia política, e também a teoria do valor-trabalho. Mill deu sua bênção a essa obra.

Mesmo reconhecendo suas deficiências, Mill continuou a trabalhar dentro da tradição clássica da economia política estabelecida por Smith. Malthus questionava a possibilidade de uma sociedade perfeita, e Mill acrescentou a isso sua preocupação de que a política social deveria estar atenta aos perigos de uma população em rápido crescimento. O pai de Mill, devoto discípulo de Bentham, ajudou a estabelecer uma estrutura utilitarista para a análise política e apoiou Ricardo na invenção de novos métodos de análise econômica. Sendo um filósofo analítico muito competente, John Stuart Mill construiu sua obra nessas bases através da amplitude de sua leitura, sua apresentação imparcial dos problemas e sua consciência de que, em questões de economia política, raramente haveria respostas fáceis. Ele colocou a economia política no contexto da filosofia social, com a intenção de que fosse uma ferramenta para a reforma social, e não para a revolução política. Para isso, recorremos a Karl Marx.

6
KARL MARX, O VISIONÁRIO COMUNISTA
Profetizando que o capitalismo se autodestruirá

"Se ao menos Karl tivesse ganhado dinheiro com o capitalismo, em vez de apenas escrever sobre ele". Mais de uma vez, em cartas para seu amigo, colaborador, editor e fonte de apoio financeiro, Friedrich Engels, o grande socialista Karl Marx lamentava com muita tristeza o julgamento que a mãe fazia sobre sua carreira.

Ele morreu na obscuridade em Londres, em 1883, tendo publicado apenas o primeiro dos três volumes de sua obra-prima, *O capital*, deixando para Engels a edição e publicação do restante. Vinte anos após a morte, sua versão do socialismo revolucionário havia varrido os círculos intelectuais dos países de língua alemã, suplantando o pensamento utópico anterior ao qual Mill se engajara.

Marx compartilhava da crença de Smith de que era possível estabelecer uma ciência unificada da humanidade, que iria muito além da economia, incorporando filosofia, política, história, geografia e antropologia. Enquanto Smith ordenou a destruição de todo o seu trabalho não publicado, os cadernos e manuscritos de Marx foram explorados por devotos em busca de insights sobre o sistema que o mestre havia construído. Isso resultou em alguns de seus seguidores liderando a Revolução Russa, que estabeleceu a União Soviética. Da década de 1920 até 1990, o pensamento marxista se tornou a base de uma ciência social distintamente soviética. Todo pensamento que ele havia colocado no papel foi publicado, traduzido para todas as línguas principais e debatido cuidadosamente. Seu pensamento econômico é apenas parte de sua ampla abordagem das ciências sociais.

Filho de um advogado que se converteu do judaísmo ao cristianismo, Marx completou os estudos em direito, teologia e filosofia, obtendo seu doutorado pela Universidade de Jena em 1841. Em pouco tempo, tornou-se editor de jornal, e ficou rapidamente conhecido por seus ataques ao governo prussiano e a outros socialistas, que, com frequência, considerava insuficientemente comprometidos com a luta real. Como resultado, estava em constante conflito com as autoridades e, durante a década de 1840, teve que viver em Paris, Bruxelas e Colônia, sempre editando jornais radicais, mas se dedicando ao estudo detalhado do que rapidamente chamou de economia política clássica — o sistema de Smith, desenvolvido por Ricardo.

Durante a onda de revoluções políticas que se espalhou pela Europa em 1848, Marx e Engels escreveram o *Manifesto comunista*, incitando a classe trabalhadora à revolta. Na subsequente onda de repressão política, Marx concluiu que era melhor deixar a Europa continental e se estabelecer em Londres. Enclausurado na Biblioteca Britânica, ele lia e escrevia, embora interrompesse as pesquisas com frequência, às vezes para ganhar dinheiro com jornalismo, outras para se envolver na política revolucionária. A partir de 1857, aproximadamente, dedicou-se a uma pesquisa sistemática, mas, enquanto colecionava e organizava materiais, raramente ficava satisfeito com a prontidão de seus argumentos para a impressão. A publicação de uma introdução, *Para a crítica da economia política*, em 1859, foi seguida pela publicação do primeiro volume de *O capital*, em 1867.

Marx questionava a permanência e a realidade das relações sociais. Uma análise marxista do próprio Marx poderia concluir que seu trabalho tinha sido amplamente determinado pelo ambiente em que ele atuava. Esse ateu convicto nos apresentou uma história mundial na qual o trabalho havia surgido de algo semelhante a um estado de graça, passava, então, por dificuldades e, finalmente, na Revolução Comunista, encontraria seu verdadeiro propósito, à medida que as relações sociais fossem restauradas à sua forma ideal. Mesmo tendo rejeitado as narrativas das tradições religiosas abraâmicas, seu pensamento ecoou a teologia sistemática do século XIX, bem como o romantismo e a teoria da evolução. Pode ser tentador separar Marx do fluxo da economia política burguesa, mas seus argumentos eram, em grande parte, uma reinterpretação do trabalho de seus predecessores, que ele moldou em sua justificativa para um eventual estabelecimento do comunismo como o estágio final do desenvolvimento econômico.

Nesse esforço gigantesco, ele se baseou em uma interpretação da filosofia sistemática de Georg Wilhelm Friedrich Hegel, e foi ousado ao prever que o desenvolvimento social certamente terminaria no comunismo, com todos os bens sendo mantidos em comum. Porém, foi muito mais vago sobre os detalhes do processo. Lemas como "ditadura do proletariado" e "de cada um de acordo com sua capacidade, para cada um de acordo com sua necessidade" são memoráveis, mas não emergiram naturalmente da densa análise de *O capital*. Desde sua morte, governos revolucionários comprometidos com programas marxistas implementaram o socialismo ao restringirem a mão invisível de Smith. Enfatizaram a propriedade estatal do capital e o controle estatal das empresas, com produção e preços definidos dentro da burocracia governamental. Esse tipo de socialismo estatal desapareceu em grande parte, mas a obra de Marx permanece. É frequentemente perturbadora, e talvez seja intencionalmente obscura, mas sempre profunda.

Vimos que, ao longo da primeira metade do século XIX, os escritores de economia política se engajaram com o sistema de Smith: Ricardo e Mill defenderam a reforma política, com Mill imaginando uma economia na qual a competição atrelada à reforma social acabaria por erradicar a pobreza entre a classe trabalhadora, já Marx e Engels adotaram uma abordagem completamente diferente.

Engels, enviado à Inglaterra para ser menos constrangedor para sua família burguesa, publicara *A situação da classe trabalhadora na Inglaterra* no início da década de

1840. Com base na observação minuciosa dos distritos da classe trabalhadora, realizada enquanto representava os interesses comerciais da família em Manchester, ele apresentou evidências da exploração sistemática dos trabalhadores. Na época, Manchester era um centro do liberalismo radical, propagado principalmente pelos defensores do livre comércio, Richard Cobden e John Bright. *Manchesterismo* se tornou sinônimo na Alemanha de um liberalismo de estado pequeno, que depositava confiança excessiva no funcionamento dos mercados. A resposta de Marx a esse liberalismo burguês, adequado à democracia de proprietários na Grã-Bretanha, tinha uma orientação muito mais teórica do que a de Engels. Nesse sentido, devemos pensar nele como um seguidor de Ricardo, e não de Smith.

Também podemos pensar em Marx como semelhante aos pintores do Renascimento, que dissecavam corpos cuidadosamente para entender o que viam de uma nova maneira e retratá-los com mais precisão na arte. Marx trabalhou como um anatomista da economia e da sociedade na busca por sua nova realidade. Ao aceitarmos os argumentos de Marx, devemos tratar outros cientistas sociais como caçadores de ilusões, com seus sentidos os desviando do caminho.

Em vez de começar do zero, Marx adaptou o historicismo de Smith e a teoria do valor do trabalho de Ricardo. No amplo panorama da história marxista, o capitalismo é simplesmente um estágio no desenvolvimento da sociedade. Ele entendia a economia política como tendo emergido de dentro do capitalismo, sem reflexão suficiente sobre o quanto ela só se aplicava a uma sociedade capitalista. Era por isso que os sentidos dos economistas políticos os desorientavam — eles não haviam percebido até que ponto observavam tipos específicos de relações sociais, de modo que sua análise estava baseada na realidade mundana do século XIX. Focados nos detalhes, produziram miniaturas em comparação com a vasta tela de Marx.

Marx não rejeitava a economia política. Pelo contrário, ele a usava como matéria-prima, alimentando suas próprias teorias. A teoria do valor do trabalho de Ricardo foi especialmente importante. Assim como Smith, Marx quis explicar não apenas como a sociedade se desenvolveu, mas como se desenvolveria. Enquanto Smith era em geral otimista, acreditando que o debate racional poderia melhorar a sociedade, Marx estava convencido de que a estrutura de uma economia capitalista manteria a classe trabalhadora na pobreza, e que o capitalismo se desenvolveria ao longo do tempo de forma que inevitavelmente se autodestruiria, dando lugar ao socialismo como precursor do comunismo.

Antes de Marx, a economia política examinava os processos de produção de bens. Ricardo havia desenvolvido uma teoria da distribuição de renda entre as classes sociais. As teorias do valor explicavam o valor de mercado, necessário para compra e venda, e o valor de uso, para quando os bens eram consumidos. Enquadrando o problema econômico em termos hegelianos, Marx argumentava que havia uma unidade nos processos que determinava o nível de produção, a distribuição de renda, a extensão da compra e venda e o processo de consumo. Ele colocou a produção no centro de tudo isso, e defendeu que, sem produção, não poderia haver distribuição. Também observou que a produção só poderia ocorrer após uma alocação anterior de recursos, que, por sua vez, era o resultado de rodadas anteriores de produção. Para Marx, todas as relações econômicas eram complexas e se desenvolviam gradualmente ao longo do tempo. Sua economia política não se limitava ao que ele chamava de análise das condições materiais, rapidamente se tornando idealista e abstrata.

A versão de Marx da teoria do valor do trabalho, portanto, partia da especulação a respeito da estreita relação entre produção e consumo na agricultura primitiva, e, então, considerava como a natureza da produção e a propriedade dos recursos poderiam ter mudado ao longo do tempo, terminando com a afirmação de que a natureza da produção na economia capitalista do século XIX havia dado aos capitalistas a habilidade de explorar a classe trabalhadora.

Essa versão da história, portanto, começa com a afirmação de que o chefe de uma família de camponeses, que precisava confiar na produção de uma pequena propriedade para atender às suas necessidades materiais, podia alocar o tempo de trabalho da família em diversas atividades, e os frutos do trabalho seriam, então, compartilhados. Somemos escravizados a essa equação, e teríamos algo bem parecido ao *oikos* grego. (Dado este ponto de partida, é possível dizer que Marx teria adotado a pesquisa antropológica ao demonstrar até que ponto a partilha comunal da produção fazia parte das sociedades de caçadores-coletores, sendo a mudança para a subsistência agrícola considerada redutora do bem-estar individual, embora permitisse o crescimento populacional.)

À medida que a economia se desenvolveu a partir desse estado rudimentar, as famílias deixaram de ser autossuficientes e começaram a trocar produtos umas com as outras. Para Marx, a prática começou a criar problemas. Como acreditava que apenas o trabalho era produtivo, ele argumentou que deveríamos nos concentrar na troca subjacente de tempo de trabalho (e esforço) empregado na produção, em vez de no que vemos acontecer: a troca de produtos.

Na verdade, ele defendia que, como a produção exigia tempo de trabalho, o que deveríamos ter feito era comissionar uns aos outros para a produção de bens, contratando tempo, habilidade e esforço dos trabalhadores. Mas esse não foi o caminho seguido no desenvolvimento histórico das relações econômicas. Em vez disso, Marx ponderou que os produtos haviam adquirido uma natureza dupla, tornando-se mercadorias. As mercadorias diferiam dos produtos por causa de seus valores de troca, o que permitia que fossem compradas e vendidas nos mercados. Marx também percebeu que, após a compra, as mercadorias comercializadas continuavam sendo essencialmente produtos, de modo que retinham seu valor de uso. Explicar o surgimento das mercadorias foi importante no sistema de Marx, porque fornecia uma nova explicação da diferença entre o valor de uso e o valor de mercado das mercadorias.

Para explicar a diferença entre valor de uso e valor de troca, Marx acreditava ser necessária uma economia na qual os pagamentos fossem feitos em dinheiro. Baseando-se em explicações tradicionais sobre o surgimento do dinheiro e da moeda metálica, esclareceu que não deveríamos pensar no dinheiro como sendo valioso apenas porque poderia comprar bens e serviços. O valor de troca de qualquer mercadoria era a quantidade de dinheiro pela qual ela poderia ser vendida. Para Marx, esse dinheiro representava o trabalho abstrato necessariamente incorporado na mercadoria levada ao mercado.

Esse trabalho abstrato não era simplesmente o trabalho real usado na produção, mas a quantidade de trabalho que seria usada por um capitalista habilidoso em gerenciar a produção e em economizar na utilização de mão de obra. Além disso, esse trabalho abstrato era o esforço utilizado na produção, sem qualquer habilidade ou risco, e englobava as características do trabalho manual da era industrial, depois de a divisão do trabalho ter transformado muitos empregos em rotinas repetitivas e a acumulação de capital aumentar a escala da produção. Isso representava o trabalho como Marx o via na época em que escreveu, no final da Revolução Industrial, com a predominância do "modo de produção capitalista".

Pensando no dinheiro como a representação do trabalho abstrato, Marx também reformulou sua definição. Em vez de definir o dinheiro como um meio de troca, no qual todos os preços pudessem ser expressos, Marx o chamou de "meio de circulação" para todas as mercadorias. Ele defendia que as pessoas se ofereciam para vender mercadorias e depois usavam o resultado da venda para comprar outras mercadorias. Esse ciclo dinheiro-mercadoria-dinheiro pode parecer totalmente inócuo e nada mais do que uma descrição geral das relações econômicas, mas permitiu a Marx afirmar que o capitalismo envolvia uma forma diferente de circulação, que começaria com o dinheiro. Esse dinheiro seria usado para comprar mercadorias. Após um aumento no valor dessas mercadorias, elas poderiam, então, ser vendidas por mais dinheiro.

Pense em um comerciante que compra mercadorias em um país e, depois, as envia para outro, lucrando com a diferença de preços. Nesse exemplo, a circulação dinheiro-mercadoria-(mais)dinheiro de Marx ainda pode parecer inócua, e, estritamente, ele não via a própria circulação impulsionada pelo dinheiro como problema, mas, sim, a forma como ela ocorria em uma economia capitalista.

Para Marx, a característica definidora da classe capitalista era o desejo insaciável de obter dinheiro. Para tentar satisfazê-lo, os capitalistas usavam o dinheiro como capital circulante, que seria usado para comprar mercadorias, transformá-las e depois vendê-las por um preço mais alto.

Agora precisamos pensar no papel dos trabalhadores nesse sistema. Comentamos anteriormente que os produtos se tornam mercadorias ao serem comprados e vendidos. Nesse processo, os trabalhadores perdem o controle da venda daquilo que produzem. Um pouco como Mill, Marx olhou para os direitos de propriedade e observou que era comum que trabalhadores tivessem contratos acordando o pagamento de salários. Trocavam tempo, esforço e habilidade por dinheiro. Na teoria de Marx, isso tornava a mão de obra outra mercadoria. Marx chamou esse processo de "alienação do trabalho" porque os trabalhadores perdiam o controle da venda de sua produção para os usuários finais e , assim, seu trabalho se tornava outra mercadoria. Isso desempenhou um papel crítico em sua análise da estrutura das economias capitalistas do século XIX.

Voltemos aos capitalistas usando o dinheiro como capital circulante. Quase nenhuma das mercadorias que compravam seriam produtivas, pois ficariam estocadas, talvez se deteriorando lentamente, até que as pessoas entrassem na fábrica e trabalhassem nelas, transformando-as e aumentando seu valor. Sem esse tempo, esforço e habilidade — o trabalho mercantilizado dos operários —, o capitalista não poderia vender mercadorias por mais do que seu custo original. Isso levou Marx a redefinir o lucro. Não se tratava mais de um retorno sobre o capital, e sim de "mais-valia", que media o valor criado pelos trabalhadores no processo de produção, mas que os capitalistas podiam tomar para si. Quanto maior a taxa de mais-valia, maior a exploração capitalista.

Marx, é claro, podia se apoiar no argumento malthusiano sobre a população para defender que, nesse sistema, sempre haveria pressão para baixar os salários. Defendendo que a competição entre capitalistas levaria à inovação para economizar mão de obra, ele sustentou que, mesmo com os trabalhadores organizados em sindicatos, um "exército reserva de desempregados" manteria os salários baixos, aumentando a taxa de mais-valia. Dentro de uma economia capitalista, a classe trabalhadora se tornava serva involuntária do capital.

Às vezes, Marx tratava os capitalistas como se fossem puramente investidores financeiros, obtendo retornos sem nenhum esforço. No entanto, a menção da inovação confirma que Marx entendia que a natureza do capitalismo mudaria constantemente. Ele havia desenvolvido uma estrutura filosófica em que capital e trabalho mantinham uma relação complexa, na qual um afetava a natureza do outro.

Chegamos agora ao cerne da crítica de Marx ao capitalismo. Em vez de o dinheiro possibilitar a circulação de mercadorias, a natureza da produção havia mudado para que o dinheiro, transformado em mercadorias, gerasse mais dinheiro, beneficiando os capitalistas. Para Marx, o capital era "trabalho morto", e ele o comparava a um vampiro, que precisava de mão de obra viva para prosperar. De fato, embora a mão de obra tivesse se tornado uma mercadoria, ao chamar o capital de "valor auto-expansível", Marx o tratava quase como uma entidade maligna. O trabalho da economia seria, então, conter sua influência, o que exigiria a eliminação da classe capitalista.

A insaciabilidade dos desejos capitalistas os forçaria a competirem entre si, muitas vezes em esforços desesperados para aumentar seu capital. Marx previu que tal competição levaria o capitalismo a se expandir globalmente por meio da conquista imperialista e da colonização, até se tornar o modo de produção dominante em todos os lugares. Para Marx, a competição entre capitalistas estimulava a inovação, reduzia a taxa de lucro, destruía empregos e garantia que sempre haveria um exército reserva de desempregados mantendo os salários baixos. Ele previu uma série de crises gradualmente mais graves no capitalismo, com a riqueza se concentrando cada vez mais.

Para Marx, a acumulação capitalista era uma patologia da economia. Em vez de ser condenada como um vício, a *chrématistiké* aristotélica havia se tornado central para o funcionamento da economia. Enquanto Aristóteles buscava o desenvolvimento do caráter individual para superar esse vício, Marx acreditava que as crises do capitalismo acabariam por levar o movimento operário organizado à empreender uma revolução socialista.

Esses argumentos fizeram de Marx o economista mais político do século XIX. Ainda que Ricardo e Mill tivessem se tornado parlamentares e defendessem uma ampla variedade de reformas econômicas e sociais, ambos eram liberais e, portanto, estavam contentes em trabalhar dentro das restrições do sistema político britânico. Na juventude, o compromisso de Marx com a ação revolucionária o forçou a se mudar repetidamente, até chegar à Grã-Bretanha, que tolerava suas atividades. Durante sua vida o socialismo científico de Marx representou pouco mais do que uma teoria que permitia aos movimentos da classe trabalhadora justificarem uma revolução pelos despossuídos, mas os movimentos socialistas em toda a Europa rapidamente adotaram o socialismo científico após sua morte. No entanto, embora tenha reimaginado a economia política clássica, defendendo que ela presumia a inevitabilidade do capitalismo, Marx aceitou amplamente que isso deveria explicar a distribuição de renda entre as classes sociais. Quando ele morreu, economistas mais jovens já haviam se afastado das teorias do valor baseadas no trabalho de Ricardo, e se perguntavam o que aconteceria se o capital, por si só, fosse produtivo.

7

WILLIAM STANLEY JEVONS, CARL MENGER E LÉON WALRAS, TRÊS REVOLUCIONÁRIOS SILENCIOSOS

Encontrando valor na margem

Enquanto Marx ainda pregava a revolução política, teve início uma revolução intelectual que transformou a economia política em ciências econômicas. Não houve tiroteio, e ninguém arrastou economistas políticos clássicos para campos de reeducação, mas, por volta de 1900, os economistas haviam amplamente dispensado a teoria do valor do trabalho de Ricardo e a análise da distribuição de renda. A nova maneira de pensar deles quanto a preços e valor é ainda amplamente utilizada na economia.

Por exemplo, na teoria da determinação salarial que geraram, esses economistas deixaram de lado o princípio populacional de Malthus e a inevitabilidade dos salários permanecerem em níveis de subsistência. Em vez disso, alegaram que, como os salários eram o custo da contratação do tempo dos trabalhadores, deveriam ser tratados como um preço e este, então, fixado em um nível que equilibrasse a disposição das pessoas para o trabalho e a necessidade de trabalhadores pelas organizações. Nessa nova ciência econômica, se houvesse desemprego, com pessoas procurando trabalho, mas sem encontrá-lo, os salários cairiam até que todos que quisessem trabalhar pudessem fazê-lo.

Mill havia começado a impulsionar as ciências econômicas nessa direção. Já vimos que, no final de sua vida, ele abandonou a doutrina clássica do fundo de salários, aceitando que salários deveriam ser tratados simplesmente como parte dos custos de produção das organizações. Isso abalou a integridade da teoria clássica da distribuição de renda, e deu aos economistas mais jovens a liberdade de desenvolverem novas ideias sobre o que determinava o nível dos salários.

Como um dos melhores filósofos de seu tempo, Mill também estava ciente de que, como a economia política precisava dos conceitos de valor de uso e de valor de troca, ela era imperfeita. Em sua análise utilitarista, argumentou que tudo o que fosse útil também seria valioso, mas, em sua economia política, continuou a associar o valor de troca aos custos de produção. Ele dizia que a separação entre valor de uso e valor de mercado não trazia consequências importantes ao funcionamento da teoria da economia política. Para os novos economistas, esse definitivamente não era o caso, e sua teoria ligava valor e preços de modo inextricável.

Em 1870, não estava de forma alguma claro que o desenvolvimento das ciências econômicas tomaria essa forma. A economia política clássica havia sido, em grande parte, uma tradição inglesa que sobrevivera ao surgimento das primeiras sociedades industriais, às ondas de urbanização e migração e ao surgimento de impérios europeus. A ciência econômica que a substituiu também tinha raízes inglesas. Por outro lado, a abordagem francesa da economia se desenvolvera principalmente em escolas de engenharia, concentrando-se, portanto, na análise da estrutura da indústria. Na Alemanha, os historiadores lideraram o estudo da economia, e enfatizaram a importância da observação para se tirar inferências sobre as regularidades do comportamento econômico. A Escola Historicista Alemã também influenciou os institucionalistas estadunidenses, que enfatizaram o papel das relações econômicas e permaneceram importantes até o século xx. Por último, havia socialistas de muitas vertentes ideológicas, que, como Marx, foram importantes críticos da sociedade burguesa e, portanto, da economia política.

De certa forma, este capítulo trata de três grandes economistas quase como se eles fossem cenógrafos, que subiram ao palco após o clímax dramático do primeiro ato — com o desenvolvimento do socialismo científico — e remontaram o cenário para o início do próximo ato.

Seu papel foi importante, mas nunca estiveram sob os holofotes. No entanto, os cenários que construíram eram muito adaptáveis, permitindo que outros economistas os utilizassem como base. Na competição entre as tradições econômicas existentes em 1870, as ideias dos três passaram a dominar o pensamento sobre a economia. Quando falamos de oferta e demanda de um bem, ou do papel do ciclo econômico na explicação dos níveis de desemprego e inflação, estamos nos baseando na forma deles de pensar a economia.

Esses cenógrafos foram o inglês William Stanley Jevons, o austríaco Carl Menger e o francês Léon Walras. Todos desenvolveram abordagens inovadoras para a análise econômica no início da década de 1870 e de forma independente uns dos outros. Como resultado, apesar das semelhanças em seu pensamento, cada um deixou um legado distinto.

Jevons estudou química na University College de Londres no início da década de 1850. Saindo sem um diploma, foi para a Austrália, onde trabalhou na Casa da Moeda e desenvolveu interesse por filosofia e economia. Ao retornar ao Reino Unido, tentou trabalhar como jornalista independente, antes de se tornar tutor no Owens College em Manchester, que, mais tarde, se tornou parte da Universidade de Manchester. Por fim, retornou à University College de Londres, onde foi professor de 1876 a 1880. Depois de pedir demissão para dedicar mais tempo a sua pesquisa, afogou-se em 1882, ainda nos estágios iniciais da redação de seus *Princípios de economia*. Seu livro mais importante, *Teoria da economia política*, de 1871, atacou a tradição da economia política clássica de forma bastante intempestiva, propondo a alternativa de que o valor econômico não era criado no processo de produção, mas na capacidade dos bens de gerar utilidade para seus usuários. Ele defendia que precisávamos pensar na oferta de trabalho como resultado do equilíbrio entre o esforço dispendioso e o prazer de sua recompensa com o salário.

Enquanto Jevons trabalhava em *Economia política*, Carl Menger se formava em direito em Viena. Não existiam departamentos de economia nas universidades austríacas, e o estudo da disciplina se acomodara nas faculdades de direito. Portanto, quando Menger buscou se tornar acadêmico, foi natural que sua tese de habilitação, escrita para demonstrar que tinha as habilidades necessárias para assumir uma posição acadêmica, fosse sobre economia. Publicada em 1871 como *Grundsätze der Volkswirtschaftslehre* [Princípios de economia], a tese lhe garantiu uma cátedra na Universidade de Viena e iniciou uma tradição especificamente austríaca da teoria econômica. Embasada na tradição aristotélica, a abordagem de Menger era tanto indutiva quanto introspectiva, trabalhando passo a passo por meio de definições muito cuidadosas. Ele foi talvez o primeiro economista a pensar na importância da escassez como base do valor para explicar os preços dos bens.

O último dos três, Léon Walras, se formou em engenharia, mas nunca exerceu a profissão. Prometendo ao pai que estudaria economia com seriedade, passou por diversos empregos e atuou como jornalista até impressionar profundamente um político suíço com sua compreensão da economia das finanças públicas. Isso o levou à nomeação, em 1870, como o primeiro professor de economia na Universidade de Lausanne.

Comparado a Menger e Jevons, Walras teve um efeito direto muito substancial no desenvolvimento da ciência econômica, mas somente após sua morte. Em vida, trabalhou em relativa obscuridade. Sua fama dependeu, em grande parte, do livro *Éléments d'économie politique pure* [Elementos da economia política pura], relativamente curto, publicado em 1874. A obra apresentava uma nova maneira de pensar sobre a economia: a teoria do equilíbrio geral, que a tratava como um conjunto de mercados interconectados.

No equilíbrio geral de uma economia, os preços dos bens são definidos de forma que haja exatamente a quantidade suficiente de cada bem ofertado no mercado para atender à demanda por ele. Na abordagem de Walras, a mão invisível de Smith é um marionetista em potencial, dando vida e ordenando toda a economia. A estrutura matemática de um sistema de equilíbrio geral é necessariamente muito complexa, e Walras nunca conseguiu obter uma solução completa. Foi somente na década de 1930 que os economistas desenvolveram as ferramentas matemáticas necessárias para confirmar sua intuição sobre a natureza e a estabilidade de um equilíbrio geral.

À época em que Walras associou seu trabalho ao de Jevons e Menger, Jevons já havia se afogado — tendo conhecido o trabalho de Walras, mas não o de Menger. Walras destacou que os três colocavam o bem-estar do consumidor no centro de suas análises, assim como enfatizavam a importância da escassez, que é o ponto de partida da análise econômica moderna. A escassez ocorre sempre que nossos desejos superam nossa capacidade de satisfazê-los.

Portanto, para comprar mais de um bem, como maçãs, devemos decidir comprar menos de outro bem, como peras. Podemos, então, definir o custo de oportunidade de uma maçã como a quantidade de peras de que abrimos mão para poder consumir outra maçã. Também resulta que, com recursos escassos, os preços são os custos de oportunidade dos bens expressos em termos de dinheiro, de modo que o custo de oportunidade de qualquer bem será o seu próprio preço dividido pelo preço de uma alternativa.

Essa maneira de pensar sobre a escassez levou Jevons, Menger e Walras a desenvolverem argumentos que demonstrassem um resultado econômico fundamental: as pessoas que desejavam maximizar sua utilidade deviam alocar gastos em diferentes bens, de modo que o benefício adicional — ou utilidade marginal — derivado de um pequeno aumento no gasto em qualquer bem fosse igual. Qualquer pessoa cujas escolhas não satisfizessem esse princípio de equimarginalidade poderia alterar a combinação de bens comprados e aumentar a utilidade que obteria do consumo.

Nessa abordagem analítica, seria natural pensar nos efeitos de pequenas mudanças na forma como os recursos eram utilizados. Por exemplo, alguém fazendo compras em um supermercado poderia decidir experimentar comprando um pouco mais de frutas e um pouco menos de pão. Uma empresa poderia planejar um ligeiro aumento em sua produção comprando uma máquina nova, em vez de pedir para alguns funcionários trabalharem horas extras. Pensar nesses tipos de mudanças no equilíbrio dos gastos levou naturalmente à discussão sobre como as pessoas poderiam substituir o consumo de um bem (frutas) por outro (pão) conforme os preços mudassem. Isso, então, resultou no desenvolvimento de uma teoria sobre os determinantes da demanda por um bem, formulada em uma nova terminologia.

Levou mais tempo para os economistas desenvolverem a teoria da oferta de um bem, pois o problema se resumia a equilibrar o uso de trabalhadores e máquinas para que as empresas maximizassem seus lucros. Na abordagem marginalista, em vez de capital e trabalho serem ativos pertencentes a diferentes classes sociais, eles se tornaram *commodities* (bens mercantilizáveis) necessárias para a produção. A análise clássica presumia que a produção exigiria insumos fixos, com as empresas definindo o preço de venda para que recuperassem os custos de contratação dos recursos necessários para a produção. Na análise marginal das decisões de produção das empresas, poderiam decidir quanta mão de obra e capital contratar e escolher a combinação para maximizar o lucro.

Mas estamos nos adiantando. À medida que Jevons, Menger e Walras desenvolviam suas ideias, o alcance da análise, comparado ao de Mill, Marx ou mesmo Smith, era bastante modesto. Por exemplo, os três primeiros não tinham nada parecido com o modelo de três setores de Ricardo para explicar como a distribuição de renda mudaria ao longo do tempo. Porém, a nova economia, uma ciência da tomada de decisão individual, em vez da administração coletiva de recursos, possuía a coerência interna de que a economia política clássica carecia. Ela podia se dar ao luxo de ignorar os problemas de distribuição que preocupavam os economistas anteriores, porque parecia oferecer novas maneiras de entender a estrutura em si da economia.

Tal abordagem ficou conhecida como economia neoclássica. Thorstein Veblen, o mais criativo dos economistas institucionalistas dos Estados Unidos, inventou o termo para agrupar — e descartar — essa nova forma de pensar sobre a economia, que, para ele, parecia pouco mais do que uma tentativa de reviver a tradição clássica de analisar a troca, em vez de as relações sociais.

Neste estágio inicial do desenvolvimento da economia neoclássica, foi bastante fácil para Veblen apontar até que ponto a abordagem parecia ser uma pequena variação da abordagem clássica. Não havia nada de novo na ideia da margem. Em seus exemplos numéricos, Ricardo discutia como a distribuição de renda mudaria à medida que a produção de trigo aumentasse, por exemplo. Sua unidade marginal era simplesmente a última faixa de terra cultivada, e o valor marginal da terra era a quantidade de trigo que ela produzia.

Além disso, a análise marginal se baseava na percepção de Mill de que aquilo que era útil teria valor e estabeleceria princípios para medir esse valor. Indiscutivelmente, a nova economia apenas pegou ideias que já haviam sido usadas na economia política clássica e as reformulou. Embora a ideia da margem já fosse conhecida na economia política clássica, seu uso na economia neoclássica, junto da introdução do princípio da substituição, garantiu que a ideia fosse utilizada de maneiras muito diferentes.

Para dar um exemplo de como essa análise poderia esclarecer rapidamente o pensamento antigo, considere a resolução do paradoxo da água e do diamante. Smith observou que, embora a água seja necessária para a vida, ela geralmente está disponível de forma gratuita, enquanto os diamantes são valorizados mesmo que tenham poucas utilidades além de ornamentação e armazenamento de valor. O valor total da água pode ser imenso, mas está associado a uma pequena fração do que usamos: água para reidratação de um paciente hospitalar, por exemplo. Normalmente, quando abrimos a torneira, atribuímos um valor baixo à água. Um preço baixo não significa que não valorizamos um bem; devemos pensar que ele provavelmente tem um preço baixo porque é abundante. É apenas a raridade dos diamantes que os torna valiosos.

Voltando aos métodos de análise, a economia neoclássica adotou os princípios utilitaristas de Mill. Era natural supor que as pessoas desejassem maximizar a utilidade derivada do consumo, ou que as organizações desejassem maximizar os lucros obtidos com a produção. Assim que mencionamos otimização e pensamos na possibilidade de fazer pequenas mudanças no uso de recursos, a análise matemática parece quase inevitável. É aqui que vemos que Jevons, Menger e até mesmo Walras foram cenógrafos, e não atores principais. Eles abriram caminho para outros aplicarem métodos de análise, mas fizeram pouco progresso na aplicação da matemática à economia.

Embora Walras pudesse ver que as análises dos três compartilhavam princípios gerais, havia muitas diferenças. A ideia de aumentar o uso da matemática na análise econômica era atraente tanto para Walras quanto para Jevons, mas não para Menger. Formado em direito e filosofia clássica, este formulou suas ideias sobre a economia em resposta aos argumentos da Escola Historicista Alemã. Para os membros de tal escola de pensamento, o método das ciências econômicas era a análise documental cuidadosa. A teoria econômica emergiria, então, por indução, como um conjunto de princípios que poderiam explicar as regularidades no comportamento observado.

Para Menger e a Escola Austríaca, as ciências econômicas eram em grande parte teóricas, mas envolviam raciocínio complexo sobre o comportamento humano. A abordagem de Menger se baseava na tradição aristotélica e escolástica, na qual podemos compreender as propriedades de um objeto se primeiro classificarmos sua natureza. Ele definia bens em termos de sua posse de propriedades, as quais tenderiam à satisfação das necessidades (humanas) — uma compreensão essencialmente utilitarista —, mas discutia que as pessoas também deveriam entender que o consumo poderia satisfazer necessidades e que elas tinham a possibilidade de gerenciar o uso do bem. Desde o início, a tradição austríaca se mostra muito interessada em compreender qual informação as pessoas têm e como podem usá-la.

Essa abordagem se presta naturalmente a uma teoria econômica fundamentada na filosofia. Por exemplo, a partir das definições de bens e do propósito da atividade econômica, podemos definir um mercado como um sistema para alocar bens às pessoas e organizações que mais os valorizarem. Também podemos definir o papel das organizações como transformadoras de bens, como insumos de trabalho e capital, que só podem atender às necessidades indiretamente, em bens que podem ser consumidos para atendê-las diretamente. Essas ideias certamente estavam implícitas na economia clássica, mas a formulação explícita de Menger tem sido importante para muito do pensamento moderno sobre como a estrutura da economia emerge.

A novidade da análise de Walras também surgiu por meio da teorização abstrata, mas ele enfatizou a lógica formal da otimização muito mais do que Menger ou Jevons. No modelo de equilíbrio geral de Walras, os insumos nos processos de produção se combinariam de alguma forma para produzir bens finais. De fato, dentro da abordagem walrasiana, não havia necessidade de surgirem organizações para empreender a produção de bens. Em troca de pagamento, as pessoas alugariam os fatores de produção, permitindo a produção de uma variedade de bens, que as pessoas, então, comprariam.

O equilíbrio geral em um sistema walrasiano consiste nos preços de mercado para cada fator de produção e bem, escolhidos de forma que a quantidade de cada bem trazida ao mercado seja igual à quantidade procurada. Uma maneira muito conhecida de explicar isso é que, para todo bem, no equilíbrio geral, a oferta é igual à demanda.

Se isso é verdade, então todos os fatores de produção estão plenamente empregados — de modo que, por exemplo, não há trabalhadores procurando emprego, mas também não há produtores procurando mais trabalhadores. Do lado do consumo, não há produção desperdiçada — toda ela será comprada —, e ninguém disposto a comprar um bem pelo seu preço de mercado está impossibilitado de fazê-lo.

Existem muitas outras condições, um pouco mais técnicas, que devem ser atendidas em um equilíbrio geral. Quando satisfeitas, a mão invisível fez seu trabalho perfeitamente. Todos os recursos serão utilizados de forma eficiente, e nenhum planejador seria capaz de melhorar o trabalho.

Em abordagens muito diferentes, Jevons, Menger e Walras se tornaram revolucionários silenciosos. Para os observadores de 1870, o socialismo e a análise histórica podem ter parecido abordagens muito mais ricas, mas a estrutura conceitual da economia neoclássica rapidamente levou ao desenvolvimento de uma estrutura analítica aplicável a qualquer problema que envolvesse a gestão de recursos finitos. Veblen estava correto em vincular o pensamento clássico ao neoclássico, mas errado ao pensar na teoria neoclássica como uma tentativa de reviver uma tradição falida. Foi uma máquina de investigação, e seu primeiro engenheiro-chefe foi o economista de Cambridge Alfred Marshall.

8
ALFRED MARSHALL, O ARTESÃO FRÁGIL
Uma completa anatomia da economia

Alfred Marshall tinha problemas frequentes de saúde, e às vezes usava essa suposta fragilidade em benefício próprio. Um surto de uma doença grave no início da meia-idade o fez se preocupar pelo resto da vida que o esforço poderia deixá-lo exausto. A aparente fragilidade lhe permitiu organizar seus afazeres domésticos em torno de suas necessidades. No entanto, isso nunca o impediu de fazer as malas e caminhar centenas de quilômetros pelos Alpes quase todos os verões, tampouco de alcançar seu sonho de fundar uma Escola de Economia em Cambridge.

Jevons foi, sem dúvida alguma, a primeira pessoa a entender a importância da análise marginal. Embora seu trabalho tenha anunciado novas possibilidades, sua morte precoce abriu caminho para que Marshall fornecesse o primeiro relato abrangente de princípios econômicos reconhecidamente modernos, completando a transição da economia política para a ciência econômica.

Desde sua admissão na Universidade de Cambridge, como estudante de graduação em 1861, a carreira de Marshall refletiu sua determinação em alcançar grande sucesso. O pai, William, funcionário do Banco da Inglaterra, conseguiu para o filho uma vaga na Merchant Taylors' School, prevendo que Alfred, sob sua tutela severa, se qualificaria para uma bolsa de estudos no St. John's College, em Oxford, onde estudaria os clássicos como preparação para o ingresso no sacerdócio anglicano.

Ao sair da escola, o jovem Marshall se rebelou, pegou dinheiro emprestado de um tio e, ganhando uma bolsa de estudos, foi para o St. John's College, na Universidade de Cambridge, para estudar matemática. Em 1865, ele se formou em segundo lugar em sua turma — Lorde Rayleigh, que, em 1904, ganhou o Prêmio Nobel de Física, o superou. Essa conquista lhe garantiu uma bolsa de estudos para a pós-graduação no St. John's College.

O vínculo profissional com Cambridge durou pelo resto de sua vida. O casamento, em 1877, exigiu que renunciasse à bolsa de estudos, e encontrou uma posição como diretor da University College, em Bristol, que fora criada por duas faculdades da Universidade de Oxford, como parte da expansão do ensino superior na Inglaterra. Foi durante sua estadia em Bristol que ele adoeceu gravemente e, em 1881, deixou o cargo de diretor. Após vários meses de convalescença em Palermo, retornou a Bristol apenas como professor sênior de economia política. De lá, em rápida sucessão, mudou-se para o Balliol College na Universidade de Oxford como professor de economia política, e depois retornou a Cambridge como professor sênior de economia política em 1885. A partir desse cargo, ocupado até a aposentadoria em 1908, Marshall se tornaria a figura dominante na ciência econômica britânica.

Buscou o diploma de graduação em matemática como preparação para o sacerdócio, assim como acontecera com Malthus. Ao longo da década de 1860, manteve algum senso de vocação religiosa, mas, com sua exposição aos clubes de debate em Cambridge como jovem bolsista e especificamente por ser membro do grupo no qual o filósofo Henry Sidgwick desempenhava um papel central, ele acabou tendo dificuldade em definir até que ponto a fé religiosa era razoável. Como parte desse processo, seus estudos em ciências morais mudaram da metafísica para a epistemologia, depois, para a ética e, finalmente, à medida que sua confiança na doutrina cristã diminuía e ele buscava aplicações práticas para suas investigações filosóficas, para a economia política. Tendo perdido a vocação religiosa, Marshall parece ter encontrado um propósito similar nos estudos econômicos. Quando jovem, comprou uma pintura a óleo de um trabalhador, e a colocou acima da lareira. Marshall alegava tê-la mantido por perto durante seus estudos iniciais de economia, usando-a como um lembrete de que deveria "preparar homens como aquele para o céu", e não ser simplesmente um "mero pensador".

Essa abordagem gradual do estudo da economia, por meio de uma base sólida em matemática e ética, explica como Marshall se tornou a pessoa adequada para a tarefa de transformar a economia política em uma ciência econômica reconhecidamente moderna. Ele tinha habilidade técnica, então pôde facilmente se basear nos exemplos aritméticos de Ricardo e na exposição de Mill sobre processos econômicos. Também pôde se envolver com a base ética tradicional do argumento econômico enquanto criava as novas técnicas de resolução de problemas que a disciplina precisava para se tornar autônoma e, finalmente, se separar da ética.

Foi provavelmente em 1866 que Marshall começou a estudar a fundo os *Princípios de economia política* de Mill. Embora, mais tarde, tenha afirmado que explorou a análise evolucionária de Mill usando equações diferenciais, há pouca evidência disso em seus escritos particulares. Por outro lado, parece que ampliou de maneira gradual a leitura de economia depois de passar a maior parte de 1868 em Dresden, onde aprimorou seu conhecimento de alemão e leu filosofia. Uma visita posterior à Alemanha, em 1870-1871, o colocou em contato com o trabalho de Wilhelm Georg Friedrich Roscher e a Escola Historicista Alemã, bem como com pensadores socialistas.

Pode parecer, então, que, quando a revolução marginalista começou em 1870, Marshall tinha as habilidades e o conhecimento necessários para formular sua visão econômica. Se fosse mais parecido com Jevons, teria publicado suas ideias iniciais na década de 1870. Walras escreveu para Marshall em 1874, incentivando-o a publicar. Em vez disso, Marshall procrastinou.

Marshall era como Smith, preferindo esperar e reunir ideias até ficar satisfeito com sua análise. Além disso, assim como Smith, gradualmente reduziu os planos originais de publicação, embora nunca tivessem ido além da economia. O resultado foi que, mais do que Smith, a reputação duradoura de Marshall, agora, depende de um único livro, *Princípios de economia*, que se tornou a introdução padrão ao assunto desde sua publicação tardia em 1890, até ser superado pela obra *Economia*, de Paul Samuelson, lançada na década de 1950.

Walras estava, sem dúvida, correto ao afirmar que Marshall poderia facilmente ter escrito livros úteis antes do lançamento de *Princípios de economia*. Por exemplo, ele gastou a herança do tio, que anteriormente havia apoiado sua graduação, em uma viagem pelos Estados Unidos em 1875, visitando fábricas, conversando com industriais e ampliando sua compreensão de como um país jovem poderia construir sua base industrial ainda que com barreiras comerciais. Suas conclusões então se transformaram em um rascunho de texto. A relutância de Marshall em publicá-lo preocupava Henry Sidgwick, que temia que o colega perdesse o reconhecimento que a originalidade de suas ideias merecia. Para evitar esse risco, Sidgwick publicou dois capítulos do manuscrito original, em 1877, como *Pure Theory of Foreign Trade* [Teoria pura do comércio exterior] e *Pure Theory of Domestic Values* [Teoria pura dos valores domésticos]. Muitas das ideias chegaram à Parte V de *Princípios*, que, para Marshall, era o núcleo da obra.

Então, ao se casar com Mary Paley — a primeira mulher a concluir o programa de Ciências Morais em Cambridge e uma das primeiras a trabalharem para o Newnham College —, ele assumiu a tarefa à qual ela se dedicava, de escrever um pequeno livro sobre *A economia da indústria*. Notavelmente, levando em conta os padrões rigorosos de Marshall, o livro foi escrito em um tempo relativamente rápido, sendo lançado em 1879. A mudança para Bristol, o peso de administrar uma nova faculdade e a doença contribuíram para que Marshall tivesse pouco tempo para organizar seus pensamentos para futuras publicações, até a convalescença em Palermo. Preocupado em se exaurir com o excesso de trabalho, deu início ao hábito de passar o verão trabalhando no livro todos os anos na década de 1880, até que, finalmente, em 1889, pôde enviá-lo para a gráfica.

Marshall iniciou *Princípios de economia* afirmando que o propósito da economia era melhorar o bem-estar da grande massa da população trabalhadora, de quem o "santo padroeiro" no quadro sobre sua lareira era um representante. Isso era mais do que apenas uma referência à dinâmica populacional malthusiana, ou mesmo a aceitação de que a economia precisava de uma teoria da distribuição. A visão de Marshall para a economia não estava tão distante da ciência moral de Mill. Especialmente na década de 1890, ele se reunia regularmente com líderes sindicais para entender melhor as necessidades da classe trabalhadora.

Princípios de economia começou apresentando a terminologia fundamental de sua economia, antes de analisar os desejos e as demandas, a natureza da produção e a estrutura da indústria, partindo do pressuposto da livre iniciativa em concorrência. Marshall discutia cuidadosamente a teoria econômica necessária para entender o funcionamento dos mercados. Primeiro, examinou os mercados de bens de consumo, e então enfatizou o papel da utilidade marginal na determinação da demanda. Em seguida, discutiu os mercados de insumos necessários para a produção de bens. Isso o levou a desenvolver um argumento de que as empresas mudariam sua produção em resposta a mudanças no preço de mercado e nos custos de produção. Ele descartou a alegação dos críticos de que isso era apenas uma forma de reconciliar as ideias de Mill e Jevons, acreditando que suas pesquisas tinham levado a uma teoria mais completa da importância relativa dos fatores de demanda e de custo ao longo do tempo. Por fim, voltando à sua afirmação sobre os objetivos finais da economia, ele concluiu *Princípios* com uma exploração da distribuição de renda, concentrando-se na fixação de salários, e depois explicou a renda do capital e da terra.

A alegação de que ele se apropriara de partes dos argumentos de Mill e Jevons refletia a maneira como Marshall acompanhava Jevons, ao usar a utilidade marginal para analisar a demanda por um bem, e o tratamento que Mill dispensava aos custos de produção, analisando a oferta de um bem. No entanto, ao estudar como as empresas definiam sua produção maximizadora de lucro, Marshall usou a análise marginal para que defender escolhiam um nível de produção no qual uma expansão posterior não aumentaria mais os lucros.

Também demonstrou que nem Mill nem Jevons teriam sido totalmente consistentes em seus argumentos. Por último, defendeu que os fatores de demanda seriam importantes para determinar como os preços responderiam de imediato a uma mudança nas condições de mercado, mas que, ao longo do tempo, as empresas adaptariam seus processos de produção, de forma que os fatores de custo se tornariam mais importantes na determinação dos preços e das quantidades negociadas.

Há semelhanças notáveis entre o sumário de *Princípios* e o programa de cursos introdutórios de economia que as universidades atualmente oferecem aos alunos de outras carreiras. Isso reflete a maneira como a teoria econômica que os alunos encontram em tais cursos é, com frequência, descendente da abordagem diagramática de Marshall, que lhe permitiu explorar os possíveis efeitos das mudanças em um fator, dentro de um ambiente econômico que, de outra forma, permaneceria inalterado. Seu principal objetivo com essa abordagem era entender o que afetava o preço de mercado pelo qual um bem seria comprado e vendido, e a quantidade que seria comprada e vendida. Sua habilidade de integrar diagramas em *Princípios* refletia a matemática formal que sustentava seus argumentos.

Dada a crença de Marshall de que a economia tinha a capacidade de transformar a sociedade, foi natural que planejasse *Princípios* como mais do que uma introdução ao novo corpo da teoria econômica. Em 1886, em sua palestra inaugural em Cambridge, ele se referiu à disciplina "não como um corpo de verdades concretas, mas como um motor para a descoberta de verdades concretas". Essa era uma concepção de economia bem diferente da teoria do equilíbrio geral de Walras, com sua análise complexa de mercados interligados, através dos quais toda a economia poderia estar em equilíbrio. Embora Marshall tivesse a capacidade técnica para desenvolver tal abordagem, isso nunca o atraiu por causa de suas dúvidas quanto aos argumentos matemáticos formais serem frutíferos para explorar os "temas comuns da vida".

De fato, Marshall era cético quanto ao valor da economia matemática, e acreditava que alguns de seus alunos confiavam demais no que poderiam alcançar com argumentos formais. Em uma carta a A. L. Bowley, Marshall afirmou que, a menos que também pudessem ser apresentados na linguagem cotidiana, os argumentos matemáticos não conteriam nenhum conhecimento econômico útil. Seu conselho a Bowley concluía com a sugestão de que seria importante "queimar a matemática", especialmente se ela não tivesse valor claro como argumento econômico.

Sua reticência em usar matemática refletia a crença de que a boa economia seria como a biologia. O lema *natura non facit saltum* — a natureza não dá saltos — apareceu na página-título de *Princípios*. A chegada de Marshall a Cambridge em 1861 coincidiu com debates acalorados sobre a teoria da evolução de Charles Darwin, da qual ele adotou esse lema. A teoria da evolução através da seleção natural foi importante para ele durante suas lutas com a fé, mas também o levou a concluir que o estudo de mercados e empresas precisava de um tipo similar de teoria.

Os leitores do livro podem não encontrar muita coisa na obra que demonstre como Marshall usou essas ideias. Ele explicava a mudança estrutural na economia ao discutir sobre as diferenças de comportamento no curto prazo e no longo prazo, termos definidos de forma bastante vaga, mas que levavam os leitores a pensarem em como poderiam ser aplicados em situações específicas. Marshall também estava interessado em entender por que as indústrias surgiam em locais específicos e em determinado momento, por que floresciam e por que acabavam declinando. Essas ideias se desenvolveram no conceito de "distritos industriais". Sua explicação, um tanto hesitante, era de que as empresas de um setor industrial geralmente podiam se aglomerar, primeiro, para garantir o acesso a recursos e, em seguida, permanecer nesses locais à medida que as habilidades e os conhecimentos relevantes se concentrassem em cidades e vilas específicas.

Considerando que Marshall e Smith trabalharam de maneiras muito semelhantes, é natural comparar *Princípios de economia* e *A riqueza das nações*. Ambos os livros terminaram com uma superfície altamente polida, refletindo o cuidado com que Smith e Marshall desenvolveram seus argumentos. Com *Princípios*, é muito fácil perder de vista o cuidado com o qual Marshall colocou ideias sofisticadas no texto. Ele também nunca reivindicou a autoria das ideias, apresentando sua nova interpretação da economia como se já fosse amplamente aceita.

Assim como em *A teoria dos sentimentos morais*, Marshall anunciou *Princípios* como o primeiro volume, projetando por muitos anos um segundo livro. Quando finalmente publicou *Industry and Trade* [Indústria e comércio], em 1919, os críticos consideraram o livro exaustivo em suas descrições, mas um tanto datado na análise rudimentar. Já idoso e experimentando um declínio cognitivo substancial, Marshall esperou tempo demais para publicar muitas de suas ideias. Seu livro final, *Money, Credit and Commerce [Dinheiro, crédito e comércio]*, foi lançado em 1923, um ano antes de sua morte. Era também uma coleção de ideias antigas, algumas desenvolvidas meio século antes. É possível que Mary Paley Marshall tenha tido que assumir a liderança na organização e edição do material.

Por ter publicado tão pouco, Marshall garantiu sua reputação por meio do ensino. Quando chegou a Cambridge, o ensino de economia política ocorria nos cursos de história e ciências morais. Em 1903, Marshall finalmente concretizou seu sonho de longo prazo de estabelecer um curso de economia. Sua "Escola de Cambridge" emergiu de forma instável, mas foi construída em grande parte na tradição oral de seu ensino.

Pense em Marshall como um mestre-artesão equipando seus aprendizes para a admissão em uma guilda de economistas. A estrutura do ensino em Cambridge, no final do século XIX, que envolvia alunos se reunindo individualmente com seus tutores, possibilitava tal abordagem. Marshall ministrava grande parte das aulas em sua casa, Balliol Croft, construída para ele e a esposa depois que se tornou professor sênior de economia política. Nas sessões de supervisão, os alunos precisavam defender os argumentos que haviam desenvolvido em redações. Mary Paley Marshall servia chá e bolo, enquanto seu marido conduzia os questionamentos sentado em um banquinho. Terminada a inquisição, o aluno partia com os livros e uma redação repleta de apontamentos. Pouco a pouco, construiu um grupo de ex-alunos em cargos acadêmicos por toda a Inglaterra, garantindo que a economia britânica tivesse um sabor marshalliano.

Ele foi implacável em sua determinação de estabelecer uma escola de pensamento econômico, subordinando relacionamentos pessoais a essa ambição. No entanto, simplesmente não conseguia ver como sua esposa, Mary Paley, poderia ter sido uma parceira em suas investigações intelectuais. Os dois se conheceram em meados da década de 1870, porque ele apoiava o desenvolvimento do Newnham College, uma faculdade feminina. Depois que se casaram, Marshall a colocou para lecionar economia política para estudantes mulheres enquanto ele ficava em Bristol. Apesar de tudo isso, ao longo de sua vida, ele se opôs à educação mista e, portanto, desempenhou um papel de destaque na campanha bem-sucedida de 1896 e 1897 contra a permissão de mulheres completarem os estudos em Cambridge, obtendo graduação.

Talvez isso explique por que nunca lhe ocorreu que a esposa poderia ter sido uma leitora e crítica competente de *Princípios*. Em vez disso, só permitiu que ela realizasse tarefas de pesquisa muito simples para apoiar a preparação do livro. Após a morte de Marshall, como executora de seu espólio, Mary Paley criou um novo papel para si mesma como bibliotecária honorária da recém-fundada Biblioteca Marshall, permanecendo ativa nesse papel até o final da década de 1930. Alguns economistas de Cambridge acreditam que a viuvez a libertou e lhe deu um novo ânimo para a vida.

A insistência para que a escola de economia fosse criada de acordo com seu projeto também pode explicar o descaso que Marshall demonstrava pelas realizações de Jevons. Assim como Mill, Marshall em geral tinha como regra tratar com generosidade todas as contribuições de predecessores para o desenvolvimento da economia. Quando se tratava de Jevons, ele afirmava que os economistas do final do século XIX deviam mais a Jevons do que a quase qualquer outro. No entanto, também alegava que o desenvolvimento de *Princípios* pouco devia ao trabalho de Jevons sobre a utilidade como base da demanda. Em seu lugar, Marshall citou Mill e vários escritores da primeira metade do século XIX como influências importantes, entre eles Ricardo, Antoine Augustin Cournot, Jules Dupuit e Johann Heinrich von Thünen.

Marshall pode ter sido totalmente preciso na lembrança de seu desenvolvimento intelectual. Jevons era apenas oito anos mais velho que Marshall, e desenvolveu seus argumentos sobre o papel da utilidade marginal na década de 1860, com sua primeira publicação por volta de 1866. Mas foi exatamente nessa época que Marshall começou a estudar economia seriamente. Já em 1872, quando revisou a *Teoria da economia política* de Jevons, Marshall afirmou ter encontrado pouco de novo nela. Temendo ter sido injusto, até discutiu essa revisão com o ex-aluno Herbert Foxwell, que havia se tornado colega de Jevons e trabalhava na teoria da demanda.

Muito mais tarde, Foxwell também experimentaria os efeitos da determinação de Marshall de desenvolver a Escola de Cambridge à sua imagem. Candidato a suceder Marshall como professor sênior de economia política em 1908, ele descobriu que o antigo professor era perfeitamente capaz de colocar de lado as quatro décadas de amizade, ao manobrar Arthur Pigou para o cargo. Magoado pela experiência, Foxwell nunca se reconciliou com Marshall.

Com medo de ter problemas de saúde, e uma abordagem aparentemente instrumental dos relacionamentos, Marshall obteve sucesso em grande parte por sua habilidade de construir relacionamentos paternalistas com muitos de seus melhores alunos. Em *Princípios*, ele se propôs a escrever para "homens de negócios" e buscar o maior número possível de leitores, em vez de escrever apenas para seus pares acadêmicos — uma ambição bem diferente da de Walras. Ele baniu a análise matemática formal para um apêndice técnico. Alegando um certo grau de continuidade com Mill, definiu grande parte da estrutura moderna da ciência econômica. Essa análise cuidadosa inspirou muitos seguidores de ambos os lados do Atlântico, especialmente, como veremos mais tarde, na Universidade de Chicago.

9
JOSEPH SCHUMPETER, CRIADOR E DESTRUIDOR

O que garante um grande
desempenho na economia?

"Quando jovem, decidi me tornar o maior amante de
Viena, o melhor cavaleiro da Áustria e o maior economista do mundo." Com um estoque de tais aforismos,
"Schumpy", sempre um *showman*, divertia e escandali-
zava alunos e colegas em Harvard na década de 1930.
Existem vários finais para esse aforismo bem atestado
— e o mais comum na internet é: "Ai das ilusões da
juventude, como cavaleiro, nunca fui de primeira classe."
Além de seu acervo de histórias, colegas e alunos de
Harvard se lembram dele como alguém que trouxe uma
nova abordagem para a análise econômica do velho
mundo da Europa. A profunda influência sobre alunos
e colegas mais jovens foi exatamente a razão pela qual
Frank Taussig, chefe do departamento de economia de
Harvard, tentou repetidas vezes recrutá-lo de 1925 até
sua chegada em 1932.

A carreira de Schumpeter abrangeu alguns dos
grandes momentos de virada na história da economia.
Nascido em 1883, ele se tornou o professor mais jovem
da Áustria-Hungria em 1911, pouco antes de a Primeira
Guerra Mundial destruir o país, e trabalhou na Europa
durante a década de 1920, enquanto o continente lutava
para se recuperar dos efeitos da guerra. Quando chegou
aos Estados Unidos, o país estava no auge da Grande
Depressão. Ele permaneceu lá durante a Segunda Guerra
Mundial, falecendo em 1950.

Schumpeter nasceu em Triesch, na Morávia, em
1883 (hoje Třešť, na República Tcheca), em uma família

de proprietários de moinhos, e de língua alemã. Com a morte de seu pai, quando ele tinha apenas quatro anos, a mãe se casou novamente e se mudou para Viena. Lá, Schumpeter completou o ensino médio em um ginásio de elite antes de estudar direito e economia política na Universidade de Viena. Dali, viajou para a Inglaterra, onde conheceu Marshall. O encontro não foi um grande sucesso. Schumpeter ignorou despreocupadamente as advertências do homem mais velho sobre se apegar excessivamente à teoria. Ele também visitou Walras em 1908 e lhe presenteou um exemplar de seu primeiro livro, que tratava da história do pensamento econômico. Infelizmente, Walras parecia incapaz de aceitar que um jovem pudesse ter escrito tão bem, e por isso pediu repetidas vezes a Schumpeter que transmitisse sua gratidão ao pai.

Schumpeter havia refletido muito sobre a história e o método da economia. No livro que mostrou a Walras, comparava o desenvolvimento da Escola Historicista Alemã e o da Escola Austríaca. Desde que a obra de Menger apareceu pela primeira vez, houve debates contínuos entre economistas alemães e austríacos quanto a melhor forma de estabelecer nosso conhecimento da economia. Enquanto a abordagem histórica imputava ligações causais a partir de dados específicos de um tempo e lugar, a "teoria exata" de Menger propunha que o impulso de satisfazer necessidades era a motivação final para a ação humana. Isso levou Menger e os membros de sua Escola Austríaca a duvidarem do uso de dados na análise econômica.

Tentando encerrar esse debate, Schumpeter propôs que, embora os economistas alemães e austríacos tivessem adotado modos diferentes de análise, tinham uma compreensão compartilhada da natureza das relações econômicas, de modo que a história e a teoria eram, em última instância, complementares. A história poderia fornecer evidências contra as quais a teoria poderia ser julgada.

Parecia a Schumpeter que as diferenças entre a análise dinâmica de alemães e austríacos e a análise estática da economia inglesa eram muito mais substanciais. Ele acreditava que a economia inglesa só analisava como o estado final da economia mudaria conforme as circunstâncias mudassem. Pense na abordagem de Marshall de permitir que apenas um fator que afete um mercado mudasse de cada vez. Para Schumpeter, a análise dinâmica dos economistas de língua alemã permitia a discussão de como o novo estado da economia emergiria gradualmente. Ao longo de sua carreira, usou a análise dinâmica em seu próprio trabalho, e era cético sobre o valor da análise estática. Sendo anglófilo, acreditava que os economistas ingleses não haviam atingido seu potencial.

Em sua visita à Inglaterra, Schumpeter se casou com Gladys Seaver, que talvez fosse doze anos mais velha do que ele — sabemos muito pouco sobre ela. Ele, então, encontrou um emprego como advogado no Cairo e, de lá, assumiu uma posição acadêmica em Czernowitz (atualmente Chernivtsi, na Ucrânia). Ele deixou Seaver no Cairo, embora ela tenha reaparecido brevemente em 1924, quando ele se casou pela segunda vez, cometendo bigamia.

Quando Schumpeter se tornou professor, a Escola Austríaca já havia se desenvolvido para bem além da formulação inicial de Menger, em grande parte por meio do trabalho de seus alunos, Friedrich von Wieser e Eugen von Böhm-Bawerk. Através de Von Wieser, a escola havia desenvolvido sua análise de utilidade marginal e demanda, e de von Böhm-Bawerk, havia adquirido uma teoria do capital. Schumpeter usou as ideias deles como blocos de construção para sua análise dinâmica, apresentada pela primeira vez em 1911 em *Theorie der wirtschaftlichen Entwicklung* (traduzido para o inglês em 1934 como *Theory of Economic Development*, ou Teoria do desenvolvimento econômico, em português), na qual o desenvolvimento econômico ocorria por meio de invenção e inovação.

Nesse livro, Schumpeter apresentou pela primeira vez a análise econômica dinâmica pela qual é mais conhecido. Compartilhando do objetivo de Marshall de explicar como a economia mudaria ao longo do tempo, ele adotou uma abordagem bem diferente. Mais tarde,

Schumpeter criticaria a crença de Marshall de que a análise econômica deveria ser biológica em sua forma. Embora isso pudesse parecer surpreendente à primeira vista, dado que Schumpeter era um dos fundadores da economia evolucionária, e que ambos concordavam que a atividade empresarial era necessária para o desenvolvimento econômico, a análise dinâmica de Schumpeter era muito diferente da análise estática de Marshall.

Influenciado pela teoria darwiniana e acreditando que a competição intensa era a situação habitual em economia, Marshall imaginava que a atividade empreendedora envolvia uma resposta inteligente às restrições ambientais. Sua compreensão do desenvolvimento econômico era essencialmente ecológica. O empreendedorismo era parte integrante dele, mas era quase uma função social e, em sua discussão, amplamente impessoal.

Para Schumpeter, que trabalhava dentro da tradição austríaca, era muito mais natural pensar nos empreendedores como tendo agência, de modo que pensassem em como poderiam melhor utilizar os recursos de novas maneiras para atender às necessidades humanas. Dessa forma, argumentou que a economia evoluiria. Não havia garantias de que os empreendedores teriam sucesso, então inevitavelmente teriam que correr riscos. Muitas pessoas poderiam pensar em novas maneiras de atender às suas necessidades. Seriam necessárias habilidades gerenciais para coordenar outros recursos, e Schumpeter enfatizou a importância da inovação de processo, na qual as empresas implementariam formas novas e mais eficientes de atender às necessidades existentes.

Com base na teoria do capital, Schumpeter argumentou que os empreendedores também precisariam de acesso a recursos e, em uma economia industrial, isso significaria levantar capital a partir de investidores. Os empreendedores precisariam ser capazes de explicar de forma crível aos potenciais investidores como obteriam retornos. Ao invés de evoluir devido a mudanças que eram, em grande parte, externas à economia, na análise de Schumpeter, a mudança seria o resultado da ação humana, com as forças impessoais da competição apenas determinando quais das mudanças se tornariam evolutivamente adequadas e, portanto, sobreviveriam. Quando a próxima geração de empreendedores propusesse novas inovações, suas ideias seriam moldadas por inovações anteriores. A visão de Schumpeter sobre o desenvolvimento econômico parece, às vezes, dever mais a Marx do que a Marshall.

Com Schumpeter, havia sempre algo além da economia — em geral, uma mulher. Durante a Primeira Guerra Mundial, com o colapso final do Império Austro-Húngaro, ele ficou fascinado pela política. Em 1919, tornou-se um jovem ministro das finanças de direita em um governo de esquerda, que tentava administrar a Áustria após sua derrota devastadora na guerra. Viena era então um dos principais centros do pensamento marxista. Assim como outros economistas austríacos, a admiração de Schumpeter pelo complexo sistema de análise marxista talvez tenha lhe permitido ingressar nesse governo. Ele, talvez, tenha pensado que poderia ser um empreendedor político, e imaginado que seria possível operar independentemente de seus colegas.

Essa ingenuidade política e as inevitáveis divergências com os colegas o levaram à renúncia forçada em poucos meses. Em seguida, adquiriu uma licença bancária e tornou-se presidente do Banco Biedermann em Viena, em 1921. Quando o banco faliu em circunstâncias obscuras, em 1924, Schumpeter ficou com dívidas muito grandes. Para quitá-las, voltou à academia como professor sênior de teoria econômica na Universidade de Bonn, mas também teve que assumir encomendas para escrever sobre economia e sistemas bancários.

Dadas suas circunstâncias pessoais, talvez seja surpreendente que tenha escrito algo depois de 1925. Primeiro, a mãe morreu e, na semana seguinte, sua jovem esposa, Anna, faleceu no parto, junto com o bebê. Schumpeter nunca se recuperou totalmente desses baques. Ele entrou em um período de depressão profunda, que continuou após seu terceiro casamento, em 1937, pelo menos até o fim da Segunda Guerra Mundial. Em seus papéis pessoais, há também muitas evidências de hábitos estranhos, incluindo copiar trechos dos diários de sua esposa e a manutenção do que se tornou quase um culto pessoal, no qual ele se voltava cada vez mais para suas falecidas esposa e mãe, a quem chamava de "die Hasen" (as lebres), para que intercedessem nas lutas de sua vida. No entanto, uma das maneiras pelas quais ele tentou controlar seu estado mental foi trabalhando até o limite de sua capacidade física.

Após a morte da esposa, a primeira tentativa de Schumpeter para reviver sua carreira foi uma análise dos ciclos de crédito e moeda. Ele planejava fazer uma grande contribuição para a teoria econômica e também enfrentar os desafios das economias europeias. Infelizmente, não era o único economista com esse plano. John Maynard Keynes publicou seu *Treatise on Money* [Tratado sobre a moeda] em 1930. Embora Schumpeter estivesse nos estágios finais de preparação de seu próprio livro sobre moeda e crédito, ele imediatamente arquivou o projeto. Após a morte, o manuscrito ainda estava em seu acervo pessoal, e foi publicado como *Das Wesen des Geldes [A natureza do dinheiro]*, em 1970.

Apesar da mudança para Harvard, na década de 1930, sua ambição de ser o maior economista do mundo parecia lhe ter sido negada. Ainda sofrendo de depressão, ele passou a década trabalhando até a exaustão enquanto lutava para completar um estudo monumental sobre os ciclos econômicos, que acreditava ser capaz de oferecer uma explicação para a Grande Depressão. Para isso, Schumpeter argumentou que havia três tipos diferentes de ciclo: um ciclo de estoque, no qual as empresas acumulavam e esgotavam estoques em um período de três anos; um ciclo de crédito, que durava cerca de nove anos, impulsionado pela variação da disposição dos bancos para emprestar; e o ciclo muito mais longo de inovação tecnológica, proposto na década de 1920 pelo economista soviético Nikolai Kondratiev. A explicação de Schumpeter para a Grande Depressão foi de que houve uma confluência nas crises desses ciclos no início dos anos 1930.

Mais uma vez, Maynard Keynes o superou. Sua *Teoria geral do emprego, do juro e da moeda*, publicada em 1936, rapidamente conquistou o apoio de muitos economistas mais jovens, incluindo os de Harvard. Isso irritou Schumpeter. Ao revisar a obra para o periódico *Journal of the American Statistical Association*, ele começou alegando que o livro continha teoria apenas para justificar prescrições políticas, e que, em vez de ser uma análise geral, "expressava com vigor a atitude de uma civilização em decadência". Concluía com amplas dicas de que as conclusões de Keynes poderiam ser facilmente refutadas com um pouco de conhecimento da história europeia.

Em 1937, Schumpeter se casou pela terceira vez. A esposa, Elizabeth Boody, era uma economista profissional. Já divorciada, ela entrou no relacionamento ciente de que precisaria ser dona de casa, gerente de negócios e enfermeira. Independente financeiramente, ela administrou a casa, permitindo a Schumpeter paz quase total. Ela fornecia assistência em pesquisas e lia de modo crítico seu trabalho enquanto o digitava. Assim como Marshall, Schumpeter acabou dependendo pessoalmente de uma mulher forte e capaz. Sem a companhia de Boody e o ambiente de apoio que ela criou em casa, a depressão e o excesso de trabalho poderiam tê-lo matado.

Quase imediatamente, Schumpeter conseguiu concluir *Business Cycles* [Ciclos econômicos], que enfim foi publicado em 1939. Suas evidências reunidas com cautela e os argumentos exaustivos quase não tiveram efeito sobre as ciências econômicas. O livro foi recebido com educação — Ragnar Frisch, o grande economista matemático norueguês, que se tornaria um dos primeiros ganhadores do Prêmio Nobel de Economia em 1969, observou que seria agradável ler algo que não fosse sobre a guerra.

Com o apoio de Boody, Schumpeter continuou a trabalhar durante a década de 1940, período em que completou *Capitalismo, socialismo e democracia* e a maior parte da *História da análise econômica*. Enquanto trabalhava em *História,* após a morte de Schumpeter em 1950, para prepará-la para publicação, Boody já sofria de câncer de mama, e morreu em 1953, de forma que a publicação final, em 1954, serviu como um memorial para ambos. Escrupulosamente honesta, ela havia guardado com cuidado todos os papéis do marido, uma das razões pelas quais sabemos tanto sobre sua vida particular.

Capitalismo, socialismo e democracia, publicado pela primeira vez em 1943, baseou-se em sua teoria do desenvolvimento econômico e se tornou seu livro de maior sucesso, com a terceira edição publicada em 1950, mas Schumpeter afirmava desprezar a obra. Ele parece tê-la tratado como uma espécie de "caça-níqueis" que falhou em aprofundar a teoria. O exibicionista sempre buscava o aplauso da academia, em vez do dinheiro da "plebe".

A obra apresentou a, agora famosa, ideia de que a inovação envolve destruição criativa. Schumpeter afirmava que as inovações afetavam os processos de produção e os recursos usados para produzir os bens e serviços que as pessoas consumiam. Pensando no valor dos bens usados nos processos de produção como sendo determinado pelo valor dos bens produzidos, Schumpeter defendia que a destruição criativa ocorria quando processos e inovações de qualidade tornavam os processos existentes redundantes. Fábricas que usavam uma tecnologia antiga começariam a ter prejuízos e enfrentar fechamentos. Embora a inovação fosse criativa, ela teria efeitos destrutivos em outras partes da economia.

Apresentada por Schumpeter, a resposta à pergunta retórica em *Capitalismo, socialismo e democracia*: "O capitalismo pode sobreviver? [...] Eu acho que não", pode parecer deliberadamente provocativa. É importante lembrarmos, porém, que ele era bastante conservador, o que o levou a desconfiar do presidente Franklin Roosevelt, a quem via como um demagogo que forçou os Estados Unidos a entrarem em uma guerra europeia, o que possibilitaria que Winston Churchill e Joseph Stalin destruíssem a nação alemã. (Este homem complexo compartilhava plenamente do antissemitismo cultural prevalente em sua geração. Elizabeth Boody, especialista em comércio e política asiáticos, era suspeita de simpatia pelo Japão. Uma investigação do FBI sobre os dois não encontrou evidências de irregularidades.)

Schumpeter escreveu *Capitalismo, socialismo e democracia* durante a crise global da Segunda Guerra Mundial, para a qual governos de todo o mundo tiveram que direcionar sua atividade econômica. Em parte devido a sua reorientação necessária para o esforço de guerra, grandes organizações, com suas divisões especializadas de pesquisa e desenvolvimento, estavam em melhor posição para se engajar com inovação do que os empreendedores individuais. Schumpeter acreditava que a inovação havia se tornado um processo burocrático e que, por meio da inovação persistente, os retornos crescentes seriam internos à organização. Grandes organizações, portanto, sempre seriam capazes de minar concorrentes menores e, assim, adquiririam um poder de mercado substancial. Ele concluiu que, através do socialismo democrático, com o público tendo empresas e dirigindo suas atividades, seria possível distribuir com justiça os benefícios do desenvolvimento econômico.

Com *História da análise econômica*, Schumpeter encerrou sua carreira pensando no desenvolvimento da ciência econômica. Foi uma mistura inebriante. Ele havia trabalhado nisso nos últimos quinze anos de sua vida, em uma tentativa única de examinar todo o desenvolvimento da economia. Quase certamente, Schumpeter, que concluíra seus estudos em um ginásio vienense, leu uma proporção maior da teoria econômica desde a Grécia Antiga até a década de 1940 — e nos idiomas originais — do que qualquer pessoa, antes ou depois dele.

Como o livro ainda estava incompleto em sua morte, na versão publicada talvez vejamos mais como Schumpeter, e Boody como sua editora, trabalharam as ideias do que se tivesse existido um texto final. Mas, percorrendo as 1.200 páginas do rascunho, encontraremos julgamentos nítidos e enfaticamente definitivos. Podemos até discordar deles, mas é difícil não nos maravilharmos com a erudição do sábio. Usando um dos termos favoritos de Schumpeter, foi uma "performance" de fato excepcional.

Pelo termo "performance", Schumpeter queria dizer excelência contínua no desenvolvimento de uma estrutura teórica. Por esse motivo, ele considerava o equilíbrio geral walrasiano como a maior conquista da ciência econômica. O determinismo histórico de Marx teve uma alta pontuação como performance. Mill também chegou perto de alcançar uma grande performance, mas apressou seu trabalho, dedicando apenas dois anos a ele, em vez dos dez que Schumpeter acreditava que os *Princípios de economia política* mereciam. Ele via Smith amplamente como um compilador de fatos, que havia impedido o progresso da economia. Tratando Smith como um filósofo econômico, Schumpeter o colocou no final da pré-história da economia política, em vez de considerá-lo fundador. A performance de Marshall foi a mais decepcionante. Além de criticar sua confiança na teoria estática, Schumpeter também reprovava sua crença de que a economia tinha o propósito moral de transformar a classe trabalhadora, além de seu desejo de ser amplamente lido e seu uso cauteloso da matemática.

A avaliação das fraquezas de Marshall torna ainda mais interessante o fato de Schumpeter ter uma espécie de ponto cego no que diz respeito à matemática. Ainda assim, Taussig queria contratá-lo para fortalecer o ensino de economia matemática em Harvard. Schumpeter desenvolveu com entusiasmo um curso e o ministrou por dois anos, antes de passá-lo para Wassily Leontief, cujas contribuições substanciais à teoria do desenvolvimento econômico lhe renderam o Prêmio Nobel de Economia em 1973. (Ele também formou quatro ganhadores do Nobel, três dos quais, Paul Samuelson, Thomas Schelling e Robert Solow, os quais aparecerão em capítulos posteriores.) Schumpeter pareceu bastante tranquilo ao passar este curso para um dos colegas que alegremente reconheceu como um "jovem gênio".

"Performance" sugere algo feito em um palco. Schumpeter gostava de chocar as pessoas enquanto as divertia. Talvez fosse uma personalidade conveniente, especialmente nas décadas de 1920 e 1930, quando a depressão o levou a escrever em um ritmo marshalliano enquanto trabalhava quase inteiramente sozinho. Alguns revisores de *Business Cycles* acharam notável que um homem pudesse produzir tanto trabalho detalhado. "Performance" também era semelhante em natureza à "destruição criativa", como Schumpeter descobriu quando seus alunos lotaram as livrarias para comprar a *Teoria geral* de Maynard Keynes. E talvez isso ajude a explicar por que "o maior economista" abalou a disciplina, mas nunca obteve nela uma posição de destaque.

10

JOHN MAYNARD KEYNES, O ÚLTIMO AMADOR

O tratamento da economia
como um sistema unificado
para criar um novo papel para o governo

Em maio de 1919, John Maynard Keynes decidiu renunciar seu posto na delegação do governo britânico no Congresso de Paz de Versalhes. O Congresso, organizado no final da Primeira Guerra Mundial, era dominado pelos vitoriosos, Grã-Bretanha, França e Estados Unidos, com os governos britânico e francês determinados a "fazer a Alemanha pagar". Tendo trabalhado no Tesouro do Reino Unido durante toda a guerra, Keynes talvez fosse o principal especialista britânico em finanças internacionais. Ele estava convencido de que os termos de paz impostos à Alemanha prejudicariam muito as economias da Europa continental e possivelmente levariam a outra guerra. Movido por uma indignação furiosa, ele estabeleceu a meta de escrever mil palavras por dia, sete dias por semana, para que seu livro polêmico, *As consequências econômicas da paz*, pudesse ser publicado no final de 1919. Um sucesso global imediato, a obra consolidou Keynes como um grande intelectual público. Ele era um novo tipo de economista, um que viria a criar uma nova ciência econômica. Cerca de metade do restante do livro que você tem em mãos será sobre como outros grandes economistas responderam ao seu pensamento.

Quando Keynes escreveu *As consequências econômicas*, Schumpeter era o ministro das finanças da Áustria. Ao escrever um obituário de Keynes em 1946, ele o elogiou sem reservas: "O feito foi de coragem moral. Mas o livro é uma obra-prima — repleto de sabedoria prática que nunca carece de profundidade; impiedosamente lógico, mas nunca frio; genuinamente humano, mas sem sentimentalismo; enfrentando todos os fatos sem arrependimentos vãos, mas sem desesperança: é um conselho sensato agregado a uma análise sólida."

Escrever *As consequências econômicas* para o público, e de forma tão rápida, mostrava quão diferente Keynes seria de Marshall e Schumpeter. Nos anos de turbulência econômica da década de 1920 e durante a Grande Depressão da década de 1930, uma enxurrada de panfletos e artigos de jornal saía de sua mesa, fazendo propostas políticas.

De 1909 até sua morte em 1946, Keynes foi membro do King's College, em Cambridge. Mas também foi historiador, filósofo, matemático, editor, funcionário público, conhecedor de artes, construtor de um teatro, administrador de financiamento público para as artes, investidor privado, consultor financeiro e gestor de investimentos, assessor de governos (e, às vezes, seu representante em negociações internacionais), jornalista e ativista político no Partido Liberal de Herbert Henry Asquith e David Lloyd George. Encaixando habitualmente alguns dias por semana em Cambridge, em torno de suas muitas outras atividades, ele foi o último amador, parecendo desdenhar do esforço, mesmo trabalhando até a exaustão.

A determinação de mudar o mundo alimentou a escrita de *As consequências econômicas*. Essa determinação também foi importante quando escreveu sua maior obra, *A teoria geral do emprego, do juro e da moeda*, no auge da Grande Depressão. Quando finalmente foi publicada, em 1936, estudantes de pós-graduação nos Estados Unidos se uniram para fazer um pedido em massa diretamente à editora para que pudessem lê-lo o mais rápido possível. Ao final da Segunda Guerra Mundial, esses jovens economistas haviam começado a ensinar uma nova economia keynesiana.

Maynard Keynes — ele abandonou o "John" enquanto estava na escola — era o filho mais velho de um dos primeiros alunos de Marshall, John Neville Keynes, que se preocupava incessantemente em garantir que Maynard pudesse fazer seu próprio nome. Ele preparou o filho para uma bolsa do King's College em Eton, que o levou diretamente a uma bolsa universitária no King's College da Universidade de Cambridge. Lá, assim como Marshall, Maynard Keynes concluiu a graduação em matemática.

Em seguida, fez um ano de pós-graduação em Cambridge, assistindo a algumas das palestras de Marshall em 1905 — tendo lido *Princípios de economia* como preparação. Adiando a decisão de se tornar um acadêmico, ingressou no serviço público, trabalhando no Escritório da Índia em 1907 e 1908. Ele disse ao pai que a posição o atraía sobretudo por causa do prestígio. Trabalhando na reforma do dinheiro, rapidamente se tornou um especialista em economia monetária e instituições financeiras.

Enquanto estava no Escritório da Índia, manteve vínculos com Cambridge, trabalhando em uma dissertação sobre teoria da probabilidade, para a qual seu examinador foi o filósofo analítico Alfred North Whitehead. Ao concluir a dissertação no final de 1908, poderia facilmente ter se tornado um filósofo, mas optou por lecionar economia. Pigou ofereceu a Keynes cem libras esterlinas por ano para dar aulas, no mesmo tipo de acordo privado que Marshall fazia ocasionalmente para dar aos jovens tempo de estabelecerem suas carreiras. E, assim, no início de 1909, Keynes deu suas primeiras palestras (sobre moeda, crédito e preços). O acordo com Pigou logo se tornou supérfluo, e ele foi eleito membro do King's College em março de 1909.

Keynes e Marshall eram ambos graduados em matemática pela Universidade de Cambridge, e também economistas, mas tinham personalidades completamente diferentes. Keynes era um *networker* consumado, e logo foi recrutado para os "Apóstolos", um clube de discussão para estudantes, mas com membros vitalícios, de forma que o corpo docente da universidade costumava estar presente em muitas reuniões. Quando ele era estudante de graduação, a Sociedade — como seus membros geralmente a chamavam — estava fascinada pelo filósofo G. E. Moore, que argumentava que a bondade moral exigia a busca pela verdade, pelo amor e pela beleza.

Para Keynes, sempre pragmático, a filosofia de Moore se expressou em sua crença, ao longo de toda a vida, de que as relações pessoais eram mais importantes do que a autoridade ou a tradição, bem como em um profundo interesse pelas artes criativas. Ele rapidamente formou amizades duradouras com o escritor Lytton Strachey e o artista Duncan Grant. Eles apresentaram Keynes a Vanessa Bell (que se tornou parceira de Grant no trabalho e na vida) e à irmã dela, Virginia Woolf. Grant, Bell e Woolf, juntamente com o crítico de arte Roger Fry, tornaram-se figuras centrais no círculo de artistas e escritores conhecido como Grupo de Bloomsbury. Keynes, o grande *networker*, fez-se presente nesse grupo. Ele alugou uma casa em Gordon Square, ao lado dos Bell e dos Strachey, e dirigiu uma editora para o grupo antes da Primeira Guerra Mundial, administrando investimentos para seus membros, posteriormente. Até ter dinheiro suficiente para garantir o arrendamento da Tilton House em Sussex Downs, ele usava Charleston, a casa de campo dos Bell, que ficava a apenas um quilômetro e meio de Tilton, sempre que precisava de paz para escrever.

Quando a Primeira Guerra Mundial estourou, a experiência de Keynes em finanças internacionais levou Lloyd George, enquanto chanceler do Tesouro, a recrutá-lo como consultor. Este se tornou o cargo no Tesouro ao qual ele renunciou para escrever *As consequências econômicas*. Em 1920, aos 36 anos, ele tinha uma posição acadêmica segura, um histórico comprovado como assessor de políticas e uma reputação pública substancial, e já havia embarcado em sua carreira de investimento, assumindo o primeiro de muitos cargos de diretor de empresas de investimento.

A Primeira Guerra Mundial destruiu três impérios: a Rússia czarista, o Reich alemão e a Áustria-Hungria. A Grã-Bretanha, com seu império global, sobreviveu intacta, mas a um grande custo. O trabalho de Keynes, que garantiu financiamento para os Aliados durante a guerra, foi um precursor de seus esforços para influenciar a política do governo britânico ao longo das décadas de 1920 e 1930, enquanto o país lutava para reconstruir a economia, dada sua posição enfraquecida no mundo.

Ao longo da década de 1920, o desemprego na Grã-Bretanha permaneceu acima de 10%. Aumentos rápidos de preços durante a guerra forçaram o país a abandonar o padrão-ouro, sob o qual o valor da libra era fixado em termos de ouro, enquanto a taxa de câmbio com os Estados Unidos era fixada em US$ 4,86 por libra. Para restaurar a posição da Grã-Bretanha no comércio internacional, o governo quis voltar ao padrão-ouro. Coube a Winston Churchill, como chanceler do Tesouro, fazer isso em 1925. Keynes escreveu outra polêmica, *As consequências econômicas do sr. Churchill*, argumentando que o valor mais alto da libra esterlina forçaria as indústrias voltadas para a exportação, principalmente as de mineração de carvão, a cortarem salários. Churchill foi forçado a fornecer subsídios substanciais aos proprietários de minas, mas a agitação industrial que Keynes havia previsto levou à Greve Geral em maio de 1926.

Nessa época, a paixão de Keynes pela dança o levou a se casar com a bailarina russa Lídia Lopokova. A devoção óbvia que tinham um pelo outro — quando separados, escreviam um para o outro diariamente — logo superou a perplexidade de seus amigos de Bloomsbury com o que, para eles, parecia ser uma união improvável. Os biógrafos de Keynes também lutaram para explicar isso. Talvez devêssemos simplesmente aceitar a descrição do casamento pela revista *Vogue*, em sua edição de agosto de 1925, como "um símbolo delicioso da dependência mútua da arte e da ciência".

No final da década de 1920, Keynes começou a argumentar que o governo precisava desenvolver políticas que abordassem os problemas econômicos da Grã-Bretanha, incentivando o investimento na capacidade produtiva. Como vimos com o trabalho de Schumpeter sobre ciclos econômicos, outros economistas também desenvolveram teorias que explicavam flutuações na produção e no desemprego, principalmente por meio de mudanças no nível de investimento.

Para desenvolver os argumentos em seu *Treatise on Money* [*Tratado sobre a moeda*], publicado em 1930, Keynes absorveu o trabalho do economista sueco Knut Wicksell, falecido em 1926. Wicksell argumentara que o investimento dependia de os bancos concederem empréstimos às empresas, observando que, quando concediam empréstimos, os bancos estavam emitindo novo dinheiro. Enquanto a economia crescia, esse dinheiro elevava o nível dos preços. Ao verem que a produção estava sendo vendida a preços mais altos, as empresas acreditariam que havia mais oportunidades de lucro e planejariam investir mais. (Uma recessão resultaria, portanto, de um baixo nível de investimento.) A partir desses argumentos, Keynes propunha que, se o governo instruísse o Banco da Inglaterra a baixar as taxas de juros, as empresas se dariam conta de que poderiam tomar emprestado a um custo baixo o suficiente para obter lucros, aumentando, assim, o investimento e iniciando o processo de expansão que Wicksell havia previsto.

Quando o *Treatise on Money* finalmente foi publicado, em 1930, os argumentos de Keynes já não pareciam de todo convincentes, nem mesmo para ele. Antes da eleição geral de maio de 1929, ele havia escrito o panfleto *Can Lloyd George Do It?* [Será que Lloyd George consegue fazer isso?], em parceria com Hubert Henderson, defendendo o gasto público direto para permitir a recuperação da economia. Assim, o panfleto marcou uma nova mudança no pensamento de Keynes, levando-o a se tornar cada vez mais crítico da posição de governos sucessivos, muitas vezes chamada de "Visão do Tesouro", que afirmava que o caminho para a recuperação econômica passava por um orçamento equilibrado e uma "moeda forte".

O *crash* de Wall Street no final de 1929 e o início da Grande Depressão também afetaram o pensamento de Keynes. Em 1932, em meio a uma onda de falências bancárias, o desemprego nos Estados Unidos atingiu 25%. A Grã-Bretanha havia abandonado mais uma vez o padrão-ouro em 1931, e o valor da libra esterlina, caído 20%. Ao redor do mundo, os governos estavam se refugiando atrás de barreiras tarifárias para proteger suas indústrias domésticas, muitas vezes ameaçando dar calote em dívidas. E, com a ascensão do fascismo, a desordem política tomou conta da Europa. Keynes concluiu que isso era mais do que uma simples fase de baixa do ciclo econômico, e que precisaria de uma forma completamente nova para pensar sobre a economia.

O novo pensamento veio em *A teoria geral do emprego, do juro e da moeda*, que provocou uma revolução intelectual. Em vez de se concentrar no comportamento dos mercados, Keynes dividiu a economia em setores funcionais, como famílias, indústria e governo. Argumentou que o dinheiro fluiria entre esses setores na forma de renda e despesa, e percebeu que as famílias não gastariam toda a renda que recebiam, mas depositariam parte dela nos bancos. Por sua vez, os bancos disponibilizariam dinheiro para as empresas, que poderiam tomar empréstimos para financiar investimentos, efetivamente comprando bens de outras empresas para fabricar mais bens no futuro.

Keynes, então, se perguntou o que aconteceria se as famílias decidissem poupar mais do que as empresas desejavam investir. Ele concluiu que as poupanças se acumulariam nos bancos. Assim, menos bens seriam produzidos e os lucros cairiam, levando as empresas a pagarem salários e dividendos mais baixos. A economia encolheria e continuaria encolhendo até que a poupança das famílias e o investimento empresarial fossem iguais. Aqui, temos a primeira parte da explicação de Keynes para a Grande Depressão: em quase toda economia, o canal poupança-investimento ficara bloqueado, levando ao desemprego persistente, porque, na economia como um todo, não havia demanda suficiente para a produção das empresas.

Como investidor profissional, Keynes sabia que os investidores usavam a intuição para formar crenças sobre o futuro. Chamando-os de "espíritos animais", ele enfatizou a natureza fundamentalmente psicológica. Também entendia a importância de prever o que outros investidores fariam, sugerindo que tenderiam a ter uma mentalidade de rebanho. Isso permitiu que ele explicasse o bloqueio do canal poupança-investimento como resultado de uma perda de confiança entre os investidores. Na verdade, afirmava que, na década de 1930, o mundo havia experimentado uma onda de pessimismo que causou o *crash* de Wall Street, mas que também era justificada por tudo que estava acontecendo.

Em 1936, muitos críticos, como Schumpeter, aparentemente não se convenceram de que se tratava de uma "teoria geral", e viram o livro muito mais como um "panfleto para a época". As ideias de Keynes não estavam totalmente formadas, seus argumentos eram muitas vezes confusos e havia trechos onde ele caricaturava ideias opostas para poder demoli-las com mais facilidade. Aceitando tudo isso, ainda havia um desafio eloquente à "Visão do Tesouro", que defendia que os governos deveriam esperar pacientemente o início da recuperação.

Também podemos ler *A teoria geral* como um argumento brilhante sobre a atuação dos governos em tempos de crise. Mesmo a mudança dos "espíritos animais" diminuindo a demanda no resto da economia, os governos deveriam ser capazes de ter uma visão de longo prazo. Podiam agir em prol do interesse da sociedade ao fornecerem mais serviços públicos e gastando mais em bens e serviços produzidos pelo setor privado. Dada a forma como os gastos e investimentos se propagariam pela economia, Keynes argumentou que um modesto aumento nos gastos do governo já seria suficiente para provocar uma recuperação.

Keynes adoeceu gravemente enquanto escrevia *A teoria geral*. A causa principal remontava a duas décadas antes, quando, pouco depois de ingressar no Tesouro durante a Primeira Guerra Mundial, contraiu peritonite. Com hospitais cheios de soldados feridos, seus médicos tiveram que operá-lo na mesa da cozinha. Complicações da doença afetaram seu coração. Em 1936, logo após a publicação de *A teoria geral*, ele foi colocado sob rigorosa supervisão médica. Com dieta e exercícios orientados por Lopokova, a recuperação levou mais de dois anos. Na época, o debate sobre política econômica havia avançado, e ele voltou sua atenção mais uma vez para a questão do financiamento da guerra. Mesmo antes de voltar ao Tesouro, em 1940, ele já estava fazendo campanha com o panfleto *How to Pay for the War* [Como pagar pela guerra], no qual defendia um aumento substancial dos impostos, especialmente sobre a riqueza.

De volta ao Tesouro, Keynes propôs outras maneiras de financiar a guerra, desenvolvendo rapidamente um esquema pelo qual os ativos britânicos no exterior pudessem ser vendidos para levantar fundos ou colocados como garantia de empréstimos emitidos em libras esterlinas. Também se tornou representante do governo britânico em uma ampla gama de negociações com os Estados Unidos, cobrindo acordos de comércio internacional e o financiamento da reconstrução pós-guerra. Nomeado Lorde Keynes e ocupando um lugar na Câmara dos Lordes em 1943, ele foi o principal negociador da Grã-Bretanha na formação do FMI e do Banco Mundial e, em 1945, do "empréstimo estadunidense", que permitiu à Grã-Bretanha embarcar na reconstrução pós-guerra.

Dada a energia estupenda e a gama de talentos de Keynes, há muito que precisamos deixar de fora. Ele era um especulador destemido, que muitas vezes parecia arriscar sua fortuna — mas que sempre ficava bem no final. A partir de meados da década de 1920, como tesoureiro, controlou as finanças do King's College e, por meio de investimentos astutos, tornou-o uma das faculdades mais ricas de Cambridge. Ele usou seu acesso a financiamentos para promover o Cambridge Arts Theatre na década de 1930, supervisionando sua construção e apoiando Lopokova na montagem da primeira temporada do novo teatro. Foi nomeado presidente do Conselho para o Incentivo à Música e às Artes em 1940 e, posteriormente, o primeiro presidente do Conselho de Artes da Grã-Bretanha.

Schumpeter brincava que tinha a intenção de se tornar o maior economista do mundo, mas Keynes o superou. Pelo menos em parte, isso refletia as diferenças na maneira de ambos trabalharem. Enquanto Schumpeter raramente tinha colaboradores, Keynes era adepto de encontrar jovens acadêmicos com quem pudesse construir relações de trabalho frutíferas. Na década de 1920, os exemplos óbvios foram Dennis Robertson na teoria monetária, Frank Ramsey na teoria da probabilidade e Hubert Henderson no desenvolvimento de uma política governamental ativa. Na década de 1930, seus associados ficaram conhecidos como o Círculo de Cambridge. O grupo incluía Piero Sraffa, Richard Kahn, Joan Robinson e Austin Robinson, e ajudou a moldar e promover as ideias de *A teoria geral*.

Keynes e Schumpeter eram muito mais do que acadêmicos, e vimos como algumas das muitas outras atividades de Keynes influenciaram o desenvolvimento de suas ideias econômicas. Até cerca de 1923, ele era totalmente ortodoxo em seu ensino. Na meia-idade, à medida que as economias europeias — e depois a economia dos Estados Unidos — se atolavam na Grande Depressão, ele concluiu que precisávamos mudar nossa forma de pensar sobre a economia. *A teoria geral* horrorizou Schumpeter, talvez pelos mesmos motivos que encantou os economistas mais jovens. Keynes classificou a economia de Marshall e Pigou, sucessor de Marshall em Cambridge e professor de Keynes, como "clássica". Com suprema autoconfiança, anunciou o livro como o primeiro relato de uma nova forma de análise econômica, que hoje chamamos de macroeconomia. Como observado por Pigou, ninguém antes de Keynes havia tentado entender o comportamento de todo o sistema econômico em um nível agregado.

Talvez Keynes tenha feito isso de forma autoconsciente. Durante grande parte dos últimos trinta anos de sua vida, ele guardou cuidadosamente quase todos os papéis que passavam por sua mesa, e suas secretárias mantinham cópias de toda a correspondência. Ele parecia estar ciente de que vivia uma grande vida. Tornar-se revolucionário econômico era apenas parte disso. E, se isso o faz soar como Marx, saiba que Keynes permaneceu resolutamente burguês e politicamente liberal. Vivendo grande vida, faltou-lhe tempo — e talvez inclinação — para explicar as ideias de *A teoria geral* em detalhes. Ao morrer enquanto prestava serviços para o governo, ele pôde legar esse desafio a seus muitos seguidores com segurança.

11
FRIEDRICH HAYEK, UM TIPO DE LIBERAL MUITO DIFERENTE

A economia tratada
como um organismo,
não como uma máquina

No *Treatise on Money*, Keynes admitiu, sem constrangimento, que mal conseguia ler alemão. Por outro lado, Lionel Robbins, que se formou na London School of Economics (LSE), em 1923, e lá se tornou professor depois de apenas seis anos, era fluente no idioma. Isso significa que entendeu que Keynes havia simplificado as teorias de Wicksell para defender uma política governamental ativa. Além disso, sabia exatamente para quem a LSE deveria se voltar para desafiar Keynes: o economista vienense Friedrich Hayek.

Hayek se formara na tradição austríaca de direito e economia. Nascido em uma família de acadêmicos (o filósofo Ludwig Wittgenstein era um parente distante), muitos de seus familiares, incluindo pai e irmãos, seguiram carreiras em ciências naturais e biológicas. Na verdade, Hayek pretendia, a princípio, estudar psicologia, mas o serviço militar no norte da Itália, durante o qual contraiu malária, interrompeu seus estudos. Após a Primeira Guerra Mundial, encontrou poucas oportunidades em Viena para estudos avançados de psicologia. No final, acreditando que teria perspectivas de carreira mais seguras, dedicou-se à economia. Na última parte de sua carreira, Hayek retornaria ao interesse inicial pela psicologia, pensando na estrutura da economia em termos orgânicos ou ecológicos.

Outros economistas logo reconheceram seu talento. Hayek se juntou a um grupo de estudos, coordenado por von Wieser, que reunia socialistas como Rudolf Hilferding e Otto Neurath, assim como o combativo liberal Ludwig von Mises. Por sugestão de von Wieser, Hayek começou a trabalhar para von Mises no Instituto Austríaco de Pesquisa de Ciclos Econômicos. Ele logo abandonou suas inclinações social-democratas da juventude, abraçando, em vez disso, o liberalismo clássico que definiria sua economia política. Robbins foi o primeiro a perceber o comprometimento dele com a explicação tradicional das flutuações econômicas, baseada nas variações da disponibilidade de crédito.

Em 1930, no início da Grande Depressão, Ramsay MacDonald, primeiro político do Partido Trabalhista a se tornar primeiro-ministro da Grã-Bretanha, criara um Conselho Consultivo Econômico. Inevitavelmente, Keynes, o consumado *networker*, acabou tornando-se membro. Ele convenceu o primeiro-ministro a nomeá-lo presidente de um comitê de economistas acadêmicos, sendo os outros integrantes Hubert Henderson, Arthur Pigou e Josiah Stamp. Querendo incluir um representante da LSE, Keynes convidou Robbins para se juntar ao Conselho, o que ele fez. Mas os dois se desentenderam quanto à proposta de Keynes para gastos governamentais adicionais. Robbins acabou escrevendo seu próprio relatório, profundamente crítico das recomendações de Keynes para obras públicas e barreiras tarifárias. Hayek pareceu ser um aliado natural nesse debate.

Hayek chegou a Londres em janeiro de 1931, e deu uma série de palestras sobre ciclos de crédito, publicadas no final do ano como *Prices and Production* [Preços e produção]. O biógrafo de Hayek, Bruce Caldwell, brincou que a incompreensibilidade das palestras garantiu a posterior oferta de emprego da LSE. Imediatamente, Robbins, como editor da *Economica*, também deu a Hayek a tarefa de resenhar o *Treatise on Money* de Keynes.

Se a crítica de Hayek foi dura, como Robbins queria, a resposta pública de Keynes foi selvagem. Ele foi além de uma defesa do *Treatise* [Tratado] e atacou *Prices and Production [Preços e produção]*, dizendo que era "uma das confusões mais terríveis que já li, com quase nenhuma proposição sensata". Pigou comparou o tratamento de Keynes a Hayek com o *bodyline bowling*, ou "boliche corporal" — o estilo agressivo que a seleção inglesa de críquete adotou na turnê pela Austrália em 1932 para intimidar os anfitriões.

Ambos os homens agiram de forma incomum no primeiro encontro. O grande charme e cortesia de Keynes falharam. A amabilidade de Hayek fez com que ele fosse quase a única pessoa que conseguia trabalhar com von Mises sem que a relação azedasse após discussões violentas. Seus verdadeiros eus logo reapareceram, e continuaram o debate em correspondência privada, apesar de Keynes interrompê-la para começar a trabalhar em *A teoria geral*. Quando Hayek voltou à imprensa com a segunda metade de sua crítica, Keynes delegou a tarefa de responder a Kahn e Sraffa.

Em 1936, Hayek se manteve fora do debate sobre *A teoria geral*, optando por trabalhar em seu livro, *Pure Theory of Capital* [Teoria pura do capital]. Ele esperava que o trabalho explicasse as flutuações econômicas e mostrasse que as ideias de Keynes eram em grande parte redundantes. Quando o livro finalmente foi publicado, em 1941, até mesmo Hayek teve que admitir que era incompleto e insatisfatório. A obra teve ainda menos efeito do que *Business Cycles*, de Schumpeter.

Uma vez tomada a decisão de evacuar a equipe da LSE de Londres para Cambridge durante a guerra, Keynes ajudou Hayek a encontrar quartos no King's College. Então, quando Hayek publicou seu grande tratado político, *O caminho da servidão*, em 1944, Keynes lhe escreveu uma carta de forte apreciação. Embora continuassem a divergir substancialmente sobre o que significava ser politicamente liberal, esses economistas inclinados à filosofia haviam se vinculado por um profundo respeito mútuo. Muito mais tarde, Hayek sugeriria que Keynes e Schumpeter seriam seus convidados ideais para um jantar. A maioria dos economistas ficaria encantada apenas de se sentar à mesa e ouvi-los.

Com o sucesso de *O caminho da servidão*, Hayek se viu, de repente, sob os holofotes do público. Ao recomendar a publicação do livro, Jacob Marschak, na época diretor da Comissão Cowles de Pesquisa em Economia da Universidade de Chicago, mas que também havia sido um jovem revolucionário socialista do Partido Menchevique em 1918, elogiou "a clareza e a paixão de um grande doutrinário", que "adverte seus semelhantes com impaciência amorosa".

Ao contrário de Keynes, que teria adorado a oportunidade de se envolver com o público, Hayek era um acadêmico bem mais convencional. Ele tinha dúvidas quanto a sua imagem pública e o risco de que a simplificação de suas ideias levasse à apropriação por um lado no debate político. Isso certamente aconteceu depois que a *Reader's Digest* produziu uma versão condensada em 1945. Os argumentos contundentes de Hayek contra o socialismo e, de forma mais geral, contra o planejamento encontraram um grande público entre os estadunidenses que não tinham sido convencidos pelo New Deal de Roosevelt.

Eles devoraram o argumento de Hayek de que o planejamento econômico, mais cedo ou mais tarde, se tornaria centralizado, de modo que a economia cairia no socialismo. Hayek temia que os planejadores decidissem quanto de cada mercadoria deveria ser produzido e onde ela deveria ser vendida. Os planejadores econômicos se tornariam uma substituição intrusiva da mão invisível. Suas atividades despojariam os empreendedores de qualquer motivo para correrem atrás do lucro. A economia se tornaria monótona e estagnada.

Naquele jantar imaginário com Keynes e Schumpeter, Hayek poderia muito bem ter conversado com Schumpeter sobre a democracia socialista. Ao pensar em planejamento, teria tido uma longa discussão com Keynes. Através do Relatório Beveridge sobre seguro social e de alguns dos trabalhos subsequentes de Keynes no Tesouro, no final da Segunda Guerra Mundial, a Grã-Bretanha havia se comprometido com uma forma de planejamento econômico que Hayek temia. Ele estava menos preocupado com a socialização repentina da economia após uma revolução do que com o risco de que uma sequência de propostas de reforma econômica pudesse gradualmente transformar a população, de modo que tolerassem a perda de sua liberdade e concordassem com a ascensão de um governo totalitário. A sugestão de que o planejamento inevitavelmente levaria ao socialismo incomodava Keynes. Sabendo que Hayek concordava que deveria haver intervenção pública na economia, desde que isso não afetasse a liberdade individual, Keynes perguntou a ele como "traçar a linha" entre políticas benéficas e prejudiciais.

Era uma questão importante, e grande parte da carreira posterior de Hayek foi dedicada a respondê-la. O primeiro passo veio durante a turnê promocional de *O caminho da servidão* pelos Estados Unidos. Originalmente, planejava-se que envolvesse apresentações para acadêmicos. Em vez disso, começou com um discurso público para 3 mil pessoas em Nova York. Durante a turnê, Hayek conheceu o empresário Harold Luhnow, que controlava o fundo de caridade de sua empresa familiar, o Volker Fund. Luhnow, então, patrocinou a reunião inicial de um grupo de economistas "liberais clássicos" — libertários para seus apoiadores, neoliberais para seus detratores — em Vevey, na Suíça, em 1947. O grupo adotou o nome de uma localidade — Mont Pèlerin — para a sociedade que fundaram. Além de Hayek, participaram desse encontro três futuros ganhadores do Prêmio Nobel de Economia: Milton Friedman, George Stigler e Maurice Allais.

A realização prática imediata da Sociedade Mont Pèlerin foi fornecer argumentos econômicos para a estabilização da Alemanha Ocidental como uma economia de mercado no início dos anos 1950. Também gerou uma rede de grupos de reflexão, que, juntos, incubaram ideias de política liberal, até a oportunidade de aplicá-las na década de 1970, quando as ferramentas de gestão keynesiana da demanda pareceram, de repente, ineficazes durante um longo período de crescimento lento e alta inflação.

A partir dos anos 1950, o trabalho de Hayek se dividiu em duas vertentes. Em *A constituição da liberdade* e, posteriormente, em *Direito, legislação e liberdade*, ele delineou um relato detalhado de como uma ordem liberal poderia surgir e se sustentar. O ápice da carreira de Hayek certamente foi o momento em que Margaret Thatcher, logo após se tornar líder do Partido

Conservador da Grã-Bretanha, sacou de sua bolsa um exemplar de *A constituição da liberdade* e declarou: "É nisso que acreditamos", tornando-o central em sua ideologia política em rápido desenvolvimento. Hayek finalmente havia desbancado Keynes como o consultor político preferido.

Mas, antes disso, Hayek voltou ao seu primeiro amor, a psicologia teórica, e publicou *The Sensory Order* [A ordem sensorial] em 1952. Essa foi a resposta ponderada de Hayek ao positivismo lógico que se desenvolvera entre os filósofos do Círculo de Viena na década de 1920. Foi um projeto bastante incomum para um economista profissional. Já vimos filósofos pensando profundamente sobre a economia, mas aqui estava um economista pensando profundamente sobre filosofia e psicologia. Para dar à sua economia política o que considerava uma base adequada, explorou como podemos impor ordem a todas as nossas sensações. Isso exigiu que explorasse a natureza da percepção e da inteligência, e como comunicamos nossas sensações através da linguagem. Ele argumentava que existia uma realidade física, externa a todos nós, que as ciências físicas permitiam explorar de maneira sistemática. As interações sociais, por outro lado, eram necessariamente subjetivas e mudavam com o nosso comportamento.

Na visão de Hayek, nossas ideias são os blocos de construção das estruturas e instituições sociais. Ele tratava as pessoas como indivíduos autônomos, voltando-se para os estudiosos do Iluminismo escocês, especialmente David Hume, Adam Ferguson e, claro, Adam Smith. A compreensão deles de que a "ação humana" (termo preferido de von Mises) poderia facilmente levar ao surgimento de instituições sociais sem nenhum processo de design consciente se tornou o fundamento da economia política de Hayek. Ele foi muito além do argumento de Smith, de que parecia haver uma mão invisível garantindo mercados ordeiros, e propôs efetivamente que a mão invisível, primeiro, estabeleceria mercados ou outras formas apropriadas de gerenciamento de recursos.

Para Hayek, esses arranjos seriam evolutivamente vantajosos. A experimentação e a inovação levariam a instituições mais eficazes. Os custos de conclusão das transações cairiam, assim como os custos de produção. Pense, por exemplo, na substituição do escambo pelo dinheiro, ou mesmo na atual digitalização da moeda. Essas inovações reduzem os custos de realização de pagamentos. Nessa análise, uma economia de mercado seria uma forma muito útil de transmitir informações relevantes para a gestão de recursos materiais.

Esses argumentos permitiram a Hayek defender que o planejamento econômico, com uma autoridade central, estaria fadado ao fracasso. Ele argumentava que as informações que fluem na economia não existem separadamente do engajamento das pessoas com os mercados. Isso garante que haja informações importantes na economia que os planejadores não podem observar. Como uma ordem social auto-organizada, a economia de Hayek dependia do conhecimento pessoal, distribuído entre todos nós e comunicado apenas por meio de nossas ações. Voltando ao jantar imaginário com Keynes e Schumpeter, Hayek teria argumentado que a impossibilidade de conhecimento suficiente derrubaria as propostas de uma política governamental ativa de Keynes. Também teria argumentado que a destruição criativa schumpeteriana, com suas mudanças repentinas no valor econômico, demonstrava como o conhecimento poderia fluir através de uma economia.

Considerando que a livre troca era melhor para a sociedade do que o planejamento, em *A constituição da liberdade*, Hayek, que também era admirador de Mill, começou a tratar a liberdade como ausência de coerção por parte dos outros. Propôs que um governo liberal deteria o monopólio do poder coercitivo legítimo, mas que seria escrupuloso ao restringir o uso desse poder para impedir que indivíduos e organizações coagissem outros, garantindo, assim, que os indivíduos fossem, na medida do possível, autônomos, com seus direitos de propriedade assegurados. Os governos liberais exerceriam poderes coercitivos de acordo com o "estado de direito", aplicando-os de forma impessoal. Eles também aceitariam que a lei limitasse suas ações, em vez de buscarem estar acima da lei.

Como ninguém pode ser economicamente autossuficiente, a concepção de liberdade econômica de Hayek se baseava na lei. Todos devemos cooperar com outras pessoas e organizações, compartilhando ou trocando conhecimento e recursos. Por ser o conjunto de instituições que permitia a resolução de disputas entre pessoas e organizações, o direito era essencial, e também seria permissivo em uma sociedade liberal. Nesses argumentos, Hayek chegou perto de reviver o "princípio do dano", com o argumento de que, a menos que as ações causassem perda econômica à outras pessoas, elas deveriam ser permitidas.

Como instituições sociais com suas próprias regras de comportamento, mercados e leis permitem que as pessoas formem expectativas quanto a como os outros vão se comportar. Por exemplo, em geral esperamos que vendedores de produtos sejam honestos ao descreverem as qualidades (não observáveis). De maneira mais geral, esperamos que compradores e vendedores se comportem de determinada maneira, a depender do contexto. Esperamos que uma visita ao supermercado seja uma experiência muito diferente da de comprar um carro usado.

Sendo assim, poderíamos pensar que um sistema de mercados deveria ter o objetivo walrasiano de estabelecer um conjunto de preços. Pessoas e organizações mudarão de comportamento conforme os preços relativos mudarem. Isso levará a um novo conjunto de preços relativos, e esses preços em mudança, por sua vez, enviarão mensagens aos participantes do mercado responsáveis por direcionarem novas mudanças. Nessa abordagem evolucionária, os preços têm a função de ser o meio mais eficaz de disseminar informações sobre o estado da economia em que ela se desenvolveu até então. Eles permitem que os participantes do mercado abstraiam de um grande volume de informações como a economia funciona e tomem decisões sobre como adaptarão suas demandas por bens.

Com tal visão, Hayek retratava os mercados como uma forma conveniente de organizar a gestão de recursos. Ao enfatizar a importância do fluxo de informações e a adaptabilidade evolucionária das instituições sociais, Hayek pressionava os limites da economia neoclássica. Ele compartilhava da visão de Schumpeter de que a economia estava sempre evoluindo em resposta ao nosso desejo inato de criar novas combinações de bens e encontrar novas maneiras de atender às necessidades.

No final de sua carreira, Hayek se tornou crítico dos métodos de análise que economistas mais jovens haviam desenvolvido. Tomemos como exemplo a teoria do equilíbrio geral, que envolve sistemas complexos com centenas de equações, nos quais todas elas precisam ser resolvidas simultaneamente. Para Hayek, essas estruturas pouco tinham a ver com o funcionamento da economia. Eram exercícios intelectuais interessantes com soluções amplamente determinadas pelas premissas do modelo. Havia, portanto, o risco de a economia cair no que Hayek chamava de racionalidade "construtivista", que cometia o erro de supor que as instituições econômicas poderiam ser projetadas, em vez de emergirem através de tentativa e erro ao longo do tempo. Nesse sentido, argumentava que as instituições precisavam apenas ser ecologicamente racionais, de modo a atender ao critério de eficiência em relação às alternativas existentes.

Ele acreditava que essa racionalidade construtivista havia sido uma parte importante da filosofia europeia e da jurisprudência desde o trabalho de René Descartes no século XVII. Nos esforços para mudar a distribuição de renda decorrente da livre troca, ele viu um exemplo de como uma abordagem construtivamente racional levaria ao design consciente de instituições para alcançar a justiça social. Para Hayek, poderíamos buscar a justiça social ou a liberdade, mas não ambas. Acreditar que a liberdade é essencial para o desenvolvimento social e econômico contínuo significa, portanto, que ele só poderia aceitar um papel muito limitado para os programas sociais na economia.

Pensemos no sistema econômico como um enorme jogo para multijogadores. Os designers desses jogos, efetivamente o governo, impõem uma estrutura essencial — por exemplo, por meio de legislação —, mas deixam para os jogadores decidirem como se envolverão uns com os outros de acordo com seus objetivos individuais, crenças a respeito da estrutura do jogo e sua compreensão de como outros jogadores responderão às suas ações nesse ambiente. Em tais jogos, surgem comunidades virtuais. Através de padrões, essas comunidades desenvolvem suas próprias instituições dentro da estrutura subjacente do jogo. À medida que os jogadores enfrentam situações e descobrem maneiras próprias de responder a elas, as instituições que criaram, em geral, atenderão ao padrão de racionalidade ecológica de Hayek. Em tal abordagem, o governo não deve impor a ordem.

Quando escreveu para Hayek elogiando *O caminho da servidão*, Keynes participava de reuniões nos Estados Unidos que resultariam no estabelecimento do Banco Mundial e do Fundo Monetário Internacional. Determinado a evitar que se repetissem as crises persistentes do período entreguerras, Keynes argumentou, ao longo da Segunda Guerra Mundial, que era crucial estabelecer instituições formais que apoiassem a gestão das moedas nacionais e os pagamentos internacionais necessários ao comércio, ao mesmo tempo permitindo que os países arrecadassem o financiamento necessário para o seu desenvolvimento.

Keynes era um especialista que confiava no julgamento de especialistas. Ao perguntar a Hayek "onde traçar a linha", sabia que Hayek não se oporia à possibilidade de ação do governo em áreas que não envolvessem coerção, como o sistema jurídico e a defesa nacional. Para Keynes, os governos tinham a capacidade de realizar gastos de investimento para encorajar o retorno da confiança generalizada e garantir o retorno do pleno emprego. Hayek discordava, argumentando que os especialistas nunca poderiam ter a informação necessária para alcançar nem mesmo esse objetivo, muito menos supervisionar uma extensa redistribuição de renda. Nesse debate, vemos como dois grandes economistas liberais discordavam fundamentalmente sobre a natureza da liberdade. Para Keynes, era uma questão de ter recursos para desfrutar de uma "boa vida" aristotélica, mas, para Hayek, a boa vida vinha da liberdade de fazer escolhas.

12

JOHN VON NEUMANN, O MATEMÁTICO MAIS BRILHANTE

A definição de jogos para explicar interações econômicas

Enquanto a Áustria-Hungria se desintegrava no início do século XX, Budapeste, assim como Viena, tinha uma rica cultura acadêmica. Uma geração de cientistas brilhantes cresceu na Hungria, mas quase todos deixaram o país durante a instabilidade política da década de 1920. Muitos deles, como o matemático John von Neumann — talvez o mais brilhante de todos —, acabaram se tornando cidadãos estadunidenses e desempenhando papéis proeminentes na Segunda Guerra Mundial.

Por que incluir von Neumann em um livro sobre como pensar como um economista? Entre suas muitas realizações, ele fundou a teoria dos jogos, um ramo da matemática, que usou pela primeira vez para analisar jogos, como pôquer, nos quais as interações entre os jogadores são importantes para o resultado. Não é preciso muito para usarmos a teoria dos jogos para analisar o comportamento competitivo em uma indústria que tem apenas algumas empresas, ou para descobrir as condições sob as quais haverá cooperação, em vez de conflito, entre pequenos grupos.

Quando vamos ao médico ou levamos o carro à oficina mecânica, queremos ter certeza de que podemos confiar no especialista que estamos consultando. O mecânico pode recomendar reparos, sabendo que a maioria das pessoas não saberá dizer se são de fato necessários, se têm bom custo-benefício ou mesmo se foram realizados corretamente. A teoria dos jogos ajudou os economistas a entenderem por que podemos confiar em alguns especialistas para agir em nosso melhor interesse, mas não em outros. Também deu a eles uma maneira de pensar sobre como as relações econômicas poderiam ser sustentadas.

Von Neumann, um motorista notoriamente descuidado, que destruía carros em acidentes aproximadamente uma vez por ano, nunca explorou o problema do mecânico. Ele apenas possibilitou que os economistas o fizessem. Seus princípios da teoria dos jogos foram inicialmente desenvolvidos em 1928. Então, entre 1941 e 1944, escreveu *Theory of Games and Economic Behaviour* [Teoria dos jogos e do comportamento econômico] com o economista alemão Oskar Morgenstern. Menos de uma década depois de Keynes ter afirmado que sua *Teoria geral* era a base de um novo tipo de economia, von Neumann e Morgenstern fizeram uma afirmação ainda mais contundente em seu livro: a teoria dos jogos fornecia a teoria fundamental das ciências econômicas. Talvez Keynes tivesse visto o valor da teoria dos jogos, pois discutiu que a depressão era o resultado de crenças generalizadas e autojustificadas sobre o estado da economia. Essa coerência entre crença e ação acaba sendo necessária para que haja equilíbrio em um jogo onde os jogadores não têm informações completas.

A pretensão de ter estabelecido os fundamentos da economia era ousada e especulativa. Os exemplos usados por von Neumann e Morgenstern eram geralmente reconhecíveis como jogos, e não situações, como o problema do conserto de carro, que envolvem o gerenciamento de recursos. Mas, para completar essa análise inicial e abstrata, trouxeram contribuições importantes para a teoria econômica. Em muitos jogos interessantes, como o pôquer, os jogadores tomam decisões quando não têm certeza sobre o verdadeiro estado do mundo. Analisar esses jogos significa que von Neumann e Morgenstern desenvolveram a abordagem-padrão da teoria econômica de incorporar incerteza na tomada de decisões.

Vindo de fora da economia, von Neumann estava bem posicionado para enfrentar a hesitação dos economistas em usar a matemática. Entre os economistas que encontramos até agora, apenas Walras, que emergiu da tradição francesa de engenheiros explorarem a economia, fez grande uso da matemática em seu trabalho sobre modelos de equilíbrio geral. Quase que acidentalmente, von Neumann também contribuiu de forma substancial para esse campo. Na década de 1930, desenvolveu uma abordagem para resolver alguns tipos de modelo de equilíbrio geral. Na década de 1950, Kenneth Arrow e Gérard Debreu se basearam nessa abordagem para demonstrar condições sob as quais tais modelos poderiam ser resolvidos. Ambos ganharam o Prêmio Nobel de Economia por seu trabalho.

Embora von Neumann duvidasse de que, na década de 1930, a economia tivesse chegado a um ponto em que seu estilo de matemática se tornaria útil, a teoria dos jogos oferecia uma maneira inteiramente nova de pensar sobre problemas que as ciências econômicas anteriormente não conseguiram abordar. Por exemplo, se tivesse sido capaz de usar a teoria dos jogos para entender mais sobre os fatores que afetavam a estrutura das indústrias e as implicações de ter apenas alguns concorrentes para o comportamento empresarial, Marshall poderia até ter encontrado uma maneira de completar o segundo volume de *Princípios de economia,* para sua satisfação.

Nascido em 1903, em uma família judia de classe média alta, de banqueiros e comerciantes, von Neumann era, segundo diziam, um gênio. Havia três gerações de sua família vivendo em um conjunto de apartamentos nos andares superiores de um grande edifício, de propriedade de seu avô, Jakab Kann. O térreo abrigava os escritórios da empresa de máquinas agrícolas de Kann, que deu à filha, Margaret, o último andar do prédio quando ela se casou com Max Neumann, um banqueiro bem-sucedido. Então, quando a outra filha, Vilma, se casou, ela se mudou para o apartamento do terceiro andar. Von Neumann, o neto mais velho de Kann, cresceu nessa família extensa.

Família que, mais tarde, contaria histórias sobre como "Jansci", que era conhecido pelo diminutivo quando jovem, entretinha os adultos ao memorizar uma página da lista telefônica de Budapeste tão rápido quanto podia lê-la. Essa memória excepcional o acompanhou por toda a vida — ele parecia capaz de se lembrar de quase tudo que lia, incluindo literatura e poesia, e tinha um interesse excepcionalmente profundo por história. Há também o relato de quando perguntou à mãe, que havia feito uma pausa: "O que você está calculando?" Seus talentos naturais se estendiam a cálculos aritméticos complexos.

Ao matricular o filho no Ginásio Luterano aos dez anos, Max Neumann decidiu que o menino concluiria sua educação com os colegas, mas que lhe daria acesso a aulas particulares de matemática. O resultado, notado por seu amigo Eugene Wigner, um ano à frente de von Neumann na escola, foi uma quase constante efusão de ideias sobre matemática pura, em especial sobre a teoria dos conjuntos e a teoria dos números. Isso foi o suficiente para convencer Wigner, que ganhou o Prêmio Nobel de Física, de que ele próprio nunca teria sucesso como matemático.

Perceba que von Neumann decidiu adicionar o alemão "von" ao seu nome depois de deixar a Hungria. Em 1913, Max Neumann comprou um título de nobreza. Para cada família judia em ascensão social na Europa Central, havia a possibilidade de o antissemitismo violento acabar com sua posição confortável. Com a compra de um título, os Neumann podiam até ter consolidado uma posição na sociedade húngara, mas o fizeram exatamente quando a ordem imperial estava prestes a ruir. Após a Primeira Guerra Mundial, a Hungria, recém-independente, experimentou um governo liberal e, depois, um experimento socialista. Nenhum dos dois tardou a falhar, dando lugar ao regime repressivo e protofascista de Horthy. Max Neumann havia mudado sua família para a Áustria durante o período socialista, mas os trazido de volta quando seu papel como banqueiro lhe pareceu seguro. O fato de von Neumann ter chegado à idade adulta durante um período de incerteza política e violência pode explicar parte de sua carreira posterior. Trabalhando com militares e funcionários do governo como cientista e consultor estratégico, ele se opôs a todo tipo de socialismo, e tinha uma aversão visceral à União Soviética.

Em 1921, von Neumann se formou no ensino médio. Parece que chegou a um acordo com o pai para se tornar matemático — um acadêmico rico em segredo, que poderia viver a vida de um cavalheiro. Matriculando-se como aluno de pós-graduação em Budapeste, então, passou a maior parte do tempo na Universidade de Berlim, mas também trabalhou com David Hilbert em Göttingen. (Dizem que Hilbert, provavelmente o principal matemático do século XX, fez uma única pergunta na defesa da tese de doutorado de Von Neumann: "Quem é o alfaiate do candidato?"). Em 1926, von Neumann já havia obtido um diploma em engenharia química em Zurique, um doutorado em matemática em Budapeste, era professor licenciado de matemática em Berlim e estava vinculado ao grupo de Hilbert em Göttingen. O mundo acadêmico se abria diante dele.

E, assim, chegamos à teoria dos jogos. Como título, "A Theory of Parlour Games" [Uma teoria dos jogos de salão] é enganosamente simples. No artigo de 1928, von Neumann analisa o problema de jogos de soma zero, dos quais um exemplo muito simples é Pedra, Papel e Tesoura. Os dois jogadores devem escolher uma dessas alternativas ao mesmo tempo. Se escolhem a mesma ação, nenhum jogador vence. Mas Pedra vence Tesoura, Tesoura vence Papel e Papel vence Pedra. Digamos que, em qualquer um desses resultados, o vencedor receba um pagamento do perdedor, de modo que o ganho de vencer é igual ao custo de perder: um jogo de soma zero. Se estamos jogando e você vence, eu devo perder.

Pode parecer óbvio que a estratégia ideal neste jogo seja escolher uma ação aleatória. Como matemático, von Neumann decidiu provar esse resultado. Primeiro, derivou alguns resultados importantes em matemática pura, que já tinham sido usados em muitas outras situações que não sua análise de jogos de soma zero. Com essa base estabelecida, desenvolveu o princípio do Minimax como uma forma geral da melhor estratégia possível, ou regra de decisão, que um jogador poderia adotar.

Von Neumann propôs que os jogadores sempre deviam maximizar o benefício mínimo que recebiam — daí "minimax". Se estamos jogando Pedra, Papel e Tesoura, e você está confiante de que pode prever a ação que escolherei, então é racional que você escolha a ação que vai minimizar meu ganho (porque isso maximizará o seu). Mas eu saberei disso, então planejarei escolher uma estratégia que maximize o mínimo. E você fará o mesmo.

Em alguns tipos de jogos que Von Neumann analisou, apenas isso já é suficiente. Nossas regras de decisão seriam consistentes, e nossas ações maximizariam nossos retornos mínimos. Um jogador pode inevitavelmente ser o perdedor, mas jogará para sofrer a menor perda possível.

No entanto, dada a estrutura de Pedra, Papel e Tesoura, aplicar o princípio do Minimax é um pouco mais complicado. Como cada ação está associada à mesma perda mínima (ou ganho máximo), von Neumann propôs que os jogadores escolhessem uma ação aleatória toda vez que jogassem. Se você fizer isso, então não importa qual estratégia eu escolha — meu retorno esperado do jogo será zero, e assim o seu retorno esperado também será zero. Não posso explorar nenhuma tendência que você possa ter de favorecer uma ou outra ação. Claro, para que haja equilíbrio, eu também devo agir de forma aleatória — caso contrário, você poderá explorar o padrão do meu jogo. Ao escolhermos nossas ações aleatoriamente, o princípio do Minimax de Von Neumann é alcançado. Ambos escolhemos uma estratégia que nos dá o maior valor possível do retorno mínimo esperado.

Seu trabalho na década de 1920 garantiu sua reputação internacional, e isso trouxe a possibilidade de uma mudança para os Estados Unidos. Princeton estava desenvolvendo seu Instituto de Estudos Avançados, e buscava recrutar os melhores cientistas e matemáticos europeus. Enquanto Schumpeter hesitou em se mudar para os Estados Unidos, Von Neumann era mais jovem e não tinha a bagagem emocional de Schumpeter. Aos 27 anos, agarrou a oportunidade e deu uma pausa na carreira apenas para se casar. Em Princeton, com seus ternos caros, seus criados, belas maneiras, inglês com forte sotaque e amor por festas, ele continuou a fazer avanços substanciais em toda a matemática, embora fosse obviamente um imigrante europeu. Os apontamentos de seus seminários da década de 1930 foram amplamente disseminados pelos Estados Unidos, pois reuniam avanços recentes da Europa com os quais a comunidade matemática estadunidense não estava totalmente familiarizada.

Ao longo da década de 1930, von Neumann também trabalhou para trazer colegas e sua própria família para a segurança dos Estados Unidos. Convencido da necessidade de derrotar o nazismo, juntou-se à equipe de cientistas em Los Alamos que desenvolveu a bomba atômica. Essa acabou sendo uma experiência muito agradável. Por ser um matemático com doutorado em engenharia, ele desempenhou um papel itinerante como solucionador de problemas, circulando entre as equipes de ciência e de engenharia. Descobriu-se que ele era um guerreiro feliz. Logo, ganhou a confiança do general Leslie Groves, que liderava a administração militar do Projeto Manhattan. Groves valorizava o conselho desse acadêmico politicamente conservador, que refletia sobre estratégia e entendia de maneira intuitiva os objetivos dos militares estadunidenses. Para von Neumann, nunca houve qualquer dúvida sobre o valor das armas atômicas. Sua forte antipatia pela URSS, alimentada pelo tratamento dado à Hungria, significava que, mesmo antes do fim da Segunda Guerra Mundial, ele já a imaginava como o próximo inimigo que os Estados Unidos teriam que enfrentar.

Deixando de lado seu famoso charme, von Neumann era, em muitos aspectos, o jogador friamente racional adotado em sua teoria dos jogos. Com as forças estadunidenses avançando e prestes a finalmente derrotar o Japão, a URSS considerou entrar no conflito. Os estadunidenses não queriam que houvesse uma oportunidade de a URSS estender sua influência no Leste Asiático. Essas circunstâncias levaram von Neumann a defender que o uso de bombas atômicas contra alvos civis e a rendição do Japão apenas aos Estados Unidos eram consistentes com a realização dos interesses estratégicos estadunidenses.

Seu conselho estratégico refletia a concentração em jogos de soma zero, nos quais vencer significava prejuízo para os outros jogadores. Isso se tornou uma parte importante de seu pensamento sobre relações internacionais. Ele argumentava que os Estados Unidos deveriam desenvolver a bomba de hidrogênio rapidamente e adotar uma estratégia de guerra "preventiva"

— planejando usar seu arsenal nuclear e força aérea superiores para derrotar a URSS, antes que ela tivesse capacidade de atacar o país. Esse elemento da carreira de von Neumann supostamente alimentou a criação do personagem Dr. Fantástico na comédia de humor ácido de Stanley Kubrick sobre a corrida armamentista — pode ser apenas coincidência, por exemplo, que, assim como o Dr. Fantástico, von Neumann tenha acabado preso a uma cadeira de rodas. Sua saúde se deteriorou após 1955, e ele morreu lenta e terrivelmente de câncer ósseo, causado pela exposição à radiação.

Enquanto von Neumann estava no Novo México, trabalhando no Projeto Manhattan, no outono de 1944, Keynes estava em New Hampshire, na Conferência de Bretton Woods, liderando a delegação do Reino Unido nas negociações para estabelecer o Banco Mundial e o Fundo Monetário Internacional. Suas carreiras representam dois lados bem diferentes do serviço público. Em 1944, Keynes tinha trinta anos de experiência na solução de problemas de finanças internacionais, e, durante todo esse tempo, trabalhou para aumentar a cooperação entre governos, acreditando que, por meio de negociação e do compromisso, todos poderiam estar em melhor situação. Com sua ênfase em jogos de soma zero, a teoria dos jogos de von Neumann tinha a tendência oposta de enfatizar, naturalmente, os elementos competitivos das interações econômicas. Talvez por causa da genialidade, ele muitas vezes parecia pensar que sua solução elegante e lógica para um problema era o único resultado possível. A estupidez mundana dos processos políticos o confundia.

Por mais importantes que tenham sido as percepções de von Neumann, seria necessário outro gênio da matemática, John Nash, para desenvolver seu trabalho e estabelecer uma base mais geral para a teoria dos jogos, que pudesse abranger tanto a cooperação keynesiana quanto a estrutura competitiva de von Neumann. Em uma série de artigos escritos no final dos anos 1940, Nash desenvolveu regras mais gerais para jogar, em comparação ao princípio do Minimax. Ele defendeu que os jogadores deviam escolher estratégias que fizessem com que o resultado fosse o melhor possível, dadas as estratégias que os outros jogadores seguiam.

Como vimos, em Pedra, Papel e Tesoura, se estou comprometido a escolher de forma aleatória, não importa como você jogue, porque concluirá que o que você fizer não afetará seu retorno esperado. Então, escolher aleatoriamente é tão bom quanto qualquer outra forma de jogar. Com isso, se ambos escolhermos de maneira aleatória, nenhum se beneficiará ao mudar a forma como joga. O equilíbrio de Nash ocorre quando nenhum jogador individual pode mudar sua forma de jogar e, com isso, esperar se sair melhor como resultado. Esse conceito de equilíbrio de Nash, em vez do princípio do Minimax de von Neumann, é agora considerado fundamental. Talvez tenha sido típico da carreira de von Neumann, estabelecer grande parte da estrutura para a análise de jogos, mas agora ser uma figura amplamente esquecida em favor de alguém que só precisou adaptar sua análise para generalizar a solução de maneira substancial.

Nessa abordagem matemática de jogos, os participantes tomavam decisões sem se comunicarem entre si. O dilema do prisioneiro, usado em quase todas as ciências sociais, é o exemplo mais conhecido desses jogos matemáticos. Descrito pela primeira vez em 1950 por colegas de von Neumann na RAND Corporation, o problema recebeu de um psicólogo, Albert Tucker, o nome pelo qual é conhecido. A estrutura do jogo é simples: os jogadores devem decidir se colaboram ou agem de forma egoísta. Coletivamente, se saem melhor colaborando do que agindo de maneira egoísta, mas, para cada jogador, individualmente, agir de modo egoísta leva a um retorno maior do que se colaborasse. Temos aqui um problema que Adam Smith teria adorado. O equilíbrio de Nash é seguir a definição restrita do interesse próprio, mas isso deixaria todos em pior situação do que se tivessem colaborado.

Problemas com uma estrutura como a do dilema do prisioneiro aparecem bastante em economia. No problema de ser ou não possível confiar em um mecânico de automóveis, sabemos que um mecânico inescrupuloso pode obter lucros imediatos oferecendo serviços ruins.

No entanto, um mecânico de confiança terá uma boa reputação, o que gerará negócios recorrentes e atrairá novos clientes. Adotando essa visão de longo prazo, colaborar com os outros pode ser facilmente justificado como comportamento egoísta. Smith não teria ficado surpreso. O comportamento do mecânico inescrupuloso não é justo, nem moderado. Em uma sociedade onde tal comportamento fosse comum, as pessoas não confiariam umas nas outras, e haveria pouca cooperação. Jogos como o dilema do prisioneiro nos fornecem novas maneiras de explorar alguns dos problemas éticos tradicionais que, há muito, são elementos fundamentais da ciência econômica.

Refinamentos e extensões adicionais das ideias de von Neumann e Nash expandiram o alcance das ciências econômicas para áreas sobre as quais a economia marshalliana nada tinha a dizer. Os matemáticos forneceram aos economistas novos métodos de análise, assim como Ricardo e Walras fizeram no século XIX, mas levou muitos anos para que os economistas digerissem seu trabalho e tornassem os jogos úteis em economia.

13
RONALD COASE, O OBSERVADOR PLÁCIDO

Por que ordens e negociações
são necessárias para a gestão
eficiente dos recursos

Ronald Coase enxergava o mundo como um economista deveria enxergar. Ainda um estudante de graduação na London School of Economics (LSE) no início da década de 1930, viajou pelos Estados Unidos, observando cuidadosamente o comportamento de grandes empresas e desenvolvendo uma nova explicação para a estrutura da indústria. Enquanto Hayek discutia com Keynes e tentava aperfeiçoar a teoria do capital, Coase antecipou alguns dos trabalhos posteriores de Hayek, explicando por que sempre há limites para os mercados.

Trabalhou em suas ideias por muitos anos. Na meia-idade, analisou as técnicas de resolução de disputas que ocorriam quando as pessoas tentavam gerenciar seus recursos. Quase imediatamente, George Stigler, que era colega de Coase na Universidade de Chicago, mas também um contador de histórias sobre economia, alegou ter encontrado um "teorema de Coase". O único problema era que o teorema tinha sido inventado por Stigler. Com o termo aparecendo em muitos livros didáticos, a lenda de Stigler se tornou fato. Sempre que lhe pediam para explicar o teorema, Coase apenas negava ter qualquer responsabilidade por ele.

Na carreira de Coase, podemos ver como as ciências econômicas se despediram do longo século XIX, que se estendeu da Revolução Francesa até o Tratado de Versalhes, ambos acontecendo em Paris. Com a Europa exaurida após a Primeira Guerra Mundial, um século estadunidense começou na década de 1920, embora o surgimento gradual dos Estados Unidos como superpotência econômica já atraísse economistas europeus havia muitos anos. Marshall visitou o país em 1875, e suas observações o levaram a pensar a estrutura da indústria de novas maneiras. Schumpeter, sempre fascinado pela energia do país, foi um visitante regular ao longo dos anos 1920, bem antes de finalmente aceitar um cargo em Harvard. Von Neumann chegou quando ainda era muito jovem. Hayek também fez uma visita na década de 1920, depois alcançou grande fama com *O caminho da servidão* e trabalhou em Chicago durante a década de 1950.

Coase deu continuidade a essa tendência. Nascido em Londres em 1910, deixou a Grã-Bretanha em 1950, indo para os Estados Unidos e passando os últimos cinquenta anos de sua vida na Universidade de Chicago, onde ainda trabalhava quando morreu. Como era onze anos mais novo que Hayek, ainda era um menino durante a Primeira Guerra Mundial. Cresceu durante a longa crise econômica da década de 1920, que culminou na Grande Depressão, enquanto era estudante.

Comparada com a da maioria dos economistas deste livro, a situação financeira da família dele era bem modesta. O pai trabalhava para o serviço postal como telegrafista. Quando criança, Coase não tinha muita saúde e precisou usar aparelho nas pernas por vários anos. Sem pais ambiciosos para impulsionar sua carreira, e tendo estudado em escolas especiais, seria completamente natural que ele sequer tivesse ido para a universidade. Coase descreveu o processo pelo qual acabou se tornando estudante de direito empresarial na LSE como quase acidental. Lá, conheceu Arnold Plant, que ministrava um curso de administração de empresas para alunos do último ano, no qual discutia como a mão invisível de Adam Smith poderia explicar a natureza auto-organizadora da economia. Isso inspirou Coase, que começou a explorar ligações entre seus estudos formais, focados em direito comercial, e a economia.

Ele não foi, de forma alguma, o primeiro a considerar a importância da lei ao pensar na economia. Os escolásticos medievais defendiam que direitos seguros de propriedade eram necessários para a justiça econômica. Smith tratava o direito, a ética e a economia política como ramos de sua ciência do homem. A tradição econômica austríaca surgira dentro da Faculdade de Direito de Viena. Enquanto as primeiras discussões sobre economia se baseavam em princípios filosóficos gerais de jurisprudência, a expertise de Coase estava no direito comercial, o que tornava natural para ele pensar na organização da indústria.

Com forte apoio de Plant, Coase se candidatou à bolsa de estudos Cassel, que lhe permitiu viajar pelos Estados Unidos entre 1931 e 1932. Ao observar as decisões tomadas pelas empresas estadunidenses, Coase concluiu que, quando planejavam produzir um produto complexo, tinham a opção de fabricar cada um dos componentes que iam para o produto final ou de comprá-los de outros produtores especializados naquelas partes.

Baseando-se em um exemplo ao qual retornou repetidas vezes, Coase observou que, nos Estados Unidos, os fabricantes de automóveis haviam integrado em grande parte a construção de seus veículos em suas próprias operações. Na década de 1920, com o desenvolvimento das carrocerias fechadas, os fabricantes de veículos compravam empresas especializadas em carrocerias. Essas decisões sugeriam que os fabricantes acreditavam que, com o controle total, poderiam projetar e fabricar carrocerias de acordo com as especificações que atendessem às suas necessidades, mas com o menor custo possível. Por outro lado, nunca compravam fabricantes de pneus. Comprar carrocerias poderia ser menos eficiente do que fabricá-las, mas os pneus podiam ser facilmente adquiridos, já que marcas concorrentes eram, em grande parte, substituíveis, e a competição mantinha os preços baixos.

Coase percebeu que essas decisões indicavam que as empresas planejavam como usar seus recursos. A grande sacada foi entender que empresas e mercados representavam duas maneiras diferentes de gerenciar recursos. Nas empresas, empreendedores e gerentes podiam dar instruções, ao passo que, nos mercados, o sistema de preços determinava o fluxo de recursos. Os economistas já sabiam de tudo isso. Coase só precisou reunir essas ideias e apresentá-las de uma nova forma.

Com duas maneiras possíveis de obter qualquer componente necessário para fazer o produto final, os gerentes agiriam de forma racional ao escolherem a mais eficiente. Não precisavam escolhê-la conscientemente, já que, com o tempo, o arranjo mais eficiente se tornaria dominante por meio dos efeitos de longo prazo da competição sobre os lucros. Com isso, Coase argumentou que a fronteira de cada negócio deveria ser definida de modo que a empresa produzisse componentes sempre que fosse mais eficiente, e recorresse ao mercado para obter componentes sempre que fosse mais eficiente. Ao pressupor que a gestão de recursos se tornaria cada vez mais difícil em organizações maiores e mais complexas, Coase logo concluiu que dificilmente veríamos o tipo de megacorporação, tão comum na ficção científica distópica, assumir o controle da economia, com promessas de atender a todas as necessidades humanas.

Coase retornou ao Reino Unido e iniciou sua carreira acadêmica, escrevendo as conclusões que tirou da visita aos Estados Unidos em um pequeno artigo intitulado "A natureza da firma", publicado em 1937. Mais de cinquenta anos depois, Coase ganhou o Prêmio Nobel de Economia. As menções faziam referência a este artigo elegante, mas conceitualmente simples, que era pouco mais do que uma monografia de graduação, como o ponto de partida para uma nova maneira de pensar sobre a economia industrial.

Essas ideias complementaram as alegações posteriores de Hayek, sobre a inadequação do planejamento central, e o pensamento de Schumpeter sobre a inovação. Um planejador central poderia antecipar todas as necessidades e agir de forma totalmente racional, mas, ainda assim, não alcançaria a eficiência alocativa dos mercados. Com a inovação causando mudanças nos processos de produção, deveríamos esperar que a estrutura da indústria mudasse ao longo do tempo. Isso mudaria a gama de decisões tomadas nas empresas e nos mercados. Os planejadores, portanto, precisariam ser capazes de antecipar esses processos evolutivos.

Era típico do estilo de retórica de Coase que "A natureza da firma" parecesse encantadoramente simples, com sua importância se tornando clara apenas muito mais tarde. Tudo o que ele precisou fazer foi observar as decisões que as empresas tomavam e encontrar uma nova maneira de explicá-las. Economistas anteriores haviam ignorado a estrutura que Coase via, porque a atenção deles estava em outro lugar.

Por exemplo, Marshall havia ignorado amplamente os custos de gerenciamento da produção em *Princípios de economia*. Isso significava tratá-los como se não tivessem grande importância. Claro que tais simplificações facilitaram o desenvolvimento de teorias úteis, mas limitaram sua capacidade de explicar a estrutura mutável da economia. O argumento inicial de Coase poderia ser facilmente adaptado para levar em conta a estrutura existente da economia e os custos de mudança dessa estrutura, mesmo nos casos em que tais mudanças se mostrassem benéficas no final.

O que ele alcançou com "A natureza da firma" foi precoce, mas Coase não tinha a ambição impulsionadora de Schumpeter nem a sensação de Keynes de que viveria uma grande vida. Sua carreira se desenvolveu lentamente. Com a economia em turbulência durante a Grande Depressão, os anos 1930 viram debates inflamados sobre como desencadear uma recuperação econômica duradoura, e as ideias de Coase sobre como a ordem poderia emergir espontaneamente na indústria pareceram periféricas. Então, continuou trabalhando na London School of Economics até 1950, quando se mudou, primeiro, para a Universidade de Buffalo e, depois, para a Universidade de Virginia.

Na Universidade de Virginia, ele se associou ao grupo que ficou conhecido como Escola da Virgínia. James Buchanan e Gordon Tullock eram seus membros mais proeminentes, e o trabalho do grupo sobre a teoria da escolha pública rendeu a Buchanan o Prêmio Nobel de Economia em 1986. Com muitas afinidades entre o pensamento de Coase, sobre a estrutura de produção, e a análise de Buchanan, sobre o governo como provedor de serviços, Virgínia se tornou um lar muito simpático para Coase, e foi lá que completou o trabalho que selaria sua reputação como um dos grandes pensadores da economia.

Enquanto Coase trabalhava no nível da firma e da indústria, Buchanan e Tullock tratavam o governo como apenas mais um agente econômico — embora um que inevitavelmente possuía poderes substanciais e, em última instância, coercitivos. Isso tornava o governo semelhante a uma corporação muito grande, com capacidade de exigir, por meio de tributações, que indivíduos e organizações fizessem pagamentos sem comprar diretamente bens e serviços. De certa forma, essa teoria era uma resposta conservadora à economia keynesiana, e não poderia ter surgido antes da expansão do papel do governo após a Grande Depressão e a Segunda Guerra Mundial. Pensar no governo como sendo uma corporação levou Buchanan e Tullock a se concentrarem em compreender as suas fontes de legitimidade e como garantir que permanecesse responsivo às necessidades de seus cidadãos.

Economistas anteriores, como Pigou, presumiam que o governo era essencialmente altruísta e, portanto, buscaria o bem-estar da sociedade. Para Buchanan e Tullock, isso eliminava o problema da legitimidade política. Assim como Mill e os Filósofos Radicais do século XIX, eles enfatizavam a importância do consentimento como base para os cidadãos aceitarem as regras que emergiam da tomada de decisão política, e defendiam que o contrato social implícito nessas regras deveria estar embutido em uma constituição legal. Compartilhando a convicção de Hayek sobre a importância da liberdade individual, Buchanan e Tullock buscaram primeiro entender as implicações de diferentes tipos de regras constitucionais para a sociedade e, em seguida, aconselhar sobre como a adaptação dessas regras poderia apoiar uma ordem social que servisse aos propósitos dos indivíduos.

Esse foi o contexto para o trabalho de Coase sobre como o envolvimento do governo com a radiodifusão afetou a estrutura da indústria. Em seu artigo de 1959, "The Federal Communications Commission", ele propôs que o direito de usar uma frequência no espectro de rádio para transmissões era um direito de propriedade bem definido. Ele discutiu que, com a prática da FCC de alocar tais direitos, a competição só poderia funcionar na indústria de rádio estadunidense por meio da fusão e aquisição de empresas, muitas vezes por preços muito maiores do que o custo de seus ativos, refletindo o valor do direito de transmitir. Coase defendeu que deveria ser possível, em vez disso, criar um mercado para direitos de espectro de rádio — outra ideia comum hoje em dia.

Na década de 1920, com o surgimento da indústria do rádio, o argumento mais eficaz contra a criação de um mercado de direitos era a possibilidade de os sinais de rádio interferirem uns nos outros. Pensemos em como uma estação de rádio pirata transmite (localmente) com seu sinal inundando o sinal do detentor dos direitos sempre que acaba sendo o mais forte. Coase se baseou em seu conhecimento de jurisprudência para mostrar que, muito antes da invenção do rádio, havia um princípio legal bem estabelecido de que a resolução de tais conflitos deveria causar o mínimo de dano possível a todos os afetados pela decisão. Coase, então, destacou que a negociação privada sobre o uso de ativos disputados seria uma alternativa às decisões judiciais.

Para um grupo de economistas da Universidade de Chicago, isso parecia estar completamente errado. Eles aceitaram o argumento de Pigou de que era melhor impor impostos aos poluidores. Para explorar o assunto mais a fundo, Aaron Director, que fundara o *Journal of Law and Economics*, ofereceu um jantar para Coase — com vinte economistas céticos de Chicago presentes. Era quase inevitável que George Stigler, o folclorista de Chicago, estivesse lá para garantir que os eventos da noite fossem registrados para a posteridade. De acordo com Stigler, a noite começou e terminou com votos indicativos sobre a questão: "Pigou ou Coase?", com todos votando em Pigou no início e em Coase no final.

Aquele jantar certamente foi importante para Coase. Primeiro, Director o convidou para escrever um artigo de acompanhamento para o *Journal of Law and Economics*, que foi publicado em 1960, com o título de "O problema do custo social". Em seguida, Coase se mudou para a Faculdade de Direito da Universidade de Chicago em 1964 e, com a aposentadoria de Director em 1965, assumiu o cargo de editor do *Journal of Law and Economics*. Já na casa dos cinquenta anos, passou ali a segunda metade de sua carreira, trabalhando até pouco antes de sua morte, aos 102 anos, em 2013. Como editor de longa data do *Journal of Law and Economics*, ele foi capaz de moldar a natureza da pesquisa que abrangia ambas as disciplinas.

Em "O problema do custo social", há um importante exemplo de um agricultor por cuja propriedade havia um caminho de passagem através do qual outros fazendeiros moviam o gado, que costumava pastar nas plantações de ambos os lados do caminho. A solução óbvia talvez fosse permitir que o agricultor colocasse cercas, mas Coase apontou que isso causaria danos aos fazendeiros de gado, cujos animais não poderiam mais pastar. Em vez disso, argumentou que havia duas atribuições iniciais óbvias de direitos de propriedade. No artigo, o exemplo de Coase é apresentado para sugerir que os criadores de gado têm o direito de permitir que seus animais pastem. Outra versão da história poderia começar com o agricultor colocando uma cerca, já antecipando a primeira movimentação de gado que invocaria o direito de passagem. Dessa forma, não haveria nenhum direito de pastagem estabelecido, e os criadores de gado poderiam concordar em pagar ao fazendeiro para remover a cerca.

Coase usou o exemplo para defender que deveríamos concordar em usar os bens de forma que criassem o máximo de valor social possível. No exemplo, a terra permaneceria sem cerca se o valor do direito de pastagem para o criador de gado fosse maior do que a perda por danos às plantações para o agricultor.

Por muitos anos, "O problema do custo social" foi um dos artigos mais citados em economia, em parte porque as ideias também foram exaustivamente debatidas por teóricos do direito. Isso se deve em partes à interpretação fantasiosa de Stigler sobre o que Coase quis dizer com sua afirmação do "teorema de Coase". De acordo com Stigler, Coase argumentara que, em um mercado perfeitamente competitivo, onde não havia custos de contratação, o resultado independia da atribuição original dos direitos de propriedade. Isso era muito mais preciso e limitado do que Coase havia afirmado. Ele só havia argumentado que, em situações de disputas sobre como usar recursos, seria possível chegar a um acordo sem que fosse imposto por autoridades públicas.

As ideias de Coase levaram a uma nova abordagem da intervenção do governo nos mercados. Em vez de regulação direta ao, por exemplo, definir cotas, preços mínimos ou intervir de maneira indireta no mercado — como usando impostos ou definindo padrões de produção —, um governo que adotava uma abordagem de direitos de propriedade podia definir um leilão de direitos (de propriedade) e, então, permitir negociação privada sobre seu uso. Vimos essa abordagem sendo usada por muitos anos em leilões de frequências de rádio, bem como em leilões de direitos de exploração de minérios. Nos problemas contínuos das negociações sobre mudanças climáticas, nas quais as questões de compensação por perdas ou danos estão se tornando mais proeminentes, há um argumento coaseano de que, ao explorar um direito implicitamente aceito de poluir, os países mais ricos impõem custos aos países em desenvolvimento sem o seu consentimento.

As ideias de Coase estão por trás dos esquemas de "emissão e comércio", nos quais o governo define um teto para as emissões de carbono e leiloa licenças por tempo limitado para produzi-las (reduzindo gradualmente os direitos ao longo do tempo). Projetar esquemas eficazes revelou-se tecnicamente desafiador, mas, com o tempo, esses esquemas se tornaram um método cada vez mais eficaz de gerenciar os custos ambientais da atividade econômica.

Chicago foi especialmente atraente para Coase porque fornecia uma base agradável para editar o *Journal of Law and Economics*. Isso lhe permitiu estabelecer uma tradição crítica de análise das instituições jurídicas. Suas observações sobre a existência de custos de transação, como justificativa para a existência de empresas separadas, levaram ao trabalho de Oliver Williamson, que distinguia a natureza dos fluxos de informação nos mercados e nas hierarquias das instituições. Com base nas observações posteriores de Coase sobre custos (e benefícios) sociais na presença de incerteza, Oliver Hart discutiu que as organizações seriam definidas por suas competências. Habilidades e conhecimentos essenciais para a criação de bens e serviços se concentrariam nas organizações, e obteriam uma parte dos lucros, em vez de um salário fixo. Pensemos em estrelas de cinema, que normalmente recebem parte da receita, além de uma taxa inicial considerável. Na análise de Hart, as empresas se unem em torno de ativos que são valiosos dentro dos processos de produção, mas com pouco valor externo. Isso nos leva de volta aos produtores de automóveis que fabricavam suas próprias carrocerias, mas compravam pneus de outras empresas. O fato de Williamson e Hart terem ganhado o Prêmio Nobel de Economia demonstra claramente a importância das ideias de Coase para o desenvolvimento das ciências econômicas. O Prêmio Nobel de Economia de Paul Milgrom por seu trabalho sobre a teoria dos leilões, necessária para os leilões bem-sucedidos de frequências de rádio, também se baseou nas percepções iniciais de Coase.

Durante o processo de se mudar de Londres, passando por Virgínia e chegando a Chicago, Coase trabalhou em departamentos onde podia encontrar colegas receptivos ao seu compromisso de entender e fortalecer as instituições de mercado. De certa forma, porém, Coase era um economista político à moda antiga. Ele confiava na observação, em vez de na medição e interpretação de dados. Em Chicago, além de duvidar que o "teorema de Coase" de Stigler fosse uma interpretação razoável de suas ideias, era cético quanto ao compromisso dos economistas locais em produzirem teoria preditiva, com suas previsões corroboradas por análises estatísticas. É conhecido o fato de que ele descartou os esforços de seus colegas, considerando-os um jeito de "torturar os dados o suficiente para que a natureza confessasse".

Originalmente inspirado pelos argumentos de Smith a respeito da natureza auto-organizada da economia, o direito era importante para Coase, porque fornecia uma estrutura dentro da qual as escolhas poderiam ser feitas. Ao tratar os tomadores de decisão como egoístas — novamente uma percepção de Smith —, Coase acreditava que a coordenação privada de atividades em geral seria mais eficaz. A lei era, então, uma forma de gerenciar os processos de tomada de decisão, que seriam supervisionados por autoridades públicas. Tudo isso complementava o trabalho de Hayek, fornecendo caminhos para maior liberdade por meio do desenvolvimento de uma compreensão mais rica do papel das estruturas institucionais.

14
MILTON FRIEDMAN, O MONETARISTA
Conservador na política e liberal na economia, para acabar com a influência de Keynes

Chicago: a porta de entrada para o Atlântico vindo do Meio-Oeste estadunidense. Construída em torno da indústria frigorífica e famosa por seus gângsteres violentos, a cidade também abriga uma grande universidade. O magnata do petróleo John D. Rockefeller foi um de seus grandes financiadores, tornando-a uma instituição bem diferente das universidades da Ivy League na Costa Leste dos Estados Unidos. No início do século XX, a universidade de Chicago começou a recrutar professores que defendessem a liberdade individual e trabalhassem em estreita colaboração com a indústria, para que suas pesquisas tivessem utilidade imediata.

Hayek passou doze anos em Chicago. Coase se estabeleceu lá. Aaron Director e George Stigler tiveram papéis importantes em moldar a economia da cidade em meados do século XX. Mas foi Milton Friedman quem garantiu que a "Escola de Chicago" se tornasse o principal centro mundial de pensamento econômico conservador após a Segunda Guerra Mundial. Ele argumentava que a economia precisava estar livre da intervenção estatal nos mercados.

Seu comprometimento essencial político com um governo comedido derivava de uma forte crença no núcleo marshalliano da teoria econômica. Para Friedman, os preços eram muito flexíveis, e isso garantia que a oferta e a demanda se mantivessem em equilíbrio. Não havia espaço no pensamento de Friedman para as ideias de Keynes sobre o desemprego persistente.

Para traçar as origens da Escola de Chicago, precisamos voltar a Frank Knight, um individualista fervoroso que chegou a Chicago em 1929. Ao lado de Knight, podemos destacar o papel do teórico do comércio e historiador do pensamento Jacob Viner, que ministrou o principal curso de teoria dos preços para alunos de pós-graduação ao longo da década de 1930, assim como Henry Simons, que se mudou para a Faculdade de Direito no final da década, abrindo caminho para Director e Coase. Para essa geração de estudiosos, *Princípios de economia* de Marshall foi o ponto de partida para a análise econômica.

Durante a Grande Depressão, mesmo em Chicago, economistas recomendavam ações radicais. Por acreditar que acumulo de poder de mercado estava prejudicando a economia, Simons desenvolveu ideias destinadas a reduzir a influência das grandes corporações. A Escola de Chicago posterior adotou uma abordagem muito diferente. Director e Stigler argumentavam que o poder de mercado era essencial para o desenvolvimento econômico e que, em geral, decaía com rapidez à medida que as ideias se difundiam pela economia. Como resultado, afirmavam que a regulação muitas vezes causava mais danos do que a tolerância ao poder de mercado.

Viner pode estar certo em sua lembrança de que não havia nada particularmente marcante na economia ensinada em Chicago nas décadas de 1920 e 1930. No entanto, muitos dos grandes nomes da Escola de Chicago nas décadas de 1950 e 1960 haviam sido estudantes de pós-graduação ali mesmo antes da Segunda Guerra Mundial — Director na década de 1920, e Friedman e Stigler no início da década de 1930.

Director retornou a Chicago em 1946, após o suicídio de Simons, e logo assumiu as discussões em andamento com Hayek sobre a entrada dele na universidade. Como resultado, quando Hayek estava organizando a conferência que levou ao lançamento da Sociedade Mont Pèlerin, Director pôde recomendar que Friedman e Stigler estivessem presentes.

Após o sucesso de *O caminho da servidão*, a impressão era de que Hayek estava em posição ideal para liderar um desafio às ideias keynesianas, que, de súbito, estavam na moda. No entanto, apesar de ser capaz de se igualar ao intelecto de Keynes, Hayek nunca se sentiu confortável no papel de organizador, que era tão natural para Keynes — e no qual Friedman também se destacou. Ao longo das décadas de 1950 e 1960, quando os seguidores de Keynes tiveram sua maior influência, Friedman se engajou incansavelmente em debates públicos. Depois da reforma da economia de Keynes, a Escola de Chicago assumiu o mesmo papel dos jesuítas na contrarreforma, com Friedman como seu Loyola, moldando uma resposta intelectual e muito prática.

A mensagem política de Friedman apareceu de forma mais vívida em dois livros que ele escreveu com sua esposa Rose, irmã de Aaron Director. Rose e Milton se conheceram na aula de teoria econômica de Viner, em 1932, quando ele colocou os alunos em ordem alfabética nas carteiras, e se casaram em 1938. Seus livros, *Capitalismo e liberdade*, escrito em 1962, e *Livre para escolher*, publicado em 1978, foram deliberadamente feitos para o grande público. Eles, primeiro, desenvolveram o material para turnês de palestras (e, no caso de *Livre para escolher*, uma série de TV). De muitas maneiras, retomaram o argumento pela liberdade econômica que Hayek defendera em *O caminho da servidão*. Sempre polêmicos, estavam cheios de exemplos sobre como escapar da mão morta do estado. No início de *Capitalismo e liberdade*, os Friedman estabelecem uma lista de declarações políticas às quais acreditavam que os "liberais modernos" se oporiam. Muito da lista poderia ter sido escrito por Coase ou Hayek. Talvez seja uma medida de seu sucesso que quase todas elas sejam, agora, amplamente aceitas.

Os livros forneceram lastro intelectual para as campanhas de dois candidatos presidenciais republicanos. *Capitalismo e liberdade* alimentou a plataforma política de Barry Goldwater em 1964, e, depois, até certo ponto, a de Richard Nixon em 1968; já em *Livre para escolher*, os Friedman expuseram os argumentos econômicos que Ronald Reagan apresentou de forma eloquente e eficaz em 1980. No entanto, embora a mensagem política dos livros fosse consistente com grande parte da economia de Friedman, ele deliberadamente manteve seus conselhos políticos, que normalmente eram dados apenas em campanhas eleitorais, separados da pesquisa econômica. Em vez disso, alegou que se aventurava na política apenas como um cidadão ativo.

Isso exigiu que ele fizesse uma distinção — que teria sido totalmente estranha a Keynes — entre a economia como ciência social e os *insights* econômicos como base para aconselhamento político. Alegava que sua campanha se baseava na observação, à qual aplicava princípios econômicos, especialmente o que caracterizou como o "lampejo de genialidade" de Adam Smith, de que todas as trocas voluntárias eram benéficas para todas as partes da transação e, portanto, deviam ser permitidas.

Uma defesa rigorosa dessa posição veio em seu ensaio de 1953, "Methodology of Positive Economics" [A metodologia da economia positiva]. Muitos economistas consideraram o ensaio um resumo do propósito e da natureza da pesquisa econômica. Apresentando a teoria econômica como um mecanismo de previsão, Friedman adotou uma postura instrumentalista, posicionando a ciência econômica como uma vizinha próxima das ciências naturais. No ensaio de Friedman, a medição desempenhou um papel essencial para determinar a precisão das previsões. No entanto, não contém uma explicação detalhada de como avaliá-las, e deixa de lado a possibilidade de que haja alguma verdade fundamental que possa ser vislumbrada por meio de nossos insights. O ensaio é provavelmente mais famoso por descrever as suposições da teoria como sempre irrealistas. Dada a crença de Friedman de que uma teoria só poderia ser útil se tivesse poder preditivo substancial, ele não acreditava que fossem tentativas de descrever a realidade ou dela abstrair. Com esse argumento, Friedman definia como a abordagem da Escola de Chicago para a análise econômica diferiria da medição e da descrição detalhadas de dados que caracterizavam os institucionalistas estadunidenses do início do século XX.

Enquanto o ensaio *Methodology* retratava o desenvolvimento da própria prática de Friedman como economista nos vinte anos anteriores, o livro no qual ela aparece pela primeira vez, *Essays in Positive Economic* [Ensaios em economia positiva], era um prospecto para seu objetivo final: a reabilitação das teorias monetárias como alternativa ao uso do canal poupança-investimento de Keynes em *A teoria geral.*

Os estudos de graduação de Friedman na Universidade Rutgers em Nova Jersey foram em matemática — ele originalmente pretendia se tornar um atuário. Enquanto estava em Rutgers, fez cursos de economia com Arthur Burns (mais tarde presidente do Federal Reserve Board) e Homer Jones (que o apresentou à teoria dos preços no estilo de Chicago e apoiou sua inscrição na Universidade de Chicago para continuar seus estudos). Depois de passar um ano em Chicago, entre 1932 e 1933, mudou-se para a Universidade de Columbia, em Nova York. Demorou até 1946 para completar sua tese de doutorado sob a orientação de Harold Hotelling, um excelente economista matemático, responsável por alguns modelos teóricos ainda amplamente usados.

Na década de 1930, jovens economistas foram atraídos para a administração do New Deal em Washington, D.C. Friedman encontrou um emprego no Comitê de Recursos Nacionais, onde trabalhou em um estudo sobre orçamento do consumidor, que se tornaria a base de seu trabalho posterior a respeito da função de consumo. Isso o levou a trabalhar com Simon Kuznets no National Bureau of Economic Research (NBER), em um estudo sobre a renda de médicos particulares e até que ponto ela era mais alta porque a entrada na profissão era restrita. Durante a Segunda Guerra Mundial, Friedman trabalhou para o Tesouro (em política tributária) e com o grupo de Hotelling em Columbia (em análise estatística de problemas de eficácia militar). Dominava muitos métodos estatísticos na época em que estavam sendo aplicados pela primeira vez na economia.

Os relacionamentos com Burns e Hotelling na Columbia e no NBER colocaram Friedman na órbita de Wesley Clair Mitchell, o principal economista institucional dos Estados Unidos. Mitchell estava preocupado havia muito tempo com o estudo empírico dos ciclos econômicos e a mudança na estrutura da economia. Grande parte desse trabalho foi resumido no estudo, de 1946, *Measuring Business Cycles* [Medindo ciclos econômicos], escrito por Burns e Mitchell. O trabalho era descritivo e, portanto, não usava os tipos de análise estatística que Friedman começava a empregar.

Seu ensaio falando de método confirma que Friedman era, sobretudo, um teórico. Antes de retornar a Chicago em 1946, havia desenvolvido uma abordagem para a análise econômica que tomava como ponto de partida *Princípios de economia*, de Marshall. Ele ministrou dois cursos para quase todos os alunos de pós-graduação em Chicago durante a maior parte das três décadas seguintes: Teoria dos Preços, e Moeda. Os nomes por si só são interessantes — não havia a divisão em microeconomia e macroeconomia que é comum há muitos anos em outros departamentos de economia. A Teoria dos Preços, claro, enfatizava a continuidade, com Marshall, Knight e a aplicação de princípios econômicos para entender a conduta de um mercado por vez. O curso sobre Moeda estava centrado nas implicações da teoria quantitativa da moeda.

A disciplina partia do que é essencialmente uma identidade contábil: a quantidade de dinheiro circulando na economia será suficiente para pagar todas as transações que ocorrerem. Esses pagamentos dependerão tanto do número quanto do valor econômico das transações — a renda nacional do país —, mas também do nível de preços. Em qualquer período, o estoque de dinheiro pode circular pela economia muitas vezes para financiar pagamentos. Em um curto período, digamos um ano, não esperamos que a taxa de fluxo de dinheiro pela economia mude substancialmente. Também esperamos que a capacidade produtiva do país mude pouco a pouco. Segue-se que, se houver uma mudança rápida na quantidade de dinheiro na economia, o nível de preços deve mudar da mesma forma.

Enquanto Keynes pensava em termos de fluxos de poupança e investimento, Friedman pensava em dinheiro como a contrapartida do crédito bancário. Quando realizam um empréstimo, os bancos debitam uma conta e creditam outra com dinheiro. Eles, portanto, podem criar dinheiro muito rapidamente, e Friedman argumentava que, quando isso acontecia rápido demais, levava a aumentos de preços.

Ele apresentou sua evidência inicial, criticando o sistema keynesiano, em um trabalho de pesquisa publicado em 1957, *A Theory of the Consumption Function* [Uma teoria da função do consumo], onde implementa a abordagem do ensaio *Methodology [Metodologia]*. Ele apresenta a teoria antes da evidência empírica, que, em grande parte, corrobora a teoria.

A teoria em si é uma afirmação bastante breve, baseada no conceito de que o consumo agregado será uma proporção constante da renda nacional.

Para fazer isso, Friedman define renda não apenas como o dinheiro que recebemos em um período, mas como a mudança em nossa capacidade de comprar bens e serviços, não só imediatamente, mas ao longo do tempo. Se trabalhadores recebem um aumento salarial, isso deve aumentar seu poder de compra agora e no futuro. Se recebem um bônus, isso só aumentará seu poder de compra no futuro, contanto que não o gastassem agora. Podemos relacionar o conceito de renda permanente de Friedman à capacidade de financiar o consumo ao longo do tempo.

Para dar outro exemplo, suponha que o valor da sua casa suba. Claramente, você acabou de ficar mais rico. Você poderia pedir dinheiro emprestado agora, gastar o aumento de valor e pagar o empréstimo com o produto da venda futura da casa, ou poderia apenas esperar até ter dinheiro em mãos para gastar.

Friedman reconhecia que algumas das evidências estatísticas eram consistentes com a formulação keynesiana, na qual o consumo podia ser dividido em uma quantidade fixa, necessária para a subsistência, e uma quantidade variável, proporcional à renda. Ele argumentava que parecia haver o componente fixo previsto na relação entre consumo e renda nacional depois da análise de dados durante um ciclo de negócios de talvez sete anos. No entanto, também argumentava que esse componente fixo desaparecia quando se examinava a relação por períodos muito mais longos.

Ele mencionava que esse era exatamente o padrão que deveria ser esperado se houvesse variação imprevisível na renda medida. Uma grande mudança única na renda medida significaria uma pequena mudança na renda permanente e uma alteração mínima no consumo. Dentro de um ciclo, a proporção da renda consumida seria a menor durante um *boom* e a maior durante uma recessão, como Keynes havia previsto. Isso era consistente com uma tendência de aumento no consumo proporcional à renda ao longo de muitos ciclos.

A teoria do consumo da renda permanente trata as pessoas como planejadoras do futuro ao decidirem quanto gastar agora. Friedman argumentava que a economia keynesiana do pós-guerra tendia a ignorar esse elemento desejável de previdência, ou então presumia que os preços não mudariam. Na década de 1960, ele usou essas preocupações para criticar a assessoria política baseada na afirmação de A. W. (Bill) Phillips de que havia uma relação estável e inversa, entre a taxa de desemprego e a taxa de inflação, a qual poderia durar vários anos. O que ficou conhecido como curva de Phillips estendia a ortodoxia keynesiana da demanda planejada à ideia de que seria possível conter o desemprego tolerando uma pequena inflação.

Para Friedman, a explicação da curva de Phillips tinha que estar errada. Pessoas que esperavam que os preços subissem deviam antecipar isso em seu comportamento, agindo como se os preços já tivessem subido. Crenças levam a ações, que efetivamente confirmam as crenças, e isso torna a inflação muito difícil de conter. Mais uma vez, apresentava argumentos com a ideia de que sua teoria era um mecanismo de previsão melhor do que a alternativa keynesiana. Ele aceitava que, quando os preços aumentassem repentina e inesperadamente, as empresas descobririam que sua receita estava aumentando. Isso as levaria a contratar funcionários, para que o desemprego caísse.

Por outro lado, ele defendia que uma crença generalizada de que haveria inflação substancial levaria a demandas por salários mais altos, custos mais altos para as empresas e práticas como a indexação de preços em contratos, o que resultaria em uma curva de Phillips ascendente. Não importava qual fosse o nível de desemprego, a taxa de inflação associada a ele aumentaria. Friedman também argumentava que uma inflação mais alta tornaria o ambiente econômico enfrentado pelas empresas mais incerto. Então, como mudanças nos preços relativos forneceriam às empresas informações úteis sobre as condições de mercado, preços voláteis tornariam os preços menos informativos. Isso sugere que, com alta inflação, devemos esperar que o investimento caia e o desemprego aumente. Friedman concluiu que, durante um período de inflação sustentada, além de subir, a curva de Phillips se desloca para fora. O período de estagflação na década de 1970, com alta inflação, desemprego persistente e crescimento lento, pareceu confirmar essa análise: seu mecanismo de previsão havia funcionado mais uma vez.

O trabalho quanto à função de consumo pretendia mostrar que a teoria keynesiana não era um mecanismo de previsão eficaz. Concluindo essa tarefa, Friedman se voltou para a teoria monetária para argumentar que as flutuações econômicas poderiam ser explicadas de forma mais eficaz em termos de ciclos de crédito. Ainda tratada com reverência pelos conservadores, *A Monetary History of the United States, 1867-1960* [História monetária dos Estados Unidos, 1867-1960] (publicada em 1963, com Anna Schwartz) foi a obra-prima indiscutível de Friedman. Fortemente influenciado pelo trabalho anterior de Mitchell sobre ciclos econômicos (de 1933), a peça central deste famoso estudo foi um contra-argumento à afirmação de que era necessário olhar para as falhas da relação poupança-investimento para explicar a Grande Depressão. Em vez disso, Friedman e Schwartz argumentavam que, desde o início de 1929, o Federal Reserve Board havia aumentado os juros, levando os bancos a reduzirem a quantidade de novos créditos emitidos. Com uma política mais acomodativa, o Federal Reserve poderia ter mantido o controle da inflação e evitado a crise.

Estava totalmente de acordo com os princípios da Escola de Chicago de economia, Friedman explicar a Grande Depressão como uma falha catastrófica da política governamental. No entanto, em sua compreensão da natureza do dinheiro, também podemos ver algumas das diferenças entre o conservadorismo político de Friedman e o liberalismo de Hayek. Hayek defendia que, como os depósitos bancários eram dinheiro, e os bancos criavam dinheiro ao concederem crédito, não havia necessidade de o governo se envolver na emissão de moeda. Todo o dinheiro poderia ser emitido por entes privados. Ele, então, argumentava que os governos não deviam se envolver na regulação bancária, e que não devia haver compensação pública para depositantes se um banco falisse. O risco de perda significava que os clientes moveriam suas contas assim que houvesse qualquer dúvida sobre sua segurança. Percebendo isso, nenhum banco correria riscos excepcionais. Para Hayek, corridas bancárias, nas quais muitos depositantes corriam para sacar seu dinheiro de um banco, forçando-o a fechar, eram resultado da intervenção do governo.

Ao contrário de Hayek, Friedman aceitava perfeitamente que o dinheiro fosse emitido por autoridades públicas. Seu ideal era que a autoridade monetária seguisse a regra de permitir que a oferta nominal de moeda aumentasse modestamente a cada ano, em cerca de 5%. Isso evitaria *booms* financiados por dívidas e subsequentes crises. No entanto, alcançar esse objetivo em uma economia na qual os bancos criavam dinheiro ao emitirem crédito sempre foi muito difícil.

No início de sua carreira, Friedman apoiou o Plano Chicago para a reforma bancária, que Simons havia desenvolvido durante a Grande Depressão, com o apoio de Knight e do principal economista monetário dos Estados Unidos na época, Irving Fisher. O plano teria simplificado substancialmente a estrutura financeira dos bancos. Para garantir que sempre pudessem atender às demandas dos depositantes, manteriam reservas no banco central equivalentes ao valor de seus depósitos. O financiamento para empréstimos seria feito pelo governo, mas canalizado por meio de bancos, livre de influência política. Simons acreditava que a adoção de tais medidas restauraria a confiança no sistema bancário e reduziria o risco de futuras crises bancárias.

157

Como a implementação dessas ideias teria exigido reformas muito substanciais do sistema bancário, provavelmente nunca foi viável do ponto de vista político. No final da Grande Depressão, as reformas da Lei Bancária de 1935 fizeram apenas o suficiente para restaurar a confiança perdida do público no sistema bancário. Assim como a implementação da regra de crescimento monetário de 5% de Friedman provavelmente requeriria um sistema com depósitos públicos, ele concluiu que a garantia pública implícita dos depósitos, que hoje em dia se generalizou, alcançaria muitos dos benefícios de tal esquema.

Hayek queria dar um jantar para Keynes e Schumpeter. Uma festa com Keynes e Friedman, os dois defensores mais eloquentes dos argumentos econômicos do século passado, também teria sido muito divertida. A discussão entre eles provavelmente teria demonstrado que, além de diferenças substanciais sobre o papel do governo, discordavam quanto à natureza da economia. Para Friedman, era inevitável que os preços fossem flexíveis e que a economia funcionasse melhor com interferência mínima do governo. A experiência de Keynes em aconselhamento político na Grande Depressão o levara a concluir que esses poderes de recuperação poderiam facilmente falhar, e que os governos tinham o dever de fornecer confiança quando ninguém mais o fizesse. Mas o alvo de Friedman não era *A teoria geral*. Ele atacava os seguidores de Keynes, como Paul Samuelson, que acreditavam ser possível administrar a economia.

15
PAUL SAMUELSON, O KEYNES DOS ESTADOS UNIDOS?

Levar o rigor matemático
à teoria econômica e divulgar
Keynes para o mundo

Nascido em Gary, Indiana, em 1915, às margens do lago Michigan, obter um diploma na Universidade de Chicago era a escolha óbvia para Paul Samuelson. Ele chegou à instituição para estudar economia em 1932, e rapidamente se juntou a George Stigler que, na época, era um estudante de pós-graduação. Lá, Jacob Viner usava o método socrático para manter o raciocínio de seus alunos afiado nas aulas de teoria dos preços. A facilidade de Samuelson com a matemática permitiu que virasse o jogo contra seu instrutor e questionasse as lacunas em sua análise. Presumindo que a teoria econômica deveria ter um núcleo matemático, por meio de sua amizade com Stigler, ele rapidamente aprendeu o que era possível e o que já havia sido feito.

Ao se formar em Chicago, em 1935, ganhou uma bolsa de estudos nacional do Conselho de Pesquisa em Ciências Sociais para dois anos de pós-graduação, com a condição de frequentar uma instituição diferente. Seus professores foram unânimes em dizer que ele deveria seguir o mesmo caminho de Friedman e ir para Columbia. Samuelson, um contador de histórias ainda mais barulhento do que Stigler, afirmava ter escolhido Harvard porque a imaginava como uma pequena vila em um campo verde e montanhoso. De forma mais prática, na época, ele se sentiu atraído pelo trabalho de Edward Chamberlin sobre a economia de mercados imperfeitamente competitivos, com seu modelo de competição monopolística.

Essa talvez tenha sido uma atração um tanto infeliz. Durante sua passagem por Harvard, Samuelson experimentou um certo antissemitismo institucional. Pouco depois de se tornar o primeiro estadunidense a ganhar o Prêmio Nobel de Economia, em 1970, compilou uma "lista de desonra" daquela época em uma carta a um amigo. No topo da lista estava Harold Burbank, chefe do departamento de economia à época em que lhe foi recusado um cargo permanente, em 1940. Chamberlin era o segundo nome.

Quando Samuelson chegou, em 1935, Harvard ainda estava montando seu departamento de economia. Além de Schumpeter, a universidade havia contratado Wassily Leontief, que permaneceria lá por mais de trinta anos, enquanto desenvolvia a análise de insumo-produto, uma forma de analisar o comportamento de toda a economia ao dividi-la em muitos setores industriais. Em uma época de poder computacional muito limitado, essa abordagem permitia a Leontief pensar em como a estrutura da economia poderia se transformar em resposta à mudanças repentinas nas condições econômicas, como um aumento nos preços globais da energia.

Schumpeter reconheceu rapidamente os talentos excepcionais de Samuelson e apoiou suas explorações matemáticas. Leontief supervisionou o florescimento juvenil de Samuelson, o que o levou a produzir cerca de 25 artigos publicados entre 1937 e 1940, enquanto ainda era um jovem pesquisador em Harvard.

Um dos mais importante deles estabeleceu o princípio da preferência revelada. Essa era uma maneira de gerar os resultados da análise matemática da escolha, ainda em desenvolvimento, sem depender do conceito mental e, portanto, não observável, de utilidade. Para a pesquisa, Samuelson utilizou as mesmas técnicas matemáticas que Leontief estava usando, embora as aplicando a uma área da economia muito diferente.

O trabalho de Samuelson sobre preferência revelada também complementava o desenvolvimento da análise da curva de indiferença, de John Hicks e Roy Allen, como um método para explicar a escolha. Eles também haviam renunciado efetivamente à utilidade como um conceito mensurável, e presumido que as pessoas seriam capazes de classificar as alternativas disponíveis, para que pudessem identificar a melhor. O método da preferência revelada de Samuelson, em vez disso, partia das escolhas que as pessoas faziam e se voltava para as preferências. Ao eliminar o conceito de utilidade, Samuelson pretendia tornar a teoria da escolha um conjunto de "declarações operacionalmente significativas" que seriam, pelo menos em princípio, testáveis. Ao contrário de Friedman, com sua ideia de teoria como um mecanismo de previsão, Samuelson a via como uma forma de descrever e explicar a realidade subjacente da economia.

Isso refletia a influência do matemático Edwin Wilson sobre Samuelson, que ministrava cursos de pós-graduação em Harvard sobre estatística matemática e economia matemática em anos alternados. Samuelson concluiu ambos os cursos como estudante de pós-graduação, e Wilson, então, o orientou durante seu período como pesquisador júnior, especialmente nas escolhas que enfrentou na época de sua mudança, em 1940, de Harvard para o vizinho, Instituto de Tecnologia de Massachusetts (MIT).

No final do período de Samuelson como pesquisador júnior, ele esperava permanecer em Harvard, mas o MIT se interessou por contratá-lo e lhe fez uma oferta. Então, o departamento de economia de Harvard se dividiu quanto a tentar igualar a oferta do MIT de um cargo permanente, com a admiração por Samuelson levando Schumpeter a acusar colegas que se opunham à contratação de terem medo da habilidade do jovem. (Schumpeter ficou tão insatisfeito com a maneira como Harvard lidou com o cargo de Samuelson que teve extensas discussões com Yale sobre uma mudança, chegando até mesmo a combinar o salário.) Harold Burbank, como chefe do departamento, acabou decidindo contra a contratação.

Mais tarde, Samuelson alegou que Burbank havia rejeitado sua economia matemática, dizendo-lhe que não deveria tentar trabalhar em teoria econômica até os cinquenta anos — e, para Burbank, a teoria era institucionalista e indutiva, envolvendo reflexão madura após anos de observação cuidadosa. Para Samuelson, sob a tutela de Wilson, teoria econômica significava uma estrutura matemática que gerava previsões testáveis — ou operacionalmente significativas.

Tendo trabalhado no MIT anteriormente, Wilson apoiou fortemente a ida de Samuelson para lá. Ele estava alheio às tensões no departamento de economia de Harvard, e sabia que a liderança da universidade tentava fortalecer seu corpo docente recrutando acadêmicos europeus de ponta. As forças econômicas já haviam tornado os Estados Unidos atraentes para Schumpeter, von Neumann e muitos outros. Com a eclosão da Segunda Guerra Mundial, o fluxo constante de acadêmicos pelo Atlântico se tornou uma torrente. Isso levou Wilson a alertar Samuelson que ele provavelmente receberia a oferta de uma bolsa de ensino de cinco anos em Harvard na primavera de 1941, mas que poderia florescer no MIT, até porque trabalharia em uma escola de engenharia, na qual todos os alunos seriam capazes de entender um tratamento matemático da economia.

Por meio de cartas que Wilson escreveu em apoio a Samuelson nessa época, também sabemos que ele estava preocupado que a expertise de Samuelson em economia matemática fosse uma base muito estreita para que ele se tornasse um grande economista, e acreditava que lecionar (para alunos relativamente fracos) seria a melhor maneira de aprender a expressar suas ideias de forma que fossem mais fáceis de entender.

Em novembro de 1940, Samuelson deixou Harvard, enquanto trabalhava em sua tese de doutorado. Na época, muitos pesquisadores juniores simplesmente mudavam para funções acadêmicas sem obter um diploma formal, mas Samuelson, em parte temendo que o antissemitismo afetasse suas perspectivas, reuniu o trabalho que havia concluído como pesquisador júnior após alguns meses de trabalho duro, com considerável apoio de sua esposa, Marion Crawford. Assim como Rose Friedman e Mary Marshall, Crawford havia se formado em economia e ajudava Samuelson a expressar suas ideias e esclarecer argumentos. A tese, concluída em 1941, ganhou o prêmio David A. Wells de melhor tese de economia daquele ano, o que garantiu sua publicação. Isso só veio a acontecer em 1947, depois que Samuelson concluiu seu trabalho sobre balística no Laboratório de Radiação do MIT durante a Segunda Guerra Mundial.

A tese foi publicada como *Fundamentos da análise econômica*. No livro, Samuelson baseou-se na ideia central da tese de doutorado, de que muitos dos problemas de economia tinham uma estrutura matemática comum e, portanto, podiam ser moldados em uma abordagem consistente da qual princípios gerais poderiam ser deduzidos. *Valor e capital* de Hicks, publicado em 1939, antecipou muitos dos resultados de *Fundamentos*, mas, embora tivesse apresentado uma abordagem consistentemente matemática da teoria econômica, faltava a ele a generalidade de *Fundamentos* e sua aplicabilidade a uma ampla gama de problemas. Com a orientação contínua de Wilson, Samuelson pretendia desenvolver uma abordagem que estabelecesse a economia como um corpo de declarações operacionalmente significativas.

Isso significava unificar abordagens díspares. A ferramenta de Samuelson para tanto foi, inicialmente, o princípio de Le Châtelier na termodinâmica, segundo o qual, em resposta a uma mudança nas condições externas, um sistema responde para minimizar os efeitos dessa mudança. A generalidade do princípio permitia a Samuelson pensar em como adaptá-lo para entender as condições de estabilidade de um sistema em economia, processo que levou ao desenvolvimento do princípio da correspondência de Samuelson.

De acordo com o princípio da correspondência, desde que certas condições de estabilidade fossem satisfeitas dentro de um modelo matemático, o equilíbrio de tal modelo seria estável, ainda que o equilíbrio não se baseasse na escolha ideal de ações. Lembremo-nos de que, no modelo macroeconômico keynesiano, o equilíbrio só exige que a renda agregada e as despesas sejam iguais, e isso garante que o fluxo circular da renda possa continuar— um tipo diferente de equilíbrio da otimização do consumidor, que Samuelson havia desenvolvido em sua abordagem da preferência revelada.

O princípio da correspondência permitiu a Samuelson desenvolver o método da estática comparativa, que examina os efeitos de mudanças finitas nas condições iniciais. Uma vez que os dados econômicos são comumente discretos e coletados para um período específico, isso era desejável, pois tornava muito mais fácil testar os resultados teóricos. *Fundamentos da análise econômica*, portanto, fornecia uma base robusta para tratar a teoria econômica como tendo forma matemática, e o fazia de uma maneira que a teoria estivesse em conformidade com o operacionalismo de Wilson e Samuelson. Isso permitiu a Samuelson descartar como "ginástica mental de um tipo particularmente perverso" grande parte do que antes passava por teoria em economia, e comparar economistas acadêmicos com "atletas altamente treinados que nunca participam de uma corrida".

Além de Schumpeter, Leontief e Wilson, Alvin Hansen também teve um efeito substancial na carreira de Samuelson durante seu tempo em Harvard. Hansen chegou a Harvard em 1937, vindo da Universidade de Minnesota, onde construíra uma reputação com seu trabalho sobre ciclos econômicos. Sendo um dos primeiros críticos de *Teoria geral*, Hansen se tornou o primeiro economista sênior estadunidense a saudar o livro, principalmente porque conseguia ver como acomodar alguns dos pensamentos de Keynes em sua própria compreensão de como a economia funcionava. Em 1939, Samuelson escreveu um artigo que agregava o conceito de acelerador de Hansen à versão analítica de John Hicks da teoria de Keynes. Ao introduzir o acelerador, Samuelson começou a abordar a crítica de que a teoria de Keynes era totalmente estática e não explicava como a situação da economia mudaria ao longo do tempo. Ao supor que o investimento em qualquer período seria proporcional ao crescimento do consumo, Samuelson demonstrava que era possível para um modelo keynesiano exibir efeitos cíclicos.

A promoção das ideias keynesianas por Hansen ao longo da década de 1940 o levou a se tornar o primeiro economista a ser chamado de "Keynes estadunidense" — título que combinava mais com Samuelson —, mas ele não foi simplesmente um discípulo. Hansen desempenhou um papel importante no desenvolvimento de políticas para o gerenciamento da demanda agregada para garantir o pleno emprego. Essas políticas se tornariam importantes após o fim da Segunda Guerra Mundial, com Samuelson se tornando um de seus defensores mais conhecidos.

Durante a Segunda Guerra Mundial, o governo dos Estados Unidos deu ao seu Conselho de Planejamento de Recursos Nacionais (NRPB, na sigla em inglês) a tarefa de planejar o pleno emprego após o fim da guerra. Isso permitiu que Hansen conseguisse um papel de consultor para Samuelson em 1941, marcando sua introdução ao trabalho para o governo. Encarregado de tarefas sobretudo técnicas, que envolviam análise estatística, Samuelson liderou uma equipe de pesquisa pela primeira vez. Suas descobertas alimentaram os relatórios do Conselho quanto a como gerenciar a desmobilização do exército e, dadas as exigências da guerra, a economia. Esse trabalho levou Samuelson a escrever artigos para jornais e revistas em apoio à Lei de Pleno Emprego de 1945, assim que ele retornou ao departamento de economia do MIT.

Foi então que Ralph Freeman, chefe de departamento, pediu a ele que elaborasse um texto curto explicando a estrutura da economia dos Estados Unidos para estudantes de engenharia que nunca haviam estudado as ciências econômicas, e fornecesse a eles ferramentas analíticas simples para que pudessem resolver problemas elementares de teoria e política. Seu trabalho para o NRPB acabou sendo importante para este projeto, porque lhe forneceu o material aplicado que complementaria a análise teórica.

Então enfrentou quase o problema oposto de escrever *Fundamentos*. Assim como Marshall ao escrever *Princípios da economia política*, ele quis integrar os desenvolvimentos recentes em economia a uma introdução abrangente ao assunto. A sequência de Smith, Ricardo, Mill e Marshall talvez tenha terminado com Samuelson. *Economics: An Introductory Analysis* [Economia: uma análise introdutória] talvez tenha sido o último texto geral de economia a se tornar a introdução-padrão de uma geração. Há, hoje, muitos economistas, e talvez muita economia, para que um único livro assuma esse papel.

A primeira edição de *Economia* apareceu em 1948, um ano depois de *Fundamentos*. Samuelson revisou o livro quinze vezes ao longo de cinquenta anos, e foi, então, assumido por outro ganhador do Prêmio Nobel, William Nordhaus, que o editou até a décima nona edição, publicada em 2009. Cerca de 5 milhões de cópias foram vendidas. O grande teórico também provou ser um ótimo contador de histórias. Em *Economia*, Samuelson descreveu de forma bem clara o que se entendia sobre a economia, ao mesmo tempo que introduzia os alunos de graduação à economia keynesiana. Fez tudo isso escrevendo para um público que não tinha conhecimento das complexidades matemáticas subjacentes à sua pesquisa.

A tarefa exigia que Samuelson trilhasse um caminho cuidadoso. Em 1947, o economista canadense Lorie Tarshis publicou *Elements of Economics [Elementos da economia]*. Esse foi o primeiro livro didático a abraçar a economia keynesiana, e rapidamente se tornou alvo de uma campanha nacional feita por conservadores políticos que, como Hayek, viam as políticas de gestão da demanda como uma forma de socialismo. Embora muitas universidades tenham começado a usar o livro, ele logo foi retirado das listas de leitura.

Samuelson enfrentou um desafio semelhante com o comitê de visitação do MIT, que analisou alguns dos primeiros rascunhos e criticou o material por ser favorável demais ao "capitalismo gerenciado". Os líderes do MIT deram forte apoio a Samuelson, e também foi útil que a American Economic Association tivesse acabado de conceder a Samuelson sua primeira medalha John Bates Clark, confirmando seu prestígio entre os economistas profissionais. No entanto, Samuelson tratou seus críticos com cuidado, talvez ciente de quão destrutiva havia sido a crítica do trabalho de Tarshis. Ele apresentou *Economia* como um relato objetivo, que se esforçava para encontrar o "caminho do meio", como entendido pela geração emergente de economistas, cujo pensamento havia sido moldado pela Grande Depressão e pela guerra. Hansen temia que essa abordagem cedesse muito terreno a esses críticos. Claro, ao apresentar seu trabalho como objetivo, e nosso conhecimento de economia sendo dependente de dados, ele estava defendendo uma abordagem operacionalista da economia.

Em 1948, Samuelson ainda se preocupava com a possibilidade de haver um desemprego substancial durante a transição para a paz. Em 1954, ao preparar a terceira edição de *Economia*, com a expansão constante da economia em curso, a preocupação começou a se concentrar no controle da inflação. Foi também nessa edição do livro que Samuelson introduziu sua síntese neoclássica. Com a afirmação de que a *Teoria geral* complementava as percepções de economistas anteriores, com base nas quais ele havia construído sua argumentação em *Fundamentos*, ela rapidamente se tornou o exemplo mais famoso de sua abordagem do meio-termo. Com ela, validava o uso da análise microeconômica sob a maioria das condições, ao mesmo tempo que deixava espaço para a gestão keynesiana da demanda.

A síntese estava incompleta, porque os dois tipos de análise econômica tendiam a operar sob diferentes condições econômicas: teoria dos preços quando havia pleno emprego, e gestão da demanda quando havia desemprego. Isso tornava impossível integrar a teoria econômica em um todo unificado. A divisão entre a macroeconomia, iniciada por Keynes, Hicks, Hansen e Samuelson, e a microeconomia de *Princípios* de Marshall e de *Fundamentos* de Samuelson era inevitável. Era impossível passar da determinação de preços e quantidades em mercados individuais para o comportamento de agregados econômicos, como renda nacional, desemprego e inflação.

Para Samuelson, em especial após seu trabalho para o NRPB e o sucesso das políticas de pleno emprego para evitar a repetição dos desafios da década de 1920, as ferramentas de política macroeconômica poderiam reduzir flutuações na economia, estabilizar a renda nacional (e seu crescimento) e controlar o desemprego e a inflação. Sua explicação da determinação de renda costumava ser vista, em geral pelos críticos, como sendo principalmente keynesiana, mas Samuelson sempre negou isso, enfatizando sua natureza pragmática. Em grande medida, preocupava-se em fornecer uma plataforma de gestão macroeconômica, a partir da qual seria possível determinar a aplicação eficiente dos recursos dentro da economia de acordo com os princípios neoclássicos.

Deixando de lado as diferenças metodológicas sobre o papel da teoria, Samuelson, assim como Keynes, rejeitava a afirmação de Friedman de que a análise técnica da teoria econômica poderia ser mantida separada do aconselhamento político. Eloquente, criativo e altamente produtivo, Samuelson talvez se parecesse mais com Keynes ao aconselhar política e diretamente o governo, em especial as administrações democratas. O senador John F. Kennedy o recrutou como consultor econômico, e ele manteve esse papel durante a eleição presidencial de 1960 e na transição, concluindo um relatório detalhado sobre o estado da economia dos Estados Unidos em janeiro de 1961. No entanto, optou por permanecer no MIT, em vez de ingressar no Conselho de Assessores Econômicos.

Assim como Keynes, ele também se dedicou ao jornalismo. Sua experiência mais famosa nesse sentido foi quando a revista *Newsweek* recrutou Samuelson e Friedman, em 1966, para escreverem colunas sobre análise econômica. Eles se alternavam em um ciclo trissemanal com Henry Wallich, da Universidade Yale e do Federal Reserve Board. Ao anunciá-los, a *Newsweek* apresentou Samuelson como sendo da esquerda política, Friedman da direita e Wallich, centrista. O arranjo durou dezoito anos, passando pela época da Guerra do Vietnã, do abandono das taxas de câmbio fixas e da vinculação do dólar ao ouro, depois, pela crise do petróleo, as investigações de Watergate, a estagflação (alta inflação e baixo crescimento) em meados da década de 1970 e, finalmente, a revolução Reagan. Quando os três começaram a escrever, a defesa de Samuelson da gestão keynesiana da demanda foi vista como totalmente ortodoxa. No momento em que terminaram, os governos estavam se voltando para Friedman e para o monetarismo em busca de aconselhamento político.

Samuelson descrevia a si mesmo como sendo, talvez, o último dos economistas generalistas. A disciplina se expandia rapidamente, o que tornava quase impossível para alguém abranger tudo. Mesmo em relação a Samuelson, essa afirmação de cobertura universal não parece de todo verdadeira: ele era essencialmente um microeconomista, que se voltou para a nova macroeconomia na época em que ela surgiu. Ao longo de sua longa carreira, produziu uma variedade impressionante de avanços na teoria econômica, em parte porque desenvolvera sistematicamente as ferramentas necessárias para a análise. Todo esse trabalho foi essencial para transformar a disciplina de uma descrição de cadeias causais complexas de atividades em uma forma de investigação científica. Enquanto Marshall nos deu a forma da teoria econômica moderna, e o legado de Keynes foi transformar a economia em aconselhamento político, Samuelson se movimentava facilmente entre teoria e política, explorando novas profundidades e aplicando suas percepções com clareza.

16

HERBERT SIMON, O REALISTA CIENTÍFICO-SOCIAL

A impossibilidade de escolhas ideais significa que temos que entender o comportamento

Como tomamos decisões? Herbert Simon acreditava que, em geral, tomamos decisões de forma rápida e adequada, mesmo quando temos pouquíssimas informações relevantes. Como já vimos com o trabalho de Keynes, Hayek e Coase, a informação é um bem importante, e precisamos administrá-lo bem. Portanto, embora o trabalho de Simon tenha sido relevante o suficiente para que ele recebesse o Prêmio Nobel de Economia em 1978, nunca foi um economista profissional. Depois de se formar em ciência política na década de 1930, e tornar-se professor nessa área na década de 1940. Com uma especialização no comportamento de organizações públicas, sua mudança para o Instituto Carnegie de Tecnologia, como professor sênior de ciência organizacional em 1949, representou apenas uma pequena mudança de foco.

No entanto, no final da década de 1950, Simon se tornou um dos primeiros cientistas da computação. Nesse papel, lançou algumas das bases para a pesquisa em inteligência artificial por meio de suas contribuições ao desenvolvimento de linguagens de processamento de listas, usadas para obter soluções computacionais para problemas não numéricos. Isso permitiu que os computadores reproduzissem os argumentos do *Principia Mathematica [Princípios matemáticos]* de Bertrand Russell. Russell escreveu uma nota parabenizando Simon por essa conquista, concordando que seria bom que alunos do ensino médio continuassem sem saber que não era mais necessário que comprovassem resultados.

No início de sua carreira, Simon desenvolveu alguns princípios gerais de tomada de decisão comportamental, que unificavam todas as suas atividades. Na década de 1940, ele os aplicou a organizações, antes de se voltar para a economia e a psicologia no início dos anos 1950, para explorar como as pessoas tomavam decisões. Esse foi o trabalho que lhe rendeu o Prêmio Nobel de Economia. Ao trabalhar em inteligência artificial, aplicou os mesmos princípios de tomada de decisão que utilizava na programação de computadores. Organizações, pessoas, máquinas: Simon acreditava que, como tomadores de decisão, todos tendiam a se comportar de maneiras muito semelhantes. Isso o tornava um verdadeiro generalista. Ele foi, talvez, o cientista social mais completo do século XX, fazendo contribuições significativas em muitos domínios e alcançando um nível de excelência em cada um deles que normalmente seria o trabalho de toda uma carreira.

Além do Nobel de Economia, ele recebeu honras substanciais da Associação Americana de Psicologia e da Associação de Maquinaria Computacional, que reconheceram sua pesquisa em psicologia cognitiva e inteligência artificial. Para Simon, a variedade de suas realizações foi simplesmente um feliz acidente de tempo. Em especial nas décadas de 1940 e 1950, ele afirmava que era fácil cruzar fronteiras disciplinares repetidamente, porque trabalhava em questões que a maioria dos cientistas sociais concordava ser muito importantes, mas que não haviam se tornado centrais em nenhuma disciplina específica. Esses interesses fizeram dele um dos criadores do que hoje chamamos de ciência da decisão, que continua sendo um empreendimento multidisciplinar, com especialistas espalhados pelas ciências sociais.

Herbert Simon nasceu em 1916, um ano depois de Paul Samuelson. Assim como Samuelson, ele era descendente de judeus alemães. O pai havia se formado em engenharia na Alemanha e se estabelecido em Milwaukee em 1903. Como Samuelson, ele cresceu em uma cidade às margens do lago Michigan. Novamente, como Samuelson, era quase inevitável que a Grande

Depressão influenciasse a política de Simon, sobretudo porque afetara o negócio do pai, e que ele acabasse chegando à Universidade de Chicago, como estudante universitário, aos dezessete anos. Enquanto Samuelson foi imediatamente atraído pela economia e, em pouco tempo, se baseou em sua compreensão de matemática e ciências físicas para desenvolver uma teoria econômica muito sistemática, Simon começou seus estudos sobre organizações enquanto ainda era estudante de graduação.

Sob a liderança de Charles Merriam, o departamento de ciência política da Universidade de Chicago abraçou a pesquisa empírica, baseada em observações cuidadosas. Para concluir um projeto de graduação, Simon retornou à sua cidade natal, Milwaukee, e estudou o comportamento do governo municipal. Ele rapidamente encontrou um problema interessante na organização: dois chefes de departamento precisavam cooperar para concluir um programa. Cada um administrava orçamentos substanciais, mas repetidas vezes falhavam em concordar com um plano de gastos para o trabalho conjunto.

Simon concluiu que o problema se originava das diferentes formas de pensamento dos gerentes a respeito da natureza do serviço que deveriam fornecer e, portanto, com quais recursos cada departamento precisava contribuir. Como cada um tinha ideias firmes sobre o que precisava ser feito, discutiam quanto a como gastar seu orçamento. A partir disso, Simon concluiu que não havia uma maneira direta de explicar como os recursos seriam transformados em serviços. Cada gerente via o problema da perspectiva da implementação de sua função organizacional, sendo o conflito o resultado natural. Esse conflito poderia ser resolvido pela decisão de um gerente ainda mais sênior, aplicando os procedimentos de tomada de decisão do governo municipal.

Em seu curso de graduação, Simon teve exposição suficiente a argumentos econômicos para pensar nesse tipo de resolução de problemas da mesma forma que Samuelson, ou mesmo Friedman, pensavam. Ele afirmava que as organizações identificariam o conjunto de opções viáveis e escolheriam entre elas, dadas as restrições que as estruturas políticas impunham à sua tomada de decisão. Acreditando fortemente que a investigação do comportamento organizacional era passível de uma abordagem científica social, ele propôs que seria possível analisar a tomada de decisão administrativa usando as ferramentas estatísticas que começavam a surgir. Então, em termos de métodos de pesquisa, Simon previu o tipo de estrutura positivista que vimos na pesquisa aplicada que Samuelson e Friedman iniciaram quase ao mesmo tempo.

Ao estudar a tomada de decisão organizacional, Simon encontrou uma maneira de trazer os processos de tomada de decisão para a economia. Evitou as restrições que Friedman introduziu em "Methodology of Positive Economics", que exigiam que a economia considerasse apenas dados objetivos e mensuráveis numericamente, resultado de ações observáveis. Para Friedman, isso excluía qualquer uso de atitudes ou crenças autorreferidas coletadas por meio de questionários, uma vez que as respostas não envolveriam nenhuma ação observável quanto ao uso de recursos. Ao se concentrar em organizações, em vez de em pessoas, Simon poderia observar a tomada de decisão. Os gerentes não apenas comandam recursos, mas, ao tomarem decisões sobre como usá-los, deixam um rico rastro de documentos. Simon poderia segui-los e entender o processo de tomada de decisão.

Se isso parece familiar, lembremo-nos de que, quando visitou os Estados Unidos em 1932, Coase percorreu empresas e observou o comportamento delas, o que o levou à percepção de que mercados e organizações representavam maneiras diferentes de tomar decisões sobre a gestão de recursos. Tanto para Coase quanto para Simon, as organizações administravam informações por meio de seus processos internos. Gerentes bem-informados, então, dariam ordens e direcionariam a atividade de outros funcionários.

Podemos pensar que Coase e Simon abordavam problemas amplamente complementares enquanto ainda no início dos seus vinte anos. Coase começou definindo quando era racional para uma empresa gerenciar processos diretamente, em vez de contratar uma organização especializada para realizá-los. Ele queria descobrir onde uma organização deveria definir os limites de seu gerenciamento direto de recursos. Simon considerou o problema complementar, no qual os limites das organizações eram dados. Ele, então, precisou explicar o que significava dizer que as decisões daqueles envolvidos eram racionais.

O treinamento em Chicago, com sua abordagem econômica neoclássica ortodoxa e matemática, o levou a receber uma oferta de trabalho de Clarence Ridley, que dirigia a Associação Internacional de Gestores Municipais. Era um meio-termo entre um instituto de pesquisa e um sindicato patronal. Com a orientação de Ridley, Simon realizou pesquisas envolvendo a mensuração das atividades de órgãos do governo local.

No Natal de 1937, ele se casou com Dorothea Pye, que conheceu quando ela trabalhava como secretária no Departamento de Política de Chicago. Pye havia concluído uma pós-graduação em psicologia cognitiva e, na década de 1950, seria uma dos muitos colaboradores de Simon em sua pesquisa.

Então, em 1939, ainda com 23 anos, Simon assumiu o cargo de diretor de estudos de mensuração administrativa na Escola de Administração Pública da Universidade da Califórnia, em Berkeley. Enquanto trabalhava na Califórnia e começava uma família, Simon também estava matriculado como estudante de pesquisa em política em Chicago, e concluiu sua dissertação em 1942. Pela avaliação do próprio Simon, àquela altura, já havia tido um excelente treinamento em métodos de pesquisa em ciência política, e alcançara um conhecimento prático de economia e entendimento suficiente de matemática para que fosse possível desenvolver ainda mais esse conhecimento em seus trabalhos posteriores, conforme a necessidade. Também tivera experiência na condução de seus próprios projetos de pesquisa na Califórnia. Além disso, enquanto na Califórnia, ele começou a experimentar o uso dos precursores dos computadores digitais para organização e análise de dados.

Então, retornou para Chicago e se tornou chefe do departamento de ciências políticas no Instituto de

Tecnologia de Illinois. Desenvolvendo ideias de sua dissertação, publicou, em 1943, o livro que consolidou sua reputação pública: *Comportamento administrativo*. Essa foi sua primeira tentativa de estabelecer uma estrutura geral para a análise comportamental da tomada de decisão de organizações que enfrentavam um ambiente incerto. Em vez da tentativa friedmaniana de prever o comportamento, Simon queria descrever e explicá-lo usando três princípios, que ele aplicaria e desenvolveria em muitos contextos ao longo de sua carreira.

Primeiro, sugeriu que as organizações evitavam atingir objetivos muito gerais. Em vez disso, simplificavam os problemas que enfrentavam, frequentemente dividindo-os em partes componentes nas quais as divisões da organização poderiam atuar. Os gerentes de divisão poderiam, então, definir metas concretas que seriam alcançadas com mais facilidade .

Depois, ele argumentou que, como em geral as organizações delegavam autoridade à especialistas semiautônomos, poderiam então trabalhar em partes dos problemas, a administração eficaz envolveria a coordenação desses esforços para que as equipes trabalhassem em harmonia. Voltando ao seu estudo dos tempos de graduação, ele conseguiu explicar que o desacordo entre os gerentes divisionais em Milwaukee foi causado pela ausência de processos que permitissem o trabalho conjunto.

Por último, propôs que as organizações buscavam alcançar resultados "bons o suficiente". Na maioria dos casos, tentavam atingir objetivos em termos gerais, em vez do melhor resultado possível. Pense em uma empresa que está decidindo quanta produção gerar. Ela poderia, logicamente, estabelecer a meta de ter lucro suficiente para prosperar, e talvez para expandir suas atividades. A otimização, que ocupa um lugar central na teoria econômica, exigiria que a empresa encontrasse a produção na qual obtivesse o maior lucro possível. Para Simon, dadas todas as incertezas da vida, insistir na otimização seria algo irrealista. Fazer "o suficiente", ou, como ele chamou mais tarde, "o satisfatório", era o máximo que uma organização deveria fazer.

Com base nesses três princípios, Simon propôs, então, que as organizações tomavam decisões seguindo procedimentos que se desenvolviam a partir de experiências anteriores de tomada de decisão. Isso tornava provável que os resultados da aplicação do procedimento fossem satisfatórios. Para Simon, as decisões eram racionais se alcançadas por meio de um procedimento. Ele argumentava que essa racionalidade procedimental, que visava apenas alcançar resultados satisfatórios, demonstrava muito mais o comportamento das organizações do que a que ele chamava de racionalidade substantiva, que associa a ação racional à otimização de objetivos e é amplamente utilizada em economia.

Refinando seu conceito de racionalidade procedimental, Simon desenvolveu a ideia de racionalidade limitada. Ele sugeriu que processos eficientes de tomada de decisão poderiam se basear em algumas poucas informações críticas. Essa economia de informação era muito diferente da suposição de que procedimentos organizacionais, em grande parte racionais, exigiriam o uso de todas as informações disponíveis. A racionalidade limitada deveria reduzir o custo de tomada de decisão sem afetar muito a realização dos objetivos subjacentes, e poderia, segundo ele, fazer com que tomadores de decisão reduzissem sua atenção a um subconjunto das possíveis escolhas abertas a eles. Por acreditar que muitas vezes era melhor tomar algumas decisões rapidamente do que adiá-las, ambos os métodos pareceram úteis para Simon no contexto organizacional. Ele acreditava que a racionalidade limitada propiciava decisões bastante intuitivas, mas eficazes.

A linhagem econômica da abordagem de Simon veio da influência duradoura das ideias de Chester Barnard, um executivo de negócios aposentado, que escreveu *As funções do executivo* em 1938. Simon usou, pela primeira vez, a abordagem de Barnard sobre como as organizações tomam decisões enquanto trabalhava na Associação Internacional de Gestores Municipais. O trabalho de Barnard foi influenciado pelas ideias do economista institucionalista estadunidense John Commons, cuja teoria do comportamento empresarial examinava como as transações ocorriam. A influência de Commons e Barnard foi especialmente forte enquanto Simon escrevia sua tese de doutorado e *Comportamento administrativo*.

Estar em Chicago na década de 1940 também colocou Simon em contato com um importante grupo de economistas associados à Universidade de Chicago, na Comissão Cowles de Pesquisa Econômica, totalmente separada do departamento de economia da instituição. Alfred Cowles, um investidor de sucesso, tinha um profundo interesse em economia. No início da Grande Depressão, ficou tão preocupado com a falta de dados confiáveis disponíveis para os economistas que apoiou a fundação da Sociedade de Econometria em 1930 e, a partir de 1932, financiou o trabalho da Comissão. Inicialmente sediada em Colorado Springs, mudou-se para Chicago em 1939, onde permaneceu até 1955, quando foi transferida para a Universidade Yale.

Na década de 1940, os diretores da Comissão eram Jacob Marschak e Tjalling Koopmans. A Comissão estava envolvida em uma grande variedade de pesquisas empíricas, mas em especial no desenvolvimento de modelos do equilíbrio geral de toda a economia. Marschak logo recrutou Simon para trabalhar em pesquisas macroeconômicas, mas também encontrou uma saída para seu interesse em computação na pesquisa sobre modelos de insumo-produto, que Wassily Leontief havia desenvolvido em Harvard a partir da década de 1930. A Comissão também fornecia a Simon o ambiente no qual ele poderia aplicar seus princípios comportamentais de tomada de decisão de "satisfação" e racionalidade limitada à economia.

Mais uma vez, vemos a importância da participação em redes para a formação e disseminação de ideias em economia. Mais tarde, questionado sobre por que alguém que não era economista deveria ter ganho o Prêmio Nobel de Economia, Simon conseguiu listar nove outros laureados, todos premiados entre 1969 e 1983, que ele havia conhecido em seminários da Comissão Cowles. Também afirmou que os membros da Sociedade de Econometria formavam a elite global da pesquisa econômica, e calculou que quase um quarto dos membros em 1955, ano em que Simon se tornou um deles, e que ainda estavam vivos em 1969, também receberam o Prêmio Nobel de Economia. Ser professor de ciência política, ciência organizacional e ciência da computação não o impedia de ser considerado parte da elite intelectual da economia.

A compreensão de Simon sobre racionalidade tinha semelhanças importantes com a de Hayek. Ele argumentava que as teorias econômicas, que pressupunham comportamento de otimização, especificavam efetivamente os problemas para que o comportamento racional envolvesse a resolução de problemas de lógica, em vez de escolha. A racionalidade "ecológica" que Hayek preferia para as ciências sociais apoiava seu pensamento sobre as regras de tomada de decisão emergirem dentro da ordem espontânea das instituições sociais. Assim como Simon, Hayek reconhecia que as regras que as organizações individuais adotavam só precisavam ser "boas o suficiente". Trabalhando em Chicago na década de 1950, eles concluíram separadamente que a racionalidade envolvia pessoas e organizações desenvolvendo regras adequadas para que não apenas sobrevivessem, mas prosperassem.

No entanto, também havia importantes diferenças políticas entre eles. Hayek considerava qualquer tipo de planejamento econômico um risco à liberdade. Ele acreditava que as instituições econômicas deveriam surgir para apoiar a realização de objetivos pessoais por meio da cooperação. Simon era um liberal da mesma forma que Keynes e Samuelson. Longe de temer a disseminação de órgãos públicos, com a mão morta do governo atrofiando a iniciativa e varrendo a liberdade, Simon os via como facilitadores importantes da criatividade humana, o que poderia viabilizar novas possibilidades de desenvolvimento social e florescimento individual.

Simon chegou à idade adulta durante a Grande Depressão, e, mesmo na velhice, ele se descrevia como um democrata doNew Deal. Vindo de Milwaukee, estava familiarizado com sindicatos e socialistas. Como estudante e trabalhador na Califórnia, foi muito simpático às causas de esquerda. Tanto ele quanto a esposa, Dorothea, foram investigados depois que as autoridades policiais concluíram que muitos de seus colegas na época não eram apenas socialistas, mas simpatizantes do comunismo. A investigação do FBI ocorreu na época em que o livro de Lorie Tarshis foi denunciado por se opor à livre iniciativa simplesmente por conter uma apresentação descarada da gestão da demanda. Por sorte, a investigação não encontrou evidências suficientes para prosseguir, e a carreira de Simon sobreviveu.

Já vimos como as ciências econômicas ficaram cada vez mais preocupadas com matemática e mensuração. Como membro da Sociedade de Econometria, Simon contribuiu para esse movimento. Mas o arco da carreira de Simon foi muito além desse tipo de pensamento. Ele pode até ter usado métodos semelhantes, mas a natureza de sua economia era muito diferente da de Friedman e Samuelson — embora seja verdade que, ao comparamos Simon e Samuelson, a profunda influência do treinamento inicial de Samuelson em Chicago se torna aparente no pensamento de Simon sobre economia.

Ao contrário desses grandes teóricos econômicos, Simon, o cientista social universal, baseou-se nas ideias dos economistas institucionalistas e partiu da observação. No pensamento de Simon, a tomada de decisão é onerosa, então, temos um incentivo para tentar reduzir esses custos. Convencido de que a presença de incerteza garante que as decisões não possam ser ideais, ele demonstra como a tomada de decisão pode gradualmente evoluir para ser mais eficiente, tanto na identificação das informações necessárias para a tomada de boas decisões quanto no processo de utilização dessas informações. Na economia de Simon, a otimização seria um princípio teórico útil se as pessoas, organizações, ou mesmo máquinas, soubessem tudo o que poderia ser relevante. Até então, o satisfatório seria o melhor que poderiam fazer.

179

17
THOMAS SCHELLING, O CONTADOR DE HISTÓRIAS
O economista que pode ter salvado o mundo com a teoria dos jogos

Considerando que a ciência econômica é o estudo da gestão de recursos, a catástrofe climática seria um fracasso épico. Após a Segunda Guerra Mundial, quando estavam à beira da guerra nuclear, as superpotências encontraram um caminho que as levou à negociação e ao desarmamento parcial. A carreira de Thomas Schelling conectou esses problemas. Através de sua economia política, ele explicou como promover a cooperação entre os países, mas o realismo duro de sua análise muitas vezes perturbava os ouvintes.

Enquanto von Neumann, defensor de uma força avassaladora contra a União Soviética, estava à beira da morte em 1957, Schelling dominava os princípios da teoria dos jogos, que utilizou ao longo de sua carreira. Ele chegou à teoria dos jogos depois que a onda inicial de interesse, que se seguiu à publicação do trabalho de von Neumann e Nash, havia desaparecido. Na década de 1950, ele era apenas parte de um grupo de cientistas sociais mais jovens, a maioria matemáticos muito competentes, que encontraram aplicações importantes para a teoria dos jogos em economia, psicologia, ciência política e biologia.

Schelling não se encaixava exatamente nesse molde. Ele sempre teve o cuidado de afirmar que era um usuário da teoria dos jogos, sem ser um teórico dos jogos. Seu estilo era quase sempre desarmador. Refletindo sobre algum problema complicado, que parecia insuperável, ele o destilaria em um modelo simples e, então, pensaria em como aplicar melhor os princípios da teoria dos jogos a ele, para que pudesse oferecer aconselhamento político. Assim como Coase, estudantes de graduação podem entender a maioria de seus argumentos, mas seu pensamento era tão profundo que jovens acadêmicos poderiam construir suas carreiras ao detalharem as implicações de qualquer uma de suas importantes ideias. Em uma época em que a ciência econômica se tornava cada vez mais formal, Schelling nunca precisou seguir o conselho de Marshall e "queimar a matemática" antes de apresentar um argumento verbal convincente. Ele tinha a habilidade de ver tão profundamente a essência das relações econômicas que parecia achar a matemática desnecessária.

Muito embora seja fácil pensar em von Neumann como uma das fontes nas quais Stanley Kubrick se inspirou para criar o personagem Dr. Fantástico, que se deleitava com a análise lógica da estratégia militar, foi Schelling quem atuou como consultor no set de filmagem. Podemos então pensar no filme como uma justificativa para a doutrina da Destruição Mútua Assegurada, que Schelling propôs pela primeira vez em 1960, em seu influente livro *The Strategy of Conflict* [A estratégia do conflito]. Schelling argumentava que as potências nucleares poderiam alcançar estabilidade em suas relações se ambas soubessem que a outra tinha capacidade de sobreviver a um ataque inicial de mísseis nucleares. Isso garantiria a destruição de ambos os países em caso de guerra nuclear, e nenhum escolheria se autodestruir.

Filho de um oficial da marinha, Schelling cresceu na Califórnia no período entreguerras e completou o curso de graduação em economia na Universidade da Califórnia, em Berkeley. Depois de trabalhar brevemente para o governo, concluiu seus estudos de doutorado em Harvard, sob a supervisão de Leontief. Em seguida, ingressou no serviço público, trabalhando em projetos do Plano Marshall em Copenhague e Paris. Isso o levou a se envolver nas negociações para a criação da União Europeia de Pagamentos, que facilitava os pagamentos internacionais entre os Estados europeus após a Segunda Guerra Mundial. Então, em 1949, à medida que a segurança da Europa Ocidental se tornava cada vez mais ameaçada, com a União Soviética conseguindo estender seu controle sobre a Europa Central, ele foi designado para trabalhar na formação da Otan. Esse trabalho aprofundou seu interesse em compreender o comportamento estratégico das nações.

Na carreira de Schelling, vemos um novo tipo de pensamento econômico emergir da observação do comportamento. Ele percebia que, na maioria das situações em que havia a possibilidade de interesses discordantes levarem a um conflito, os líderes políticos conseguiam encontrar maneiras de cooperar, o que tendia a surgir lentamente da barganha e da negociação. Ele adicionou esses elementos aos mercados e às organizações como forma de gerenciar informações e tomar decisões.

Concentrando-se nas interações entre governos, era natural que se voltasse para a teoria dos jogos. Em 1957, estudou cuidadosamente o livro recém-publicado *Games and Decisions [Jogos e decisões]*, escrito pelos matemáticos Duncan Luce e Howard Raiffa. Enquanto o trabalho de Nash sobre a teoria dos jogos havia estabelecido que era possível tratar a negociação como um jogo no qual os participantes podiam trabalhar juntos para encontrar uma solução, Schelling estava interessado em problemas nos quais os governos poderiam facilmente violar qualquer acordo feito. Jogos como o dilema do prisioneiro pareciam ser guias mais úteis, mas, para Schelling, as interpretações-padrão da teoria dos jogos eram muito menos satisfatórias. Ele acabou escrevendo uma longa crítica do uso existente da teoria dos jogos, que se tornou todo o conteúdo de uma das primeiras edições do *Journal of Conflict Resolution*. Ele pedia uma "reorientação" do campo, para que pudesse ser aplicado de forma mais eficaz a problemas de negociação.

Ele, então, seguiu os passos de von Neumann e Simon ao desenvolver uma relação com a RAND Corporation, uma organização sem fins lucrativos criada em 1946 para promover pesquisas em benefício da segurança dos Estados Unidos. Durante a Guerra Fria, a RAND era o lugar óbvio para Schelling analisar a relação entre as superpotências como um problema de negociação. Ele não tardou a produzir *The Strategy of Conflict*, que lançou sua carreira pública e sua abordagem da teoria dos jogos. Deixando de lado a modelagem formal, efetivamente apresentou um argumento comportamental, e propôs que as negociações se estabeleciam rapidamente em um "ponto focal", que pareceria intuitivamente razoável para todas as partes envolvidas.

Alguns de seus exemplos eram caseiros. Ele sugeria que, se um casal tivesse se separado em uma loja de departamentos, seria razoável que ambos convergissem para o departamento de "achados e perdidos". Também sugeriu que, se tudo que você soubesse era que um amigo o encontraria em Nova York, seria razoável ir para a Grand Central Station, onde ele teria maior probabilidade de chegar, em um horário como o meio-dia. Schelling usou exemplos como esses para argumentar que, onde havia informação limitada e incerteza sobre os resultados, as pessoas tendiam a usar as características conhecidas de seu ambiente para escolherem um resultado no qual pudessem convergir. Sem surpresa, Schelling se referia especificamente ao conceito de Simon de pessoas como solucionadoras de problemas e criadoras de padrões. Sua "reorientação" envolveu o desenvolvimento de uma abordagem comportamental para a teoria dos jogos.

Quando se tratava de negociações sobre armamentos nucleares, o ponto focal proposto era simples: desarmamento completo e abolição do armamento nuclear. Até que isso fosse alcançado, Schelling reconhecia que ambas as superpotências teriam forte interesse em dissuadir o outro país de lançar um ataque. Portanto, defendeu a Destruição Mútua Assegurada para transformar uma situação de profunda desconfiança em outra em que a cooperação e, por fim, a negociação fossem possíveis.

Imagine que uma das superpotências desenvolvesse a capacidade de destruir em voo mísseis lançados pelo outro país, usando um sistema de mísseis antibalísticos. Enquanto von Neumann, pensando em termos de jogos de soma zero, teria incentivado os Estados Unidos a seguirem esse caminho para que pudessem derrotar e subjugar a União Soviética, Schelling argumentaria que mesmo a possibilidade de qualquer país adquirir tal capacidade seria desestabilizadora, e levaria a um possível ataque repentino da outra superpotência. Em vez disso, para que os Estados Unidos e a URSS pudessem construir a confiança e a boa vontade necessárias para uma redução duradoura de armamentos, proporia que ambos concordassem formalmente em não desenvolver nenhum sistema de mísseis antibalísticos.

Para Schelling, era importante que esse problema tivesse muitas das características de um jogo do dilema do prisioneiro. A cooperação e a redução de armamentos beneficiariam ambas as superpotências (e o resto do mundo). No entanto, se qualquer superpotência definisse seu interesse próprio de forma restrita, ou se sentisse ameaçada, poderia concluir que se beneficiaria de quebra de acordos. O objetivo do acordo de não construir um sistema de mísseis antibalísticos era construir segurança de que não havia ameaça imediata de guerra. Compromissos críveis sobre seu comportamento gerariam confiança, para que nenhum dos lados ameaçasse usar suas armas.

Além de pontos focais e compromissos críveis, Schelling propôs uma ideia um tanto mais arrepiante: que um "louco" — que seria, segundo ele, um líder político que parecesse totalmente indiferente quanto a dar a ordem de usar armas nucleares — seria o líder mais credível para conduzir negociações. Parece que voltamos ao Dr. Fantástico, mas também, talvez, à política externa agressiva do governo Nixon, sob o qual os Estados Unidos e a URSS concordaram com o Tratado de Mísseis Antibalísticos e o Tratado de Limitação de Armas Estratégicas, ambos em 1972. O primeiro impedia que ambos os países adquirissem a capacidade de vencer uma guerra nuclear; o segundo estava baseado na confiança criada por seus compromissos para iniciar o processo de desarmamento multilateral.

Repetidas vezes, Schelling encontrou situações complexas demais para um modelo formal, mas nas quais ele pôde explicar resultados intricados como consequência de comportamento estratégico e egoísta. A teoria dos jogos era a base da maior parte de seu trabalho, porque lhe permitia pensar em como as decisões individuais beneficiariam ou prejudicariam outras pessoas. Então, podia explicar padrões de comportamento como resultado de escolhas individuais. Nessa abordagem, ele usou uma forma do que hoje se chama "modelagem baseada em agentes" para identificar as propriedades emergentes de um sistema complexo no qual as pessoas teriam uma gama de preferências.

Em um artigo muito conhecido, publicado em 1971, Schelling demonstrava que, quando as pessoas tinham uma preferência forte o suficiente por vizinhos com quem compartilhavam certas características, seu padrão de escolhas levaria à formação de comunidades uniformes. No entanto, se essa preferência pela característica dos vizinhos fosse fraca, as comunidades refletiriam a variedade da população. Ele descobriu que havia um "ponto crítico" no qual a preferência se tornava forte o suficiente para que a segregação predominasse. Claro que existe uma maneira muito mais negativa de descrever esse resultado. Ele havia descoberto que havia um nível crítico de tendências discriminatórias em que seus efeitos de repente se tornavam óbvios. Pequenas mudanças nas preferências das pessoas poderiam, então, ter efeitos agudos nos resultados sociais. A discriminação podia estar presente na sociedade, mas em grande parte oculta.

No início dos anos 1980, Schelling voltou sua atenção para a questão de como cada um de nós toma decisões complexas. Ele se interessou em explicar o surgimento de hábitos e vícios. Para os economistas, o vício era especialmente difícil de entender. Pessoas que se descreviam como viciadas afirmavam não ter controle sobre seu comportamento. Até relatavam o desejo de mudar seu padrão de comportamento, mas também afirmavam ser incapazes de fazê-lo. Isso era inconsistente com a suposição de que o comportamento seria egoísta. Poderíamos seguir Friedman e não prestar atenção a esses autorrelatos. Nesse caso, os únicos dados econômicos relevantes estariam relacionados às quantidades que as pessoas consumiam e os preços que pagavam.

Schelling adotou uma abordagem diferente. Via o vício como um exemplo específico de uma classe de problemas, nos quais as pessoas podiam tomar uma sequência de decisões que pareceriam insatisfatórias quando analisadas com certo distanciamento. No livro *Choice and Consequence* [Escolha e consequência], ele sugere que as pessoas podem ter interesses conflitantes, cada um dos quais podendo ser efetivamente tratado como um participante em um jogo. Cada um dos nossos interesses poderia levar a ações, e o padrão de comportamento que emergiria ao longo do tempo refletiria a interação deles. Nessa abordagem, o comportamento viciante seria o resultado de interesses de curto prazo que faziam com que a impulsividade dominasse, enquanto a busca de interesses de longo prazo exigiria consciência dos custos futuros de ceder aos impulsos.

Schelling, então, argumentou que o vício ocorria quando nos tornávamos amplamente incapazes de controlar nosso comportamento impulsivo porque nossos interesses de curto prazo tinham passado a dominar nosso pensamento. Ele defendia que romper um padrão de comportamento viciante muitas vezes exigiria que encontrássemos estratégias de comprometimento, que deveriam aumentar os custos de uma recaída no vício, mas também torná-los óbvios em nosso pensamento antes de segui-los. Nessa análise, o comportamento sábio depende da abnegação e da racionalidade inflexível. Smith certamente teria aprovado.

No final de sua carreira, Schelling voltou-se à análise da economia política das negociações entre governos. O governo Carter solicitou que ele preparasse um relatório sobre as consequências das emissões de gases do efeito estufa em 1980, e as mudanças climáticas se tornaram sua principal preocupação profissional depois que se aposentou de Harvard e se mudou para a Universidade de Maryland. Podendo, então, refletir sobre meio século de esforços de cooperação e competição entre Estados, argumentou que lidar com as mudanças climáticas tinha similaridades substanciais com os desafios da reconstrução pós-guerra, que a Organização Europeia de Cooperação Econômica havia administrado, e as negociações de "divisão de encargos" dos primeiros anos da Otan. Em ambos os casos, os Estados Unidos disponibilizaram recursos consideráveis, enquanto as instituições que administravam esses fundos convidaram propostas para seu uso.

Diante da necessidade de reduzir as emissões de carbono, os governos tinham uma ampla variedade de ferramentas econômicas. Cotas, proibições, impostos e regulamentações eram os instrumentos clássicos. Mais recentemente, seguindo a análise de Coase sobre direitos de propriedade, surgiram mercados de direitos de produzir emissões. Schelling duvidava de que tais métodos fossem suficientes. Em todos esses exemplos, estaríamos gerenciando as atividades que causavam emissões, em vez das próprias emissões subjacentes. Havia ainda a natureza de longo prazo do projeto e as incertezas sobre como os eventos poderiam se desenrolar. A incerteza quanto a onde e quando o impacto das mudanças climáticas poderia ser sentido somava-se a esses problemas. Todos esses fatores descartaram a negociação direta de uma estrutura de mitigação das mudanças climáticas, que os governos implementariam em suas próprias jurisdições.

Como alternativa, Schelling defendia a cooperação intergovernamental, que se concentraria em alcançar os objetivos políticos essenciais sem muita consideração do cálculo de custos e benefícios. Ele acreditava que a carga financeira deveria ser assumida pelos países mais ricos do norte global, na América do Norte, na Europa, Japão e Austrália, com países grandes e de renda relativamente alta, como a China, recebendo ajuda efetiva. Ele achava que haveria necessidade de competição pelo acesso a esses fundos, mas que deveriam ser disponibilizados onde quer que pudessem ser usados com eficácia.

Mesmo neste trabalho tardio — quando morreu, aos 95 anos, ele ainda trabalhava em dois artigos. Schelling foi muito além do consenso confortável. Ele acreditava que os modelos científicos indicavam claramente que nossas ações planejadas levariam o planeta para além do ponto crítico, no qual os custos das mudanças climáticas seriam muito altos. Justificadamente pessimista quanto às possibilidades de o acordo necessário para algo como a divisão de encargos não ser suficiente para resolver esse problema, defendeu algumas medidas nada convencionais, notavelmente experimentos sobre os efeitos do gerenciamento de radiação solar. O conceito essencial era simples: quanto maior fosse a proporção de radiação solar que chegasse ao nosso planeta e fosse refletida para o espaço, em vez de ficar presa na atmosfera, menores seriam os efeitos das mudanças climáticas.

Ao apoiar essa abordagem ainda especulativa, e em especial a dispersão de nuvens de partículas de enxofre na alta atmosfera, Schelling apenas alegou que isso daria tempo para a conclusão das negociações políticas, de modo que a transição para uma economia de baixo carbono ocorresse sem ser impulsionada pela necessidade de se antecipar aos efeitos nocivos das mudanças climáticas. Experimentos do tipo que ele considerava necessário para explorar a viabilidade de várias tecnologias só começaram após sua morte, em 2016.

Talvez tenha ficado mais óbvio neste trabalho sobre mudanças climáticas do que em seu trabalho sobre dissuasão nuclear que Schelling tinha uma forte fé na capacidade humana de enfrentar problemas. O feliz guerreiro dos anos 1960 se transformou no estudioso reflexivo que incentivava as pessoas a serem pacientes e imaginativas no desenvolvimento de propostas radicais de mudança.

Grande parte do trabalho de Schelling pode parecer mais adequada à ciência política, mas, ao longo de sua carreira, ele foi professor sênior de economia em Harvard, onde, com sua autodepreciação típica, considerava-se um "economista errante". Quando finalmente se mudou para a Universidade de Maryland, o procedimento de nomeação da universidade exigia três cartas de referência. Schelling as obteve de ganhadores do Prêmio Nobel, dentre as quais a de Samuelson foi a mais breve: "Tom Schelling é o melhor economista que já conheci." Talvez houvesse nela um toque do próprio amor de Samuelson por contar histórias.

Vimos como Coase assumiu um papel de liderança no estabelecimento do estudo do direito e da economia.

Simon pode ser considerado o pai da economia comportamental e muito mais. Schelling simplesmente aplicou uma nova abordagem à economia política. Enquanto as ciências econômicas estavam se voltando cada vez mais para a matemática para modelar o mundo, Schelling se preocupou em dominar os princípios matemáticos subjacentes à teoria dos jogos, e então os usou para analisar situações nas quais não havia possibilidade de usar modelagem matemática formal. Ele desenvolveu um novo tipo de análise econômica de cooperação e conflito entre Estados-nação, tornando-se um dos analistas de política mais influentes da segunda metade do século xx. Sua carreira acadêmica começou com um trabalho destinado a evitar que a Guerra Fria esquentasse, e terminou com análises perspicazes sobre como resfriar o mundo.

Unindo o trabalho de Coase, Simon e Schelling, podemos ver um profundo interesse no funcionamento das organizações. A partir de observações cuidadosas, fizeram ousados saltos indutivos para explicar algo sobre o comportamento delas: Coase pensou na capacidade dos gerentes para comandar recursos; Simon, em como eles tomavam decisões; e Schelling, nos efeitos da interdependência estratégica dos tomadores de decisão. Comparado a Coase e Simon, Schelling demorou para encontrar a ideia que estabeleceria sua reputação, usando a teoria dos jogos pela primeira vez quando estava na casa dos trinta anos. Mas todos os três contaram com princípios simples, em grande parte derivados de uma observação cuidadosa, que desafiavam o pensamento existente e expandiam a esfera da economia. Embora todos os três tenham ganhado o Prêmio Nobel de Economia, nenhum fazia parte da área dominante do pensamento econômico. Eles demonstram a amplitude da análise econômica e a importância de olhar o mundo de novas maneiras.

18
ROBERT SOLOW, ARTESÃO E CONSTRUTOR
Explicando o crescimento econômico
e administrando a economia

Quando o MIT planejou um novo prédio para o departamento de economia na década de 1950, reservou a maior sala para Paul Samuelson, a estrela do departamento. Samuelson insistiu que Robert Solow recebesse a sala contígua. Nas quatro décadas seguintes, enquanto o MIT se equiparava a Harvard, e Chicago se tornava líder mundial em pesquisa econômica, Samuelson e Solow permaneceram vizinhos. Enquanto Samuelson lançava as bases para a nova economia que o departamento abraçaria, Solow, um líder de equipe genial e notavelmente alto, que ganhou o Prêmio Nobel de Economia em 1987 por seu trabalho sobre crescimento econômico de longo prazo, era a figura central no desenvolvimento do departamento.

Solow se definia como alguém que viera estudar economia na esteira da "geração de transição", que eram estudantes de pós-graduação quando *A teoria geral do emprego, do juro e da moeda* apareceu, e que, portanto, foram os primeiros a assimilar a análise econômica keynesiana da Grande Depressão. Além de Samuelson, poderíamos citar outros ganhadores do Prêmio Nobel de Economia, como Franco Modigliani e James Tobin. Todos foram líderes do que Solow chamou de "keynesianismo americano", e acreditavam que era possível administrar a demanda agregada à economia para limitar suas flutuações e estimular um crescimento econômico estável. A melhor oportunidade de colocar suas ideias em prática veio com a eleição do presidente Kennedy. Solow ingressou no Conselho de Assessores Econômicos, enquanto Samuelson permaneceu no MIT. A economia próspera da década de 1960 não exigia o vasto investimento público e o planejamento econômico complexo do New Deal dos anos 1930. Assim, Solow e seus colegas puderam analisar os efeitos de mudanças específicas na estrutura da tributação sobre o emprego, o crescimento e a distribuição de renda.

Nascido em 1924 no Brooklyn, Solow afirmava que todos que viveram lá durante a Grande Depressão da década de 1930 se interessavam por economia. Para um menino judeu em Nova York, a ascensão do fascismo garantiu que as notícias estrangeiras fossem fascinantes e horripilantes. Esse contexto o levou a um gradual desvio para as ciências sociais em seus primeiros anos como estudante de graduação em Harvard, mas, em 1942, alistou-se no Exército dos Estados Unidos, servindo até o fim da guerra em 1945. Optando por permanecer como oficial não comissionado, trabalhou como observador de aviões e vivenciou batalhas em uma função na qual era um alvo óbvio, servindo em campanhas no norte da África, na Sicília e na Itália. Para Solow, esse tempo de serviço, carinhosamente lembrado, foi uma experiência de formação importante, na qual trabalhou com outros homens de sua unidade para alcançar um propósito comum, muitas vezes em situações nas quais as diferenças individuais não importavam.

Enquanto servia na Europa, Solow manteve correspondência com Barbara Lewis, que concluiu seus estudos acadêmicos antes do retorno dele aos Estados Unidos e do casamento de ambos. Como era costume, ela abandonou o trabalho como historiadora econômica para cuidar dos filhos, mas não antes de recomendar a economia como disciplina para o novo marido (mais tarde, ela voltaria à pesquisa sobre o tráfico negreiro no Atlântico). Após seu retorno a Harvard, e com os estudos de graduação incompletos, a inclinação de Solow para estudar economia se solidificou quando teve Wassily Leontief como tutor pessoal. Já conhecemos Leontief como colega de Schumpeter e orientador de dissertação de Samuelson e Schelling. Nas reuniões semanais, Leontief dava dicas sobre a variedade de artigos de economia que Solow poderia estudar se tivesse uma base melhor em matemática. O resultado foi que Solow voltou sua atenção para o uso da matemática em economia, assim que Samuelson publicou *Fundamentos da análise econômica*.

Para desenvolver uma compreensão mais profunda da economia, Solow também se baseou em *Valor e capital* de Hicks, que, de muitas maneiras, foi um precursor de *Fundamentos* e *Teoria geral*. Ele rapidamente abraçou os argumentos de *Teoria geral*, reconhecendo que era o primeiro relato sistemático de toda a economia. Isso o levou a explorar a arte de construir modelos macroeconômicos enquanto ainda era estudante de pós-graduação. No entanto, deixou esse interesse de lado para concluir sua tese de doutorado, na qual desenvolveu novas estimativas estatísticas da distribuição de renda nos Estados Unidos.

O atraso em concluir a formação permitiu que Solow seguisse o caminho que Samuelson havia traçado na década de 1930, tornando-se especialista em economia, matemática e estatística. Isso levou o MIT a decidir que valia a pena contratar Solow, reconhecido como o melhor aluno de doutorado de Leontif ao final de seus estudos de pós-graduação. O Instituto queria contratá-lo como professor de estatística, em vez de economia. Para que pudesse mergulhar totalmente nos fundamentos matemáticos da estatística, o MIT enviou Solow para trabalhar por um ano com Abraham Wald na Universidade de Columbia. Assim como von Neumann, Wald foi um dos muitos acadêmicos húngaro-judaicos brilhantes que chegaram aos Estados Unidos na década de 1930. Enquanto esteve na Alemanha, trabalhou com o colaborador de von Neumann, Oskar Morgenstern, antes de conseguir a segurança de um cargo na Comissão Cowles. É mais conhecido pelo argumento que apresentou durante a Segunda Guerra Mundial, de que, para fortalecer a fuselagem dos bombardeiros, deveríamos identificar onde raramente se observavam danos em aeronaves que retornavam de uma missão, já que poderíamos supor que as aeronaves que sofriam danos nesses locais normalmente caíam.

Quando Solow concluiu a tese de doutorado, em 1951, ganhou o Prêmio David A. Wells. Ao contrário de Samuelson, ele nunca aceitou o prêmio, devido à exigência de publicá-la, pois acreditava que "poderia fazer melhor", apesar de o manuscrito ter acabado circulando amplamente e ganhado uma reputação substancial.

Embora tenha sido contratado pelo MIT como professor de estatística, Solow continuou trabalhando em economia, e retomou o trabalho em modelos macroeconômicos quando começou a lecionar um curso sobre ciclos econômicos. Ele revisitou a teoria do capital de Knut Wicksell, economista sueco que também influenciou o pensamento de Keynes na década de 1920, e que explicava os ciclos econômicos como resultado do impacto da variação inflacionária no nível de investimento.

Em seu trabalho, Solow expandiu a teoria do capital para explicar como o crescimento econômico poderia ser sustentado. Na época em que começou esse trabalho, no início dos anos 1950, o modelo de crescimento econômico mais conhecido havia sido desenvolvido separadamente por Roy Harrod, pupilo de Keynes, e Evsey Domar, economista russo-americano especializado em desenvolvimento. O modelo Harrod-Domar tinha a característica nada satisfatória de exigir que a taxa de poupança correspondesse ao crescimento da capacidade da economia. Uma taxa de poupança mais alta alimentaria um investimento maior e um crescimento econômico descontrolado; uma taxa menor causaria o colapso da economia. Para Solow, isso era simplesmente implausível. Em economias modernas, embora houvesse grandes depressões, nunca havia tido colapsos explosivos nem crescimento descontrolado. Também estava preocupado com a interpretação do modelo em países mais pobres, muitos dos quais estavam começando a conquistar independência. Os proponentes do modelo defendiam que deveria haver uma demanda forte e sustentada por capital nesses países, para que o aumento da taxa de poupança levasse naturalmente a um crescimento maior.

Para Solow, essa abordagem tinha a dificuldade de suas previsões dependerem demais de fatores determinados fora do modelo. Havia muita evidência de que a taxa agregada de poupança, que ele considerava ser determinada sobretudo por fatores sociais, também variava substancialmente ao longo do ciclo econômico.

Em contraste, a relação capital-produto refletiria o estado da tecnologia, enquanto a taxa de crescimento da força de trabalho dependeria, em geral, da população. Nenhum desses fatores mudaria rapidamente. No entanto, de alguma forma, a taxa de poupança ciclicamente variável deveria ser igual ao produto da relação capital-produto e da taxa de crescimento da força de trabalho. Para Solow, o equilíbrio do modelo não era apenas instável — era implausível.

Ele acreditava que uma teoria melhor de crescimento precisava explicar como poderia haver uma taxa de crescimento de equilíbrio estável, que seria determinada dentro do modelo, e percebeu que isso seria possível fazendo suposições diferentes sobre a natureza da produção. O modelo Harrod-Domar baseava-se no tipo de funções de produção que Leontief usava em seus modelos de toda a economia, o que significava que capital e trabalho tinham que ser usados em uma proporção fixa. Solow usou uma formulação diferente, no entanto, que permitia que capital e trabalho fossem usados em proporções variáveis. Similar à mudança nas hipóteses sobre a natureza da produção na transição da economia política clássica para a economia neoclássica, o modelo de Solow poderia acomodar a substituição de capital por trabalho na produção como parte do processo de desenvolvimento, de modo que, ao longo do tempo, a produção se tornasse mais intensiva em capital.

Embora pudesse parecer uma mudança técnica menor, foi o suficiente para Solow produzir o que naturalmente chamou de modelo neoclássico de crescimento econômico em 1956. Ele explicava que o modelo Harrod--Domar havia tratado o crescimento de equilíbrio como um processo de ampliação de capital, sendo necessário capital adicional à medida que a população — e a força de trabalho — aumentava. Quando a economia crescia, apenas ficava maior, sem mudança em sua natureza. Com uma taxa constante de crescimento populacional, o modelo de Solow também previa um equilíbrio de longo prazo com ampliação de capital, no qual a poupança financiaria a ampliação de capital de investimento necessária.

Ao contrário do modelo Harrod-Domar, o modelo de Solow tinha um equilíbrio estável. Como o capital era um substituto do trabalho, uma alta taxa de poupança financiaria mais investimento do que o necessário para a ampliação de capital. O investimento excedente causaria a intensificação de capital, na qual a quantidade de capital por trabalhador aumentaria ao longo do tempo. Na formulação de Solow, a taxa de poupança, então, cairia à medida que a economia crescesse, e a taxa de intensificação de capital, gradualmente, cairia para zero.

Ele descobriu que o modelo tinha algumas características surpreendentes. Primeiro, como o crescimento de longo prazo de cada país dependia da ampliação de capital, isso significava que todos os países convergiriam para uma taxa de crescimento única em um longo período de tempo. Ainda poderia haver diferenças na renda dos países se as taxas de poupança fossem diferentes. Países com taxas de poupança mais altas experimentariam uma maior intensificação de capital e, portanto, teriam rendas mais altas. Seguia-se que elevar a taxa de poupança, como proposto pelos defensores da abordagem Harrod-Domar, teria um efeito imediato no crescimento, e isso levaria a uma renda *per capita* mais alta no estado estacionário de longo prazo. No entanto, a longo prazo, a única maneira de aumentar a taxa de crescimento seria alguma forma de inovação schumpeteriana, que aumentaria a produtividade tanto do trabalho quanto do capital. Solow argumentava efetivamente que a inovação levaria à destruição criativa, já que novos investimentos seriam mais produtivos do que os antigos.

Solow testou sua teoria de crescimento neoclássica em 1957. Ele usou dados de desenvolvimento da economia dos Estados Unidos entre 1909 e 1949, e encontrou evidências tanto de ampliação quanto de intensificação de capital. No entanto, também descobriu que cerca de metade do crescimento da renda nacional não podia ser explicada pelo aumento do uso de trabalho e capital na produção. Essa parcela do crescimento, que ficou conhecida como "resíduo de Solow", porque o modelo não a considera, devia refletir a mudança na qualidade do capital e da mão de obra. Isso nos permite interpretar o residual como uma representação dos efeitos do progresso técnico. Além da inovação e da invenção, que melhoram a qualidade do capital, a educação e o treinamento aprimorados poderiam levar a trabalhadores mais produtivos, enquanto os gestores também poderiam se tornar mais eficazes na coordenação de recursos.

O papel dos resíduos levantava o mesmo tipo de questão sobre o modelo de Solow que a estrutura do modelo Harrod-Domar havia levantado em sua mente. Solow esperava encontrar progresso técnico, mas seu modelo não pôde acomodá-lo explicitamente. Levaria quase trinta anos para que outra geração de economistas chegasse a uma solução. Nesses modelos posteriores, o crescimento de longo prazo da economia dependia do nível de conhecimento e educação, e até que ponto empresas maiores alcançavam níveis mais altos de eficiência. Até os anos 1980, porém, o modelo de Solow foi o ponto de partida para a análise econômica do crescimento.

Tendo chegado ao MIT como um jovem acadêmico, Solow descobriu que estava em um lar agradável, e teve uma afiliação com o Instituto por mais de setenta anos. Sendo um dos primeiros acadêmicos a participar do que se tornaram intercâmbios regulares entre o MIT e a Universidade de Cambridge, ele passou 1957 na Inglaterra, ano em que eclodiu uma disputa sobre a natureza do capital entre economistas de Cambridge e do MIT. Joan Robinson, líder intelectual do Círculo de Cambridge, de Keynes, concluiu que a maneira como Solow e Samuelson haviam desenvolvido uma função de produção agregada não media o uso do capital corretamente. Essa Controvérsia do Capital de Cambridge durou quase uma década, envolvendo discussões detalhadas e tendo o caráter do problema Schleswig-Holstein do século XIX. (O ministro britânico das Relações Exteriores, Lorde Palmerston, supostamente comentou que o problema já havia sido compreendido por três pessoas — uma das quais havia morrido, outra que havia enlouquecido e ele próprio —, e ele havia esquecido a solução.)

Em 1966, Samuelson estava pronto para admitir que Robinson estava correta, mas Solow continuou a usar funções de produção agregadas. Na abordagem de Solow para a economia, modelos teóricos eram apenas ferramentas para auxiliar o desenvolvimento da análise, em vez de versões simplificadas da economia real. Ao longo de sua carreira, trabalhou com uma ampla variedade de modelos, cada um projetado para sondar problemas bem específicos. Ao desenvolver sua teoria do crescimento, ele sabia que a função de produção agregada tinha propriedades estatísticas insatisfatórias, mas, para entender o que os dados sugeriam sobre o crescimento, sabia que não havia uma maneira fácil de evitar seu uso.

Podemos ver a abordagem de Solow quanto à resolução de problemas em um artigo publicado em 1960, no qual Samuelson e Solow tentaram ajustar os dados de inflação e desemprego estadunidenses a uma curva de Phillips. Concluíram, então, que havia alguma evidência semelhante à relação negativa de curto prazo entre os níveis de inflação e desemprego que Bill Phillips encontrara em dados do Reino Unido. Embora tenham sido muito cautelosos ao sugerir que seria possível reduzir o desemprego tolerando uma aceleração no nível de preços, era exatamente assim que outras pessoas tendiam a interpretar suas descobertas. Anos depois, Solow admitiu com pesar que, embora soubessem que tal relação só poderia durar até que as pessoas começassem a antecipar a inflação, os dois não tinham enfatizado o suficiente esse ponto. Em vez disso, a avaliação otimista das oportunidades disponíveis aos formuladores de políticas permitiu a Friedman basear sua crítica da abordagem keynesiana estadunidense de gestão da demanda no fracasso da relação da curva de Phillips ao final dos anos 1960, quando a inflação começou a subir.

Ao longo das décadas de 1950 e 1960, o governo dos Estados Unidos, independentemente de sua afiliação política, adotou muitas das propostas de políticas dos keynesianos estadunidenses. A Europa e o Japão estavam reconstruindo suas economias após a Segunda Guerra Mundial, de modo que houvesse uma expansão econômica sustentada e prosperidade cada vez mais generalizada. Essa sensação de bem-estar permanente não durou até os anos 1970. A inflação rápida, especialmente após a quadruplicação do preço do petróleo depois da Guerra do Yom Kippur de 1973, e as tentativas ineficazes dos governos para controlá-la, levaram a um crescimento econômico vacilante. Políticos conservadores, especialmente Margaret Thatcher e Ronald Reagan, adotaram políticas econômicas baseadas nas tendências libertárias de Hayek, no monetarismo de Friedman e na análise da escolha pública de James Buchanan sobre o papel do Estado. Economistas mais jovens foram ainda mais longe, argumentando que todos os preços eram flexíveis, incluindo salários. Isso os levou a interpretar todo o desemprego como totalmente voluntário.

Ao aceitar o Prêmio Nobel de Economia em 1987 por seu trabalho a respeito da teoria do crescimento, Solow observou que, em sua análise, havia pleno emprego. Argumentava que isso refletia a intenção de entender o comportamento da economia no longo prazo. Tendo crescido na Grande Depressão, ele sempre considerou totalmente possível que flutuações de curto prazo pudessem afastar a economia do pleno emprego. A presunção de flexibilidade dos preços na macroeconomia da Escola de Chicago o preocupava profundamente. Para Solow, isso parecia ser um sinal de que a teoria macroeconômica estava perdendo o contato com a realidade, de modo que o aconselhamento de política econômica baseado em suas previsões seria muito menos eficaz do que poderia ser. Considerando que as implicações da teoria econômica não eram apenas curiosidades intelectuais, mas que podiam facilmente afetar a vida das pessoas, Solow achava melhor que o aconselhamento de política econômica estivesse aproximadamente correto, em vez de precisamente errado.

Samuelson certa vez descreveu Solow como sendo quase o economista ideal, exceto pela tendência de usar humor, em vez de se envolver em debates. Por exemplo, Solow escreveu sobre Friedman em 1966: "Tudo lembra a Milton da oferta de moeda. Bem, tudo me lembra sexo, mas eu mantenho isso fora do papel." Sua resenha de *O novo estado industrial*, de John Kenneth Galbraith, irritou o autor. Só para pegar um exemplo das farpas de Solow: "Ele se mistura com os hippies; pelo que eu sei, ele pode até ser um hippie também." Ele explicou essa tendência de brincar sobre discordâncias, dizendo que seria inútil iniciar uma discussão séria a respeito de táticas na Batalha de Austerlitz com alguém que afirmava ser Napoleão.

Ele preferia explicar como seus oponentes haviam sido eficazes em seus argumentos. Quando Friedman criticou pela primeira vez a relação da curva de Phillips, ele argumentou que, para qualquer nível de inflação antecipada, em um certo nível de desemprego, tal inflação seria constante. Isso se tornou a "Taxa Natural de Desemprego", que foi interpretada como uma medida da capacidade de longo prazo da economia. Para Solow, a escolha das palavras era importante. "Natural" sugeria que era desejável ou inevitável. Definir o desemprego como "voluntário" tinha o mesmo efeito. Essa escolha de linguagem ajudou os líderes políticos que queriam se afastar da presunção comum das décadas de 1950 e 1960, a de que alcançar o pleno emprego deveria ser o principal objetivo econômico de um governo. Como resultado, na década de 1980, os líderes políticos conseguiram construir um apoio muito maior para altas e prolongadas taxas de desemprego, como custo para esmagar a inflação.

Para Solow, isso era muito mais do que uma observação sobre como a aceitabilidade de um argumento econômico dependia de sua formulação. Ele argumentava que as diferenças de linguagem refletiam crenças sobre a natureza da economia, mas também da própria ciência econômica. Com essas diferenças fundamentais entre grupos de economistas, o debate era difícil, e o humor poderia suavizar o desacordo.

Existem talvez duas maneiras de avaliar o lugar de Solow na economia. De certa forma, sua teoria do crescimento completou o que era possível com a economia neoclássica. Na revolução marginal, os pioneiros simplificaram ao máximo os objetos de sua análise. Eles substituíram os argumentos dinâmicos complexos da economia política clássica, preocupados com distribuição e crescimento, por uma teoria estática, na qual o valor derivava da escassez de recursos para atender às necessidades. A teoria do crescimento mais uma vez permitiu aos economistas pensarem no comportamento da economia em longo prazo.

Solow também se baseava nas percepções de Keynes, em *Teoria geral*, de que poderia haver longos períodos em que a economia não estaria em pleno emprego, porque a informação não poderia fluir por toda a economia com rapidez suficiente. Isso significava que havia oportunidades para o governo intervir na economia e orientar o comportamento para limitar as flutuações econômicas. Tendo supervisionado quase cem doutorandos no MIT, quatro dos quais ganharam o Prêmio Nobel de Economia, ele permitiu que a próxima geração de macroeconomistas keynesianos pensasse sobre como a informação e o comportamento poderiam fazer com que os preços se ajustassem lentamente e o desemprego persistisse.

19
GARY BECKER, O IMPERIALISTA INABALÁVEL

Incluindo a nós mesmos entre
os recursos que administramos

Não há pontos finais na pesquisa acadêmica. A formalização da economia neoclássica por Samuelson e o desenvolvimento de uma teoria neoclássica do crescimento econômico por Solow esgotaram essa linhagem de conhecimento. Quando terminaram, os economistas já haviam começado a explorar a economia e o gerenciamento de recursos de maneiras novas, para as quais o trabalho deles foi apenas uma base. Para Gary Becker, isso significava considerar a nós mesmos como recursos econômicos. Na sua abordagem, corpos, mentes, conhecimentos e relacionamentos eram ativos que administrávamos.

Becker nasceu em 1930. Quando se tornou economista, na década de 1950, os Estados Unidos eram, indiscutivelmente, a maior potência econômica do mundo. A Declaração de Independência do país refletia como o Iluminismo havia começado a transformar a ciência e a filosofia. Com a afirmação de que vida, liberdade e busca de felicidade são direitos inalienáveis, podemos dizer que a ciência econômica é essencialmente estadunidense. Esses ideais do século XVIII pareceram fundamentar a análise econômica de Becker. Ele apresentava as pessoas como tendo muita clareza sobre a natureza de seus objetivos e agindo de forma decisiva para alcançá-los. Perseguindo o bem-estar de maneira implacável, o *Homo economicus* — o homem econômico racional — é beckeriano e tão estadunidense quanto o Tio Sam.

A menção à liberdade nos remete a Hayek, Friedman e, claro, a Chicago, onde Friedman lecionou a disciplina central da pós-graduação em teoria dos preços por muitos anos. Quando se afastou, Becker assumiu a cadeira. Eles compartilhavam a crença de Chicago na economia como um sistema de autoequilíbrio. De certa forma, Becker levou as ideias de Friedman sobre o comportamento individual à sua conclusão lógica. Acreditava que, como atribuímos valor a tudo, podemos usar as ferramentas da análise econômica para entender todo o comportamento humano. Seu trabalho abrangia questões tão diversas como discriminação, educação, crime, vício, casamento, vida familiar, saúde e até mesmo suicídio, a maioria das quais eram anteriormente consideradas fenômenos sociais a respeito dos quais os economistas nada podiam dizer.

Para expandir o escopo da economia dessa forma, seu trabalho às vezes revertia a estrutura usual da análise econômica da escolha. Em vez de especificar objetivos e restrições de recursos para, em seguida, prever um padrão de comportamento, Becker frequentemente começava a partir do comportamento observado e, depois, descobria o que isso implicava sobre a forma dos objetivos das pessoas. Tome o suicídio como um exemplo de comportamento que nunca havia sido realmente considerado em termos utilitaristas. Para Becker, seria racional cometer suicídio quando os custos a ele associados — no mínimo, a dor que sofreremos ao morrer — forem menores do que os custos de continuar vivendo. Trata-se apenas de uma aplicação da análise de custo-benefício utilitarista. No entanto, essa estruturação de como as pessoas poderiam tomar a decisão também significava que poderíamos interpretar o ensinamento tradicional de que o suicídio é um pecado mortal, com a alma da vítima sendo punida após a morte, como algo projetado para afetar esses cálculos e reduzir a taxa de suicídio.

Compreensivelmente, essa abordagem sempre foi polêmica. Embora seguisse os passos de Friedman em alguns aspectos, Becker nunca se envolveu na política e, portanto, só se tornou notório entre os cientistas sociais, que frequentemente o tratavam como um imperialista econômico, o qual havia trazido preconceitos e cultura analítica estranhos para influenciar questões nas quais já existiam ricas tradições de investigação acadêmica, a respeito das quais ele parecia ignorante. Talvez a cautela deles fosse em grande parte ideológica, e Becker fosse simplesmente "muito Chicago" para o gosto do grupo. Mas, ao longo de sua carreira, Becker também se preocupava que o trabalho pudesse ser incomum demais para ser levado a sério por outros economistas. Seus medos só se dissiparam quando ganhou o Prêmio Nobel de Economia de 1992. Essas ansiedades se relacionam com a maneira como ele mudou o que significava pensar como um economista.

Becker teve seu primeiro contato com a economia durante a graduação em Princeton. Mesmo naquela época, já demonstrava a tenacidade e a determinação que caracterizariam sua carreira, publicando trabalhos de graduação como artigos na *American Economic Review*. Em seguida, foi à Universidade de Chicago para seus estudos de pós-graduação. Em meados da década de 1950, nos primeiros anos do movimento pelos direitos civis, sua tese de doutorado analisou os efeitos econômicos da discriminação. Neste trabalho, podemos ver pela primeira vez sua abordagem característica de considerar um problema, aparentemente envolvendo relações socialmente determinadas, e de questionar de que maneira o problema poderia ser tratado como o comportamento de indivíduos racionais e otimizadores.

Becker propôs que poderíamos pensar de forma útil que algumas pessoas tinham um "gosto" pela discriminação. Na tradição da economia neoclássica, ele definia gostos como aquilo que determinava nossas preferências entre alternativas a partir das quais fazíamos escolhas. Ele argumentava que, no caso da discriminação racial contra a minoria afro-americana por membros de outros grupos étnicos, com poder econômico, os grupos maiores e mais privilegiados tolerariam algum grau de ineficiência econômica. Argumentava, ainda, que a população majoritária (branca) optaria por abrir mão de algumas possibilidades de consumo para poder praticar a discriminação. Por exemplo, se a discriminação resultasse em trabalhadores capacitados do grupo minoritário sendo sistematicamente excluídos de alguns tipos de empregos, a produtividade geral da força de trabalho seria reduzida.

Em termos puramente econômicos, a sociedade estaria em pior situação quando houvesse discriminação contra uma minoria.

Para a comunidade afro-americana, que na década de 1950 ainda sofria discriminação generalizada reforçada pela lei em vários estados do sul, Becker argumentava que os efeitos seriam muito maiores. Antecipando alguns de seus trabalhos posteriores sobre decisões a respeito do ingresso no ensino superior, dizia que, como os afro-americanos sabiam que provavelmente enfrentariam discriminação após a graduação, as chances de optarem por ir para a faculdade seriam menores. Isso significava que a parcela dessa população com as habilidades e os conhecimentos que normalmente levariam a empregos bem remunerados seria muito pequena.

Isso era essencialmente uma extensão da análise marshalliana padrão, e estava totalmente alinhada com a tradição de Chicago. A análise previa que os efeitos da discriminação seriam maiores quando o "gosto" pela discriminação fosse forte, e o grupo discriminado, pequeno. Também previa que haveria diferenças na natureza e nos efeitos de diferentes tipos de discriminação. Por exemplo, Becker argumentava que as formas que a discriminação racial contra uma pequena minoria poderiam tomar seriam muito diferentes da discriminação contra as mulheres, que constituíam metade da população. Talvez seja melhor dizer que há uma implicação na análise de Becker, de que devemos esperar ver países com ampla discriminação contra mulheres lutando para possibilitar o desenvolvimento econômico e social.

Para os críticos de Becker em outras ciências sociais, ele demonstrou, mesmo no trabalho inicial, as fraquezas de ver os fenômenos sociais através das lentes da economia. Em especial desde a década de 1950, os movimentos sociais conseguem abordar muitas das fontes mais flagrantes de discriminação. Há diversas evidências de que (pelo menos) em sociedades liberais e democráticas, o comportamento discriminatório se torna muito menos aceitável socialmente. A abordagem de Becker permitia-lhe medir as diferenças nos resultados econômicos entre grupos e atribuí-las ao suposto "gosto" pela discriminação.

Isso o impediu de abordar como a discriminação teria surgido ou como poderia ser superada. Ao típico estilo de Chicago, ele presumia que os gostos eram determinados — embora tenha refinado o que quis dizer com gostos ao longo de sua carreira, levando em conta que a expressão dos gostos mudava ao longo do tempo, com a experiência. O Becker mais velho poderia muito bem ter argumentado que, quando pessoas do grupo majoritário começavam a encontrar pessoas do grupo minoritário, seu conhecimento do grupo mudava, assim como a extensão da discriminação. Uma colaboração entre Becker e Schelling sobre discriminação poderia ter tido resultados interessantes.

Um dos supervisores de doutorado de Becker foi Ted Schultz, que presidiu o departamento de economia de Chicago durante a década de 1950. Schultz começou a carreira no final da década de 1920 como economista agrícola. Na década de 1950, tinha se voltado para a economia do desenvolvimento, analisando como os trabalhadores podiam passar de funções informais e relativamente improdutivas em distritos rurais para funções formais e relativamente produtivas na indústria urbana. Esse também foi o processo da Grande Migração, que levou afro-americanos do sul dos Estados Unidos para as cidades do Meio-Oeste, incluindo Detroit e Chicago. Ao entrar na economia do desenvolvimento, Schultz começou a pensar no papel da educação na formação de capital humano, termo que podemos entender como uma das metáforas mais poderosas da economia, ou então como evidência de que economistas tendem a reduzir a sociedade a uma rede de relações materiais.

Vamos supor que tentemos classificar todas as atividades como lazer ou trabalho. Ler um romance é lazer. Escrever um é trabalho. Mas e quanto a um estudante lendo um livro de economia? Isso parece mais trabalho, exceto pelo fato de que os alunos geralmente precisam pagar para estudar. Schultz percebeu que o estudo era como um investimento, e que o conhecimento que os alunos adquiriam era uma forma de capital: um ativo que poderiam usar em futuros empregos, com o retorno do capital vindo na forma de salários mais altos.

A ideia estava pronta para ser explorada, e, no final dos anos 1950, Becker saiu de Chicago para trabalhar na Columbia com Jacob Mincer, que transformou o conceito de Schultz na pedra fundamental da moderna economia do trabalho. Trabalhando no National Bureau of Economic Research, Becker produziu seu estudo sobre os retornos do capital humano adquirido na educação geral. Curiosamente, embora nunca parecesse ter dúvidas quanto à análise econômica da discriminação, temia que os críticos condenassem a redução da educação a um maior potencial de ganho, e que comparar a educação à formação de capital sugerisse que ele via as pessoas como máquinas.

Os economistas levaram a maior parte do século XIX para entender a natureza do capital em uma sociedade industrial. O capital físico, na forma de fábricas e máquinas, consistia em bens feitos com o propósito de fabricar outros bens. Isso tornava o capital um ativo produtivo. Para os economistas do trabalho, a contrapartida era abstrair-se da complexidade da educação e simplesmente se concentrar em evidências de que a educação gerava conhecimento. Se esse conhecimento fosse economicamente útil, aumentaria a produtividade dos trabalhadores, e os empregadores recompensariam os trabalhadores qualificados pagando-lhes salários mais altos. De certa forma, essa ideia de capital humano estava longe de ser nova. Fazia parte da sabedoria prática da prudência aristotélica.

Becker pegou esse conceito de capital humano e o transformou na pedra fundamental de sua abordagem da economia. Ao definir o capital humano geral, ele foi muito além de pensar nisso como resultado da educação. Observando que, na maioria das funções, os salários aumentavam com a experiência dos trabalhadores, argumentou que a experiência devia, portanto, contribuir para o capital humano, já que parecia estar sendo recompensada.

Ele acreditava que havia diferenças importantes entre vários tipos de capital humano. A educação universitária normalmente formaria capital humano geral, utilizável em qualquer tipo de emprego. A experiência no local de trabalho, que envolvia imersão nas rotinas e práticas de um local específico, não seria tão facilmente transferível. Ao fazer essa distinção, Becker pôde explicar a descoberta de que, à medida que os trabalhadores se aproximavam da aposentadoria, tendiam a receber um pouco menos do que os trabalhadores ligeiramente mais jovens. Embora tivessem maior experiência, em geral passavam menos tempo na educação e, portanto, tinham menos treinamento formal. Isso justificava que recebessem salários mais baixos. Um argumento adicional seria que, se a educação e o treinamento formal eram investimentos, então os trabalhadores mais velhos, em regra, teriam menos anos durante os quais receberiam salários mais altos e, portanto, menos probabilidade de continuarem construindo capital humano. Se também levarmos em conta a atenuação gradual de habilidades e conhecimentos ao longo do tempo, à medida que os corpos mudam e as memórias desaparecem, seria natural que os trabalhadores mais velhos fossem menos produtivos.

A princípio, capital humano foi um conceito útil para reunir o acúmulo de habilidades, conhecimentos e experiências valiosos no trabalho remunerado. Com o tempo, Becker generalizou a partir da ideia inicial. A experiência era basicamente gastar tempo envolvido em determinadas atividades. Adquirimos experiências o tempo todo, por exemplo, quando vamos a um novo restaurante, conhecemos novos vizinhos ou viajamos como turistas para um país que nunca visitamos. Essas experiências mudam nosso comportamento. Mantendo a premissa de Chicago, de que as preferências são constantes, Becker apresentou a ideia de "capital de experiência" para explicar como isso poderia acontecer. O que chamamos de nossas preferências pode ser, em grande parte, o resultado de formar uma ideia do que gostamos a partir de experiências passadas.

Essas contribuições, substanciais para a análise econômica, poderiam parecer suficientes para qualquer carreira, mas Becker estava apenas começando. Há uma história famosa de ele ter se envolvido na análise econômica do crime no final dos anos 1960, quando estacionou o carro ilegalmente, com pressa, a caminho de uma banca de um aluno de doutorado na Columbia. Supostamente, começou a arguição perguntando ao aluno por que ele acabara de se arriscar a receber uma multa de estacionamento.

Também encontrou muitas maneiras de ampliar o trabalho sobre capital humano, sendo um dos mais importantes o estudo da saúde como forma de capital. Poderíamos investir em nossa saúde escolhendo comportamentos que melhoram nosso bem-estar físico e mental, agora e no futuro. Com efeito, tratando a saúde como uma forma de capital de experiência.

O capital de experiência também foi um conceito necessário para o trabalho sobre vícios, que Becker realizou na década de 1980 com seu ex-aluno de pesquisa, Kevin Murphy. Como o consumo anterior afetava os resultados de então defenderam que as pessoas levariam em conta como o consumo presente afetaria os benefícios do consumo futuro. A formação de hábitos ruins ocorreria se duas condições fossem atendidas. Primeiro, o consumo presente da substância viciante deveria ser muito prazeroso. Em segundo lugar, por meio da formação de capital de experiência, deveria reduzir os benefícios futuros do consumo de todos os bens, mas especialmente das alternativas ao bem viciante. Os viciados, então, relatariam diminuição da satisfação e dependência do bem.

O compromisso de explicar o comportamento como resultado de escolhas racionais tendo em vista o futuro, significava que Becker e Murphy viam o vício como o melhor que as pessoas podiam fazer a partir de um ponto de partida muito ruim. Enxergavam os viciados como sendo racionais, dentro do contexto de seu histórico de escolhas de consumo. Podemos comparar isso com a abordagem de Schelling, na qual as pessoas viam o ambiente de maneira muito diferente conforme seu estado mental mudava.

Para Becker, porém, o ápice de sua carreira e o trabalho mais exigente que já empreendeu foi sobre a economia da família. Para desenvolver sua análise, tentou entender a natureza das relações familiares em muitas culturas. Este acabou sendo seu trabalho mais controverso, porque pareceu reduzir relacionamentos sociais complexos a comportamentos racionais e egoístas do ponto de vista econômico. Na abordagem de Becker, as famílias se uniam e permaneciam estáveis quando a participação agregava valor, sendo uma rede de contribuições ao grupo familiar, para todos os membros. Os relacionamentos eram, portanto, essencialmente transacionais, e não havia lugar para o amor ou qualquer outra emoção complexa que todos sentimos por nossas famílias.

Em tal abordagem, as famílias deveriam se dissolver — ou pelo menos alguns membros deveriam sair — se surgisse uma alternativa fora delas que fosse mais recompensadora. Essa é apenas uma forma de enquadrar o problema, antes de aplicar as ferramentas de análise econômica. Para entender o que é uma família, como ela se forma, permanece unida e se separa, precisamos entender muito sobre a sociedade na qual esses grupos se formavam.

Becker, portanto, mergulhou em longas discussões sobre como a especialização de papéis dentro de uma família poderia ter surgido historicamente em muitas sociedades. Ele recebeu muitas críticas ao adotar uma abordagem antifeminista, com um modelo em que um *paterfamilias* tomava todas as decisões, incluindo a alocação de recursos e trabalho para toda a família. Contra essa interpretação, os conservadores sociais criticaram a implicação de que as mulheres teriam maior probabilidade de se divorciar se as oportunidades de mercado de trabalho disponíveis a elas aumentassem, defendendo que o trabalho dava justificativa para o divórcio. No geral, o livro foi uma excelente tentativa de aplicar o raciocínio econômico ao desenvolvimento das relações humanas, e se encaixou bem na tradição liberal na qual as pessoas respondiam com imaginação às escolhas que acreditavam ter.

Grande parte de *Treatise on the Family* [Tratado sobre a família] foi dedicada à criação dos filhos. Como de costume, isso agora parece ser uma parte padrão da economia, mas foi Becker quem primeiro pensou nisso. Se é verdade que, em uma festa em Chicago, Becker anunciou animadamente para o eminente economista trabalhista de Chicago Arnold Harberger que "filhos são como geladeiras", pouco importa. Isso retrata como era

Becker, quando jovem — intenso, motivado e imaginativo. Ele pensava em como usar suas ferramentas favoritas de análise econômica para entender a alocação de recursos em uma situação na qual não poderia haver mercados ou preços. Na abordagem de Becker, os pais tinham a opção entre o consumo imediato e o investimento na capacidade econômica dos filhos, como uma forma de transferência de riqueza entre gerações.

O exemplo mais famoso em *Treatise on the Family* é o "teorema da criança má", que explica a aptidão dos pais de afetarem o comportamento dos filhos por meio de sua capacidade de fazer doações financeiras futuras. O teorema afirma que é possível que a expectativa de heranças futuras leve até mesmo filhos egoístas a escolherem o comportamento que maximiza a renda familiar. Embora tenha sido fácil para outros teóricos econômicos explorarem situações em que o teorema falha, devemos lembrar que, como grande parte do trabalho de Becker, ele estabeleceu possibilidades interessantes para uma exploração mais profunda.

Ganhar um Prêmio Nobel de Economia em geral envolve ter uma ideia simples que transforma a maneira como outros economistas entendem um campo de estudo. A percepção fundamental de Becker foi que, sempre que houvesse uma escolha a ser feita sobre como gerenciar o uso de recursos, poderíamos aplicar insights econômicos. Não estamos restritos a situações em que há preços e mercados. Como esperado, seus primeiros trabalhos sobre discriminação levaram à análise do capital humano, permitindo-lhe pensar nas pessoas como recursos autogerenciáveis. Dentro da economia, isso inicialmente levou a questionamentos sobre por que ele estudava esses problemas. Em outras ciências sociais, sua abordagem pareceu ingênua e ameaçadora ao mesmo tempo.

Essa abordagem econômica do comportamento humano teve possibilidades quase infinitas, chegando até mesmo à paródia, como em *A economia de escovar os dentes*, de Robert Barro. O trabalho de Becker foi uma síntese da tradição da teoria dos preços de Chicago. Na fábula da raposa e do ouriço, Becker era a raposa.

Ele sabia muitas coisas e, portanto, sempre encontrava maneiras de aplicar seu conhecimento de forma diferente.

20
ELINOR OSTROM, A CIENTISTA POLÍTICA
Sistemas para o gerenciamento coletivo dos recursos emergem organicamente

Finalmente, uma mulher.

Com o passar do tempo, à medida que a sociedade mudava, os papéis sociais se tornavam muito menos ligados ao gênero. Quando se opôs à admissão de mulheres em Cambridge, Marshall pareceu antiquado, mas, na época, as mulheres ainda tinham direitos de propriedade limitados e não podiam votar. Podiam pensar em economia — e assim Harriet Taylor, Mary Paley, Elizabeth Boody, Lídia Lopokova, Rose Director, Marion Crawford, Dorothea Pye e Barbara Lewis apareceram como apoiadoras da carreira de seus maridos. Mas escrever a respeito de economia e ensiná-la foi privilégio masculino por muitos anos.

Vimos que Paley, Boody e até Lopokova assumiram papéis fiéis e cuidadosos, prolongando a carreira dos cônjuges. Rose Director e Milton Friedman foram colaboradores ativos em economia política (publicando como Milton e Rose Director Friedman). Dorothea Pye e Herbert Simon trabalharam juntos em pesquisas de psicologia. Barbara Lewis acabou construindo sua própria reputação como historiadora econômica. A mudança social foi gradual. Mesmo em meados do século XX, muitas mulheres concluíam a universidade, se casavam, tinham filhos e se tornavam as principais cuidadoras de suas famílias.

Na economia, Joan Robinson foi a exceção óbvia a essa regra. Embora tenha se casado aos 22 anos, em 1925, e, de maneira bastante convencional, tenha tido duas filhas, ela também foi membro do Círculo de Cambridge de Keynes. Muitos esperavam que ela ganhasse o Prêmio Nobel de Economia em 1975, mas isso não aconteceu, tenha sido por causa de seu gênero ou de simpatias políticas de esquerda. Em vez disso, só em 2009, quarenta anos após a primeira concessão do prêmio, que a Academia Sueca homenageou uma mulher, Elinor (Lin) Ostrom.

Nascida Elinor Awan em Los Angeles no ano de 1933, cresceu em uma família relativamente pobre, mas estudou na Beverly Hills High School, onde muitos alunos eram bem mais ricos. Isso a fez sonhar em ir para a universidade e obter um diploma. Sustentou-se financeiramente durante os estudos de graduação na Universidade da Califórnia em Los Angeles (UCLA, na sigla em inglês) e, então, começou a seguir o caminho convencional. O casamento com um colega da UCLA a levou para Massachusetts, onde descobriu que os empregadores em potencial esperavam que ela soubesse taquigrafia. Então, ela aprendeu, embora nunca tenha usado a técnica no trabalho. Em vez disso, acabou se tornando gerente assistente, em um departamento pessoal — a primeira funcionária da empresa que não era secretária. Foi então que começou a pensar em se candidatar novamente à universidade para fazer doutorado. Seu casamento acabou, como resultado disso, e ela voltou para a Califórnia.

Na UCLA, o departamento de economia se recusou a aceitá-la como estudante de pós-graduação. Tendo sido desencorajada a estudar matemática no ensino médio, ela não tinha o embasamento necessário na matéria para se tornar uma economista acadêmica. Em vez disso, ofereceram-lhe uma vaga no programa de ciência política. Mais tarde, ela descobriu que alguns funcionários ficaram incomodados com a perspectiva de aceitar quatro mulheres (em uma turma de quarenta). Eles expressaram preocupação com o fato de as estudantes terem dificuldade em encontrar um bom emprego após a formatura, e com como isso poderia afetar a reputação do departamento.

Essa experiência de discriminação continuou após o casamento com Vincent Ostrom em 1963, catorze anos mais velho e já professor associado. Depois que ela concluiu o doutorado, em 1965, os Ostrom procuraram uma instituição disposta a contratar o casal. A Universidade de Indiana finalmente concordou, mas Lin Ostrom teve que se contentar inicialmente com a posição precária de professora assistente visitante, contratada por um ano para cobrir necessidades de ensino de curto prazo. Uma posição permanente veio no ano seguinte. Aos poucos, construiu sua reputação. Em 1973, ela e o marido fundaram o Workshop em Teoria Política e Análise de Políticas na Universidade de Indiana. Agora conhecido como Ostrom Workshop, funciona há mais de cinquenta anos e ancora uma rede internacional de colaboração em ciência política.

Quando os Ostrom se casaram, em 1963, Vincent tinha uma reputação substancial por seu trabalho na gestão dos direitos à água no sul da Califórnia, onde a população em constante crescimento havia superado a oferta. A extração rápida da água de aquíferos subterrâneos estava causando danos potencialmente irreversíveis. Por exemplo, na Bacia Ocidental de Los Angeles, cuja gestão se tornou tema da tese de doutorado de Lin, havia o risco de entrada de água salgada, o que tornaria a água inutilizável. Várias cidades ficavam no topo da bacia, e todas tinham direitos de acesso à água. Ela concluiu que cidades menores tendiam a ser gestoras bastante eficazes, pois eram capazes de monitorar o uso da água de forma mais eficiente, mas também davam aos membros da comunidade mais oportunidades de se envolverem com os contratantes que administravam os recursos hídricos. Em toda a região, havia muitas evidências de pessoas apresentando descontentamento ao se mudarem de cidades que administravam mal os recursos. Ela argumentou que a diversidade de fornecimento ajudava a melhorar os resultados.

A pesquisa dos Ostrom demonstrou como uma rede de acordos voluntários emergira para gerenciar recursos compartilhados de forma muito eficaz. Suas descobertas, assim como os argumentos de Schelling sobre como os governos poderiam aprender a cooperar, desafiaram a crença comum, na década de 1950, de que um governo eficaz exigiria autoridade única. Em vez disso, Vincent Ostrom começou a desenvolver o conceito de gestão policêntrica de recursos, na qual poderia haver múltiplos centros de autoridade com responsabilidades sobrepostas.

Em Indiana, Lin Ostrom levou a ideia de gestão policêntrica muito além. A pesquisa inicial focava na eficácia percebida do governo local. Cientes de que as pessoas poderiam ter vieses ao avaliar a qualidade do serviço, sempre que possível, Ostrom e seus assistentes de pesquisa obtinham medidas objetivas, por exemplo, da intensidade da iluminação pública ou do número e tamanho de buracos nas ruas — o que envolvia se agachar nas vias com fitas métricas.

Seu estudo mais importante avaliou a qualidade dos departamentos de polícia. Nos Estados Unidos, existem múltiplas jurisdições policiais, e as organizações têm autoridade sobreposta. Ostrom concluiu que, em uma ampla gama de medidas de serviço, como patrulhamento de ruas, controle de tráfego, atendimento a relatos de incidentes e investigação de crimes, as evidências apontavam para o contrário de organizações maiores serem mais eficientes que as menores. Havia também pouquíssima evidência de que a sobreposição de jurisdições fosse problemática. Instituições policêntricas funcionavam bem para o público.

Esse trabalho estava relacionado às teorias de Hayek sobre como a ordem espontânea poderia emergir, com instituições para a ação coletiva resultando de uma vontade compartilhada de cooperar. Enquanto Hayek acabou mergulhado em especulações jurídicas e filosóficas, Ostrom adotou uma abordagem muito mais empírica, usando experimentos de laboratório para observar como as instituições poderiam surgir e se desenvolver, e comparando os resultados desses experimentos com dados cuidadosamente coletados em campo, garantindo que os resultados da pesquisa fossem extremamente robustos.

Havia também paralelos importantes com o trabalho inicial de Simon sobre a eficiência das organizações do governo local. Enquanto Simon considerava a estrutura institucional como dada e explorava a qualidade da administração do serviço público, Ostrom estava interessada em entender o tamanho da comunidade dentro da qual tipos específicos de instituições poderiam exercer sua autoridade de forma eficaz. O sucesso das estruturas policêntricas confirmava que esse não era o simples problema de otimização que Simon imaginava quando estudante. Em comunidades relativamente grandes, embora uma única organização possa ter a capacidade de fornecer o serviço, o distanciamento da autoridade poderia muito bem levar a falhas substanciais na prestação do serviço. Tal burocracia poderia agir sem se engajar o suficiente com a comunidade que, supostamente, deveria servir, desenvolvendo processos impraticáveis ou defeituosos que não atendiam às necessidades locais, de modo que, no fim, a autoridade pública perderia parte de sua legitimidade.

O trabalho de Ostrom também ia contra uma interpretação restrita da teoria dos jogos, na qual as pessoas buscavam interesses egoístas estritamente definidos, aparentemente alheias a objetivos socialmente desejáveis. Em economia experimental, o equivalente ao dilema do prisioneiro é o "jogo de contribuição voluntária", no qual há muitos jogadores que precisam escolher entre agir de forma cooperativa ou egoísta. Entre os agricultores de um país em desenvolvimento, a cooperação poderia envolver dar um tempo na produção para reparar um reservatório e limpar valas de irrigação. Todos os agricultores se beneficiariam dos esforços dos outros, mas nenhuma penalidade seria imposta aos preguiçosos. Se apenas um agricultor permanecesse em seus campos, enquanto o resto da comunidade fazia o trabalho, ele dificilmente veria qualquer redução em seu acesso à água. Tal "carona" certamente o deixaria em melhor situação do que se tivesse se juntado ao trabalho comunitário. O problema seria que, o que seria verdade para um único agricultor, seria verdade para todos eles. O interesse próprio levaria à preguiça e à perda gradual do sistema de irrigação.

Havia um argumento relacionado que se tornou amplamente aceito após a publicação do artigo de Garrett

Hardin de 1968, "A tragédia dos comuns". Hardin afirmava que o egoísmo das pessoas sempre impediria a cooperação. Definiu "os comuns" da mesma forma que Ostrom definiria, mais tarde, o termo *common pool*: como os recursos de propriedade conjunta de muitas pessoas. O exemplo de Hardin sobre direitos de pastagem tinha a mesma lógica do problema de irrigação. Como qualquer fazendeiro poderia soltar seus animais para pastar em terras comuns, todos o fariam. Hardin argumentava que o interesse próprio degradaria gradualmente os comuns, até que se tornassem inutilizáveis.

Parecia haver muitas evidências reforçando o argumento de Hardin. Ao longo de séculos, em toda a Europa, terras que eram mantidas em comum, com acesso liberado a todos, gradualmente se tornavam propriedade privada. Com a formalização dos direitos de propriedade, os agricultores que queriam usar a terra precisavam arrendá-la. Os proprietários pareciam ter incentivos muito mais fortes para cuidar dos recursos do que as muitas pessoas que tiveram a chance de usá-los antes.

Vemos problemas semelhantes com a pesca marinha. Como os peixes podem viajar grandes distâncias no mar, a pesca pode ocorrer em quase qualquer lugar. Hardin argumentava que ninguém teria incentivo para preservar esses recursos, sendo a sobrepesca o resultado quase inevitável. A única alternativa seria o governo fornecer a estrutura necessária para impedir que o comportamento racional, mas egoísta, destruísse o recurso comum do grupo.

Ostrom se opunha à afirmação de que os direitos de propriedade só poderiam existir formalmente, na lei, em vez de serem o resultado de costumes e práticas. Com base em seus estudos de doutorado sobre o gerenciamento de recursos hídricos na Califórnia, encontrou muitos exemplos de sistemas estáveis de gerenciamento dos direitos de água e pastagem, todos administrados por comunidades que compartilhavam o acesso aos recursos. Muitas vezes, tais sistemas de gestão persistiam por séculos. Esses exemplos demonstravam que, no mínimo, não havia necessidade de o gerenciamento dos comuns ser falho. Por esse motivo, Ostrom gostava de falar sobre a "tragédia dos comuns", na qual poderia haver um fracasso terrível, mas também um sucesso jubiloso.

Em experimentos de laboratório, Ostrom tentava entender exatamente o que era necessário para tornar a cooperação efetiva. Ela concluiu que havia apenas um design experimental em que a tragédia dos comuns acontecia: as pessoas precisavam ser usuárias isoladas e anônimas de um recurso. Isso talvez fosse um problema com a pesca marinha, já que o barco poderia viajar até a metade do mundo para explorar um recurso em águas internacionais, que não têm proteção legal.

No entanto, os resultados experimentais mostravam que o simples fato de permitir que os participantes conversassem entre si mudava seu comportamento, abrindo canais para a cooperação. Descobriu-se que os participantes dos experimentos se comportavam da mesma maneira que Schelling concluiu que os governos fariam. Se pudessem ver que compartilhavam um problema, tendiam a encontrar maneiras de trabalhar juntos para resolvê-lo. Adam Smith não teria ficado surpreso. Mais uma vez, as pessoas se revelaram animais sociais que tendem a negociar e trocar, trabalhando juntas para resolver problemas.

Para Ostrom, a gestão de recursos exigia um conjunto de regras que limitava o uso de um recurso sem esgotá-lo. Em muitas das comunidades agrícolas onde ela ainda encontrou o manejo comunal da terra sendo praticado, havia uma forte conexão entre os agricultores e a terra, com muitos agricultores esperando que o padrão de cultivo continuasse após sua morte. Como resultado, cada geração aceitava a responsabilidade de administrar os recursos e passá-los para as gerações seguintes. Em geral, para gerenciar esses recursos de forma eficaz, o número de usuários precisava permanecer estável, e as regras especificavam como os direitos de usuário poderiam ser legados em caso de morte. Nessas práticas, víamos uma aplicação da compreensão medieval de que a propriedade da terra deveria ser condicionada ao uso adequado.

Muitas variáveis que afetavam a forma e a eficácia das regras de manejo estavam fora do controle da comunidade. Isso poderia incluir a história política da comunidade e a natureza do sistema jurídico do país em que estava localizada, especialmente no que dizia respeito aos direitos sobre a terra. Práticas e crenças religiosas também poderiam ser importantes. Além desses fatores sociais, a natureza do recurso, a facilidade com que ele poderia se repor e a incerteza quanto a essa capacidade também seriam fatores importantes no projeto de um sistema de manejo.

Ostrom reuniu todos os elementos de sua pesquisa em uma estrutura geral para análise e desenvolvimento institucional, composta por seis princípios. Embora tenha sido importante para economistas, essa ferramenta para entender a gestão de recursos estava baseada na ciência política. Seu propósito era entender melhor como as comunidades encontravam maneiras distintas de administrar os recursos. Ela demonstrava que, apesar da diversidade de tipos de recursos e sistemas de manejo, sistemas estáveis tinham muitas características compartilhadas (que tendiam a estar ausentes em outros).

Em primeiro lugar, o recurso comum seria bem definido. Normalmente, isso significava especificar tanto a área a ser manejada quanto quem teria direitos de acesso a ela. Em segundo lugar, havia uma gestão participativa, que dava voz a todos os usuários. Era importante que houvesse um processo pelo qual os usuários pudessem concordar com os acordos de gestão, em especial se precisassem se adaptar a mudanças nas condições externas. Por exemplo, na gestão de um recurso hídrico, se houvesse acordo prévio sobre como restrições adicionais poderiam ser colocadas durante uma seca, os usuários teriam maior probabilidade de aceitá-las.

Isso nos leva à questão de como melhor monitorar o comportamento. O terceiro princípio era que provavelmente haveria um monitoramento extensivo, com monitores responsáveis por toda a comunidade. O monitoramento quase sempre pressupunha penalidades por violação das regras, mas o quarto princípio era que tais penalidades geralmente seriam sociais, com as penalidades econômicas, como multas, pequenas demais para impedir violações das regras. Também precisaria haver a oportunidade para os participantes contestarem as decisões dos monitores. Isso remete ao quinto princípio, de que haveria um fórum onde as disputas pudessem ser discutidas e resolvidas — e que, assim como a definição de regras, esse fórum deveria envolver a comunidade em geral. Por último, em vez de impor uma estrutura formal e rígida para o uso do recurso, o sexto princípio era que os participantes deveriam poder trabalhar juntos em grupos informais.

Neste trabalho, Ostrom complementou a adaptação de Oliver Williamson dos argumentos de Coase sobre a natureza da firma, pela qual ele ganhou o Prêmio Nobel de Economia com Ostrom. Williamson analisou como a atividade econômica ocorria em mercados, por meio de troca voluntária, ou em hierarquias, permitindo o comando de recursos. Ostrom argumentava que o surgimento de instituições que permitiam que as pessoas cooperassem lhes permitiria alcançar resultados que não poderiam alcançar sozinhas. Como Schelling já havia demonstrado, essa cooperação e negociação eram um terceiro tipo de gerenciamento de recursos, que complementava os mercados e as hierarquias de Williamson.

De forma mais ampla, Ostrom nos deu de maneira efetiva uma teoria da emergência do governo. Deixemos de lado a questão de quais serviços exatamente os governos deveriam fornecer. Em sociedades democráticas, os cidadãos aceitam uma perda de autonomia que permite aos governos o fornecimento de muitos serviços. A capacidade dos governos de fornecer serviços depende da disposição dos cidadãos para pagar impostos. Tal capacidade desapareceria se as pessoas seguissem a estratégia estritamente racional de sonegar impostos e começassem a se aproveitar do sistema.

Podemos pensar no governo como algo que satisfaz os princípios de projeto que Ostrom desenvolveu para o gerenciamento de recursos. Cada país tem um governo e um sistema tributário com características únicas, resultado de seu desenvolvimento histórico e de muitos outros fatores externos. As fronteiras de um país são bem definidas, e a cidadania ou residência é a base para que as pessoas tenham acesso a serviços (e a obrigação de pagar impostos). Os apelos ao patriotismo dentro de um país — talvez de forma mais óbvia quando um governo busca incentivar a poupança compulsória para financiar uma guerra — enfatizam a expectativa de que o país sobreviverá à geração atual. Os governos também estabelecem um monitoramento substancial da conformidade fiscal, e a dimensão relativa das sanções depende da gravidade atribuída a qualquer violação — embora poucos governos confiem apenas em sanções sociais, em vez de em multas e até em prisão, para punir a evasão fiscal. Em estados democráticos, os governos são constituídos por representantes eleitos, que podem ser destituídos se forem vistos como falhos na gestão do recurso comum. Podemos pensar nas eleições como o processo pelo qual a população do país concorda com mudanças nas regras para administrá-lo.

Normalmente, aplicamos a metáfora da mão invisível aos mercados, explicando que não precisa haver uma mente central que decida quanto deve ser produzido e a que preço será vendido. A interação de muitos compradores e vendedores será suficiente para estabelecer a ordem, dando a impressão de um projeto. O trabalho de Ostrom deve nos lembrar que todo mercado é uma instituição social complexa. Compradores e vendedores precisam ser capazes de se encontrar, se comunicar e decidir os termos de suas transações.

Ostrom estava interessada em descobrir como as pessoas poderiam administrar situações em que a cooperação seria benéfica para todos, desde que pudesse ser mantida. Talvez o mais importante para os economistas seja que ela tenha descoberto que a maioria das pessoas está disposta a trabalhar em conjunto. Os princípios que Ostrom estabeleceu parecem óbvios de várias maneiras. Têm o efeito de restringir demandas excessivas, ao mesmo tempo que fornecem direitos iguais de acesso. Baseando-se na temperança, prudência e justiça, nos permitem entender mais sobre o processo pelo qual as instituições sociais de Hayek podem ter surgido, e são consistentes com a filosofia social de *Teoria dos sentimentos morais* de Smith.

21
DANIEL KAHNEMAN E AMOS TVERSKY, DOIS PSICÓLOGOS
Como os processos de tomada
de decisão têm falhas previsíveis

No campo da economia, duas cabeças quase sempre pensam melhor do que uma. Grandes ideias tendem a surgir do trabalho em equipe. Mesmo assim, a parceria entre os psicólogos Daniel Kahneman e Amos Tversky foi excepcional. Em primeiro lugar, foi longeva, durando mais de 25 anos e só terminando com a morte de Tversky em 1996. Em segundo, foi imensamente produtiva no estabelecimento da economia comportamental moderna. O trabalho dos dois rendeu a Kahneman o Prêmio Nobel de Economia em 2002 (se Tversky estivesse vivo, sem dúvida teriam compartilhado o prêmio). A relação de trabalho era tão próxima que, assim como Lennon e McCartney, nem sempre ficava claro quem havia feito o quê.

Na economia comportamental, a informação é um recurso, e a tomada de decisão é dispendiosa. A explicação da dupla da tomada de decisão tem muito em comum com a compreensão de Herbert Simon de que o comportamento é racional quando segue um processo padronizado, economizando no uso de informações. Mas a economia comportamental diverge do pensamento de Simon ao defender que as pessoas falham de forma sistemática em aplicar os processos mentais corretamente devido aos atalhos que tomam ao processar informações.

Como psicólogos, Tversky e Kahneman sabiam que, embora nossos cérebros sejam maravilhosos de muitas maneiras, ainda são imperfeitos. Evoluíram para serem muito eficazes na interação com o ambiente que nossos ancestrais enfrentaram, mas muito menos eficazes quando começamos a lidar com os problemas típicos de uma sociedade moderna. As fraquezas na tomada de decisão que psicólogos e economistas comportamentais identificaram resultam do fato de as pessoas superestimarem a importância de qualquer coisa que possam lembrar ou reconhecer imediatamente.

Quando encontraram evidências de que a forma como a informação era apresentada afetava as decisões, Kahneman e Tversky não afirmaram ter encontrado evidências de que somos irracionais. Apenas concluíram que haviam encontrado ainda mais evidências de vieses generalizados no processamento de informações. Kahneman explicou como esses vieses poderiam surgir em sua autobiografia intelectual, *Rápido e devagar: duas formas de pensar*. Ele sugeriu que tomávamos a maioria das decisões usando processos do que chamou de Sistema 1, que estão "sempre ligados" e, portanto, são usados por padrão. Entretanto, tomávamos algumas decisões usando um sistema alternativo, o Sistema 2, no qual a tomada de decisão envolve pensamento consciente.

O pensamento do Sistema 1 é rápido, intuitivo e usa pouquíssima informação. Significa seguir nossos instintos. Esse sistema gerencia respostas inconscientes ao nosso ambiente, como cuspir comida muito quente quando está queimando nossa boca, e atividades rotineiras como estacionar um carro. Para atletas de elite, permitir que o Sistema 2 se envolva na tomada de decisão pode prejudicar muito o desempenho. Ele é muito lento e exige muitos recursos mentais para ser eficaz em um contexto altamente competitivo, no qual a velocidade da tomada de decisão é crucial. O Sistema 2 é muito melhor para um mestre de xadrez ou um engenheiro que calcula a carga que uma viga precisará suportar. Isso torna o Sistema 2 uma parte importante do que significa ser humano. Mas, normalmente, ele fica na reserva, e decidimos ativá-lo quando somos alertados para algo novo na decisão que estamos tentando tomar, o que nos faz pensar que superará o Sistema 1.

Esse sistema dual de tomada de decisão tem fraquezas sistêmicas. Suponha que você esteja usando o Sistema 1 e tomando decisões rápidas, das quais mal está consciente. Imagine que haja uma mudança sutil em seu ambiente e que, se já tivesse engajado ao Sistema 2, você o usaria agora. Mas, como está usando o Sistema 1, pode não haver um sinal que o avise para usar o Sistema 2, e assim você continua usando o 1. Isso nos ajuda a entender o trabalho inicial de Kahneman e Tversky.

Desde o início dos anos 1970, os dois começaram a usar o termo "heurística" para as regras de tomada de decisão que presumiam que as pessoas precisariam usar. Essas heurísticas baseavam-se na crença de que, quando encontravam informações, as pessoas tentavam adaptá-las à situação que pensavam estar enfrentando, além de usar as informações que lhes eram mais fáceis de usar. Com isso, projetaram experimentos nos quais o uso de heurísticas como parte do pensamento do Sistema 1 poderia enganar as pessoas. Quando os experimentos funcionavam, eles tinham evidências de viés na tomada de decisão.

Primeiro, definiram a heurística da representatividade como uma tendência a buscar a estrutura esperada na informação. Em um experimento inicial, pediram aos pesquisadores que fizessem julgamentos intuitivos sobre problemas, todos solucionáveis aplicando conceitos estatísticos simples, amplamente usados em pesquisas. Os participantes do experimento pareciam esperar que as propriedades estatísticas de um pequeno grupo de observações fossem muito semelhantes às de toda a população da qual foram extraídas. Por exemplo, vamos pensar em uma moeda jogada repetidas vezes. Em uma sequência muito longa, esperaríamos que o número de caras e coroas fosse aproximadamente igual. Mas ficaríamos muito surpresos se caras e coroas apenas se alternassem. Essa sequência não pareceria aleatória.

E quanto a uma sequência curta de dez lançamentos de moeda? Pode parecer que uma sequência de cinco caras seguidas de cinco coroas (CaCaCaCaCaCoCoCoCoCo) é menos provável de ocorrer do que observar alguma sequência específica como CaCoCoCaCaCoCaCaCoCo. No entanto, essa intuição está errada. Um momento de reflexão sobre as propriedades estatísticas de uma sequência de lançamentos de moeda deveria ser suficiente para convencer os pesquisadores participantes do experimento que toda sequência possível era igualmente provável. Esse é um dos resultados básicos da teoria da probabilidade.

Para Tversky e Kahneman, a tendência dos profissionais em esperar que uma pequena amostra se parecesse com a população inteira em miniatura foi a primeira evidência de que a confiança em heurísticas poderia causar vieses na tomada de decisão.

Embora pareça ter pouca importância prática, esse resultado levou Tversky e Kahneman a explicarem como podemos ser enganados por informações. Seu experimento clássico de 1983 começou fornecendo esta informação: "Linda tem 31 anos, é solteira, franca e muito inteligente. Ela se formou em filosofia. Quando era estudante, preocupava-se profundamente com questões de discriminação e justiça social, e participava de manifestações antinucleares."

Então, eles fizeram esta pergunta: "O que é mais provável? 1) Linda é caixa de banco ou 2) Linda é caixa de banco e ativa no movimento feminista."[2]

---

[2] Certamente diz algo sobre como nossas mentes funcionam o fato de que, quando planejei incluir esse experimento, me lembrei que Linda era bibliotecária. Minha memória editou a informação dada aos participantes para que fosse totalmente consistente. A informação fornecida talvez tivesse a intenção de fazer os participantes pensarem que era improvável que Linda tivesse escolhido trabalhar em um banco. Mas, às vezes, a necessidade urge, e talvez essa tenha sido a melhor opção disponível. Para dar um contexto, o ano de 1983 estava no meio do período de maior desemprego nos Estados Unidos desde 1945, de modo que muitos jovens graduados simplesmente tinham de se contentar com quase qualquer emprego. Também é possível que Linda, ao se formar na faculdade em 1974, assim que o presidente Nixon renunciou, tenha votado em Jimmy Carter em 1976 e, depois, em Ronald Reagan em 1980, enquanto abandonava suas preocupações juvenis. Ao se tornar mais conservadora em seus vinte anos, ela teria seguido o mesmo caminho de Friedman e Hayek.

O problema é que lemos o texto e estamos prontos para classificar Linda como uma ativista feminista. Queremos que nossa descrição de Linda seja representativa da informação que nos foi dada. Sempre que um exemplo como esse é usado, a maioria das pessoas, incluindo cientistas que usam estatística regularmente em suas pesquisas, acha provável que Linda seja uma caixa de banco feminista. No entanto, não pode haver tantas caixas de banco que também sejam ativistas feministas quanto caixas de banco em geral. Embora seja plausível que Linda seja caixa de banco e ativista feminista, a combinação não pode ser mais provável do que ela simplesmente ser caixa de banco. Mais uma vez, nosso julgamento nos leva ao erro, e vemos o que queremos ver.

Além da representatividade, Kahneman e Tversky definiram uma heurística da disponibilidade. Eles relacionaram isso à facilidade de lembrar as informações fornecidas aos participantes no início de um experimento. Kahneman concluiu, então, que era mais útil pensar que a informação estava acessível quando ela era fácil de usar. Independentemente de como explicamos suas descobertas, eles encontraram muitas evidências de que a forma como as pessoas encontram a informação afeta sua acessibilidade. Muitos bons professores entendem isso e, por esse motivo, pensam cuidadosamente em como tornar o material facilmente compreendido, com muitos exemplos memoráveis.

A acessibilidade é muito importante para fazer escolhas. Se você decide ir a um restaurante, pode escolher o primeiro que encontrar, aquele que frequentou na semana passada ou um onde teve uma experiência muito boa recentemente. Mentalmente, todos são acessíveis, mas de maneiras diferentes. Isso torna a acessibilidade uma ferramenta muito útil, embora imperfeita, para tomar decisões com o mínimo de informações. Isso se baseia no pensamento de Simon sobre a racionalidade limitada e no conceito de ponto focal de Schelling. Em seu jogo da Grand Central Station, dava às pessoas um problema de coordenação em que faltavam informações importantes. Ele descobriu que as pessoas podiam resolver o problema identificando informações que seriam acessíveis a todos. Representatividade e acessibilidade parecem ser importantes para explicar a rapidez e a facilidade do pensamento do Sistema 1.

A forma como a informação é apresentada afeta sua acessibilidade, e isso tem muitas implicações para as escolhas que tendemos a fazer. A abordagem de otimização da escolha racional nos leva a pensar no conteúdo, e não na apresentação, da informação — outro legado do ensaio de Friedman, *Methodology* [Metodologia]. Em uma série de experimentos, Tversky e Kahneman demonstraram como o uso da linguagem poderia afetar nossa disposição para comprometer recursos.

No mais conhecido deles, realizado em 1981, pediram às pessoas que pensassem no desenvolvimento de um tratamento para uma nova doença. Em ambas as versões do problema, eles enfatizaram que, sem o tratamento, seiscentas pessoas morreriam, e descreveram dois programas governamentais destinados a combater a doença.

Na primeira versão, a escolha era entre um programa que salvaria duzentas vidas e outro que tinha uma chance em três de salvar todas as seiscentas vidas. Na segunda versão, a escolha era entre prevenir mortes: ou a prevenção garantida de duzentas mortes, ou a chance de um em três de prevenir seiscentas mortes.

Na primeira versão, uma clara maioria (72%) preferiu o programa que certamente salvaria duzentas vidas. Na segunda versão, uma parcela ainda maior (78%) preferiu o programa com uma chance em três de prevenir seiscentas mortes.

A única diferença entre os dois cenários estava na formulação do problema com linguagens diferentes. Falar em "salvar vidas" ou "prevenir mortes" mudava as decisões que as pessoas tomavam. Para muitos participantes, parecia melhor ter certeza de salvar algumas vidas, enquanto para outros parecia melhor arriscar-se a prevenir todas as mortes. Esse experimento foi replicado muitas vezes — inclusive durante a pandemia de covid-19, que pode até ter levado a uma mudança de foco de "salvar vidas" para "prevenir mortes" em algumas mensagens públicas. Os experimentos sugerem uma tendência das pessoas a preferirem benefícios certos, mas tolerarem riscos para limitar perdas.

A descoberta de que a formulação dos problemas afetava a tomada de decisão levou Kahneman e Tversky a proporem que, ao enfrentar um ambiente incerto, as pessoas podem tentar evitar perdas, em vez da própria incerteza. Com a compreensão deles sobre heurísticas de escolha, essa percepção embasou o trabalho pelo qual Kahneman ganhou o Prêmio Nobel de Economia.

Para introduzir a questão, precisamos voltar a um jantar realizado em Paris em 1951. Durante um simpósio sobre a teoria da decisão, o economista francês Maurice Allais ofereceu um pequeno entretenimento aos convidados. Na verdade, queria testar se os experientes tomadores de decisão no simpósio reconheceriam o padrão entre duas descrições de uma escolha — antecipando o papel do enquadramento que Kahneman e Tversky desenvolveriam trinta anos depois.

Allais pediu ao seu público que declarasse de qual situação preferia participar: A1) uma chance de 100% de 100 milhões de francos ou A2) uma chance de 89% de 100 milhões de francos, 1% de chance de nada e 10% de chance de 500 milhões de francos.

Em seguida, apresentou um segundo par de situações, novamente pedindo aos convidados que dissessem de qual preferiram participar: B1) uma chance de 89% de nada e 11% de chance de 100 milhões de francos ou B2) uma chance de 90% de nada e 10% de chance de 500 milhões de francos.

Naquela época, 100 milhões de francos valiam cerca de 250 mil dólares, então os números que Allais escolheu eram bem altos, talvez para garantir que todos levassem as decisões a sério. Pense nessas alternativas por um momento antes de continuar lendo, e decida o que você teria escolhido.

Se você escolheu A1 e B2, expressou as mesmas preferências que muitos convidados do simpósio. Para Allais, esse foi um resultado muito positivo. Ele estava lidando com pessoas familiarizadas com a análise matemática de utilidade esperada, de von Neumann e Morgenstern, que exigia que as pessoas se concentrassem apenas nas diferenças entre as situações que podiam enfrentar. Ele havia deliberadamente tornado isso difícil de fazer.

Na escolha entre participar da situação A1 ou da situação A2, havia 89% de chance de ganhar 100 milhões de francos. Considerando as situações B1 e B2, havia 89% de chance de não ganhar nada. Extraindo esses elementos comuns, as diferenças podem ser escritas da seguinte forma: C1) uma chance de 100% de 100 milhões de francos, ou C2) uma chance de 9% de não ganhar nada e uma chance de 91% de ganhar 500 milhões de francos.

De acordo com a teoria da utilidade esperada, os elementos comuns nas loterias A1 e A2 não deveriam afetar as escolhas. Nem deveriam os elementos comuns nas loterias B1 e B2. Se soubéssemos qual escolha alguém faria entre a loteria C1 e a loteria C2, poderíamos prever as escolhas nas outras situações. As pessoas deveriam escolher a loteria 1 em todas as três situações, A, B e C, ou então escolher consistentemente a loteria 2. A escolha mais comum, A1 e B2, era, portanto, uma anomalia, que rapidamente ficou conhecida como paradoxo de Allais. Para Kahneman e Tversky, isso era mais uma evidência de como os efeitos de enquadramento afetavam a tomada de decisão. Quando começaram a definir a teoria do prospecto (sua explicação comportamental da escolha sob risco), eles partiram de uma versão do paradoxo de Allais — podemos, claro, pensar nisso como uma forma de enquadramento para tornar as ideias dessa dupla de psicólogos mais aceitáveis para os economistas.

Eles enfatizaram o papel da aversão a perdas e argumentaram que havia evidências experimentais de que as pessoas sentiam as perdas com mais intensidade do que os ganhos — como regra geral, sugeriam que a dor de perder determinada quantia era cerca de duas vezes o prazer do ganho equivalente. Argumentavam que as pessoas tendiam a preferir ganhos certos a apostas com o mesmo valor esperado, mas preferiam apostar para evitar uma perda certa. Pensar em perdas e ganhos possibilitou a eles que se referissem à formulação das escolhas, enfatizando que as pessoas em geral estariam interessadas nas mudanças em relação a algum nível de referência de riqueza.

Isso, então, lhes permitiu interpretar o paradoxo de Allais no que dizia respeito à formulação dos dois problemas. Havia um ganho certo de 100 milhões de francos na alternativa A1, e, mesmo na alternativa A2, o resultado mais provável era um ganho de 100 milhões de francos. Ao ler o problema, poderíamos pensar que os participantes viam o ganho de 100 milhões como sua riqueza de referência. Eles, logo, poderiam escolher entre receber a riqueza de referência e a aposta na qual poderiam sofrer uma perda evitável, ou então desfrutar de um ganho substancial. Muitas pessoas preferiram a certeza de A1.

Na alternativa B1, não havia uma riqueza de referência para determinar a escolha. Isso tornava a escolha relacionada a diferentes combinações de ganhos e probabilidades. Para muitas pessoas, a pequena redução na probabilidade de ganhar o prêmio muito maior em B2 parecia valer a pena.

Eles definiram a teoria do prospecto para explicar por que as pessoas nem sempre se comportavam de acordo com os princípios estabelecidos na formulação matemática da teoria econômica. A teoria da utilidade esperada era um dos pontos altos dessa abordagem. Desde seu desenvolvimento por Von Neumann e Morgenstern, ela teve muitos críticos, sendo Simon e Hayek dois dos mais proeminentes. Com o desenvolvimento da economia comportamental, Kahneman e Tversky reuniram grande parte dessas críticas ao enfatizarem a importância de compreender como descrevemos as escolhas e como as fazemos de forma rápida e intuitiva, usando a informação mais acessível. Sua teoria da tomada de decisão pretendia refletir as habilidades cognitivas com as quais tínhamos sido dotados através de processos de evolução e talvez também de socialização.

Cometeremos erros frequentes na maneira como lidamos com a informação. Se esses erros forem óbvios, então os corrigiremos. No entanto, existem muitas situações em que a natureza dos erros não será óbvia. Por exemplo, escolhas alimentares podem levar ao ganho de peso e, em algum momento, à obesidade, aumentando a probabilidade de problemas de saúde mais tarde. Schelling explorou o problema em termos de interesses conflitantes, enquanto para Becker se tratava de desenvolver nosso capital humano e, assim, formar hábitos. Enquanto Schelling acreditava ser necessário desenvolver estratégias para que nossos interesses de longo prazo predominassem, para Becker os hábitos eram difíceis de quebrar devido à forma como se formavam. Na economia comportamental, quebrar hábitos provavelmente envolveria o pensamento do Sistema 2 e uma reformulação substancial do problema. Sem surpresa, a abordagem comportamental estava mais próxima do pensamento de Schelling do que do de Becker.

Isso nos leva ao trabalho de Richard Thaler, um dos primeiros economistas a reconhecer a importância do trabalho de Tversky e Kahneman, e que ganhou o Prêmio Nobel de Economia em 2017. Thaler construiu uma considerável reputação pública com seu livro *Nudge: como tomar melhores decisões sobre saúde, dinheiro e felicidade.* Trabalhando com Cass Sunstein, professor de direito, Thaler argumenta que, ao fazerem pequenas mudanças na forma como as pessoas encontram informações, as autoridades públicas podem ajudá-las a tomar decisões mais eficazes. Um exemplo muito simples, que Thaler e Sunstein costumam usar, é quando um restaurante de um local de trabalho coloca saladas e pratos vegetarianos nos primeiros lugares vistos pelas pessoas — e os mais fáceis de se alcançar. À medida que passam pelo serviço de alimentação, mais clientes escolherão essas opções. A abordagem tem sido muito bem-sucedida em alguns aspectos, embora o debate continue sobre ser ou não aceitável que as autoridades públicas orientem os tomadores de decisão a respeito das informações de que possam necessitar. Indiscutivelmente, isso reduz a autonomia individual na tomada de decisões.

Na economia comportamental, a informação é um recurso que devemos gerenciar. Ela pressupõe que os processos intuitivos de tomada de decisão correspondem às nossas capacidades cognitivas. Isso nos permite tomar decisões rapidamente e com pouquíssima informação, mas esses processos possuem fragilidades importantes. Podemos ser persuadidos não apenas por um grande volume de fatos, mas pela forma perspicaz como são apresentados.

22
ROBERT LUCAS, O IDEALISTA
Removendo todas as tendências keynesianas da macroeconomia

Ao se basear na economia monetária de Milton Friedman, Robert Lucas, finalmente, deu à macroeconomia um sotaque de Chicago. Convencido de que o comportamento econômico era tipicamente racional, ele desempenhou um papel fundamental no desenvolvimento da Nova Economia Clássica. A partir do início dos anos 1970, esse movimento desafiou com sucesso o que havia se tornado a ortodoxia keynesiana estadunidense. Na década de 1980, as ideias radicais da década anterior haviam se tornado amplamente aceitas. Como resultado, a influência de Lucas permeia quase toda a macroeconomia atual. Com suas raízes em Chicago e seu compromisso em tratar o comportamento como racional, o trabalho de Lucas foi um complemento natural para a análise econômica do comportamento humano feita por Becker.

Esse compromisso com a racionalidade indicava que ele tinha pouco apreço pelos argumentos de Keynes, em *A teoria geral*, sobre certos preços, principalmente os salários, demorarem muito para se ajustar às mudanças nas circunstâncias econômicas. Sua crença na flexibilidade de preços também o levou a rejeitar a abordagem keynesiana estadunidense de gestão da demanda, na qual os governos poderiam ajustar gastos e tributação para controlar o desemprego e a inflação, ao mesmo tempo incentivando o investimento privado necessário para possibilitar o crescimento econômico. Sendo um conservador adepto de um governo enxuto, ele era muito cético em relação aos economistas que ingressavam no serviço público. Respondeu a perguntas sobre o que faria caso se tornasse presidente do Conselho de Assessores Econômicos do Presidente dos Estados Unidos de forma bem simples: "Pediria demissão."

Nascido no estado de Washington em 1937, Lucas cresceu em Seattle. Escrevia com muito carinho sobre os pais, com quem trocou cartas regularmente até a meia-idade. Quando ainda era bebê, o negócio da família faliu. O pai voltou a trabalhar nos estaleiros de Seattle, mas acabou administrando a própria empresa de engenharia. A mãe também trabalhava em casa, como artista comercial na indústria da moda, enquanto cuidava de seus três filhos. As experiências dos pais fizeram deles democratas do New Deal, e, quando jovem, isso parecia perfeitamente razoável para Lucas. Seu conservadorismo político posterior se desenvolveria a partir de sua economia.

Em 1955, Lucas decidiu que sairia de casa para completar sua educação — e com a Universidade de Chicago oferecendo-lhe uma bolsa de estudos, foi para lá. Caso contrário, teria sido MIT e engenharia. Assim como na década de 1930, quando Samuelson e Simon eram estudantes de graduação, a universidade insistia que a maioria de seus alunos se engajasse em um currículo amplo baseado em grandes livros, e Lucas percebeu-se cativado pelos argumentos da filosofia clássica que sustentavam o pensamento político e social moderno. Seu curso de graduação foi em história, e, segundo ele, enquanto estava em Chicago, começou a imaginar as possibilidades excitantes de uma carreira na qual perseguiria "interesses intelectuais e escreveria sobre eles". Nesse estágio, embora pudesse sentir a importância da economia, não tinha nenhum treinamento formal nela.

Ao conseguir uma bolsa de doutorado Woodrow Wilson, ele foi para Berkeley, onde cursou história econômica com Carlo Cipolla e David Landes, especialistas no papel dos fatores culturais e sociais no desenvolvimento econômico, especialmente na Europa antes da Revolução Industrial. Mesmo com o apoio desses grandes estudiosos, os economistas de Berkeley não o aceitaram como aluno — assim como Ostrom, ele carecia de habilidades matemáticas. Então, em 1960, ano em que votou em Kennedy, não em Nixon, em uma eleição presidencial muito disputada, ele e a esposa voltaram para Chicago, onde Lucas se tornou estudante de pós-graduação em economia.

Em preparação para seus estudos, ele seguiu a recomendação de Kenneth Boulding em *Análise Econômica*, de que *Fundamentos* de Samuelson era "o livro mais importante em economia". Após se aprofundar nos primeiros quatro capítulos, à medida que começava a entender a estrutura teórica criada por Samuelson, percebia que tinha a mesma idade do autor quando ele escreveu *Fundamentos*. De repente, surgiu a perspectiva atraente de fazer algo comparável quase que instantaneamente. De valor prático mais imediato, a leitura daquele verão garantiu que Lucas estivesse pronto para a excitação intelectual do curso de teoria dos preços de Friedman em seu primeiro semestre em Chicago.

No início dos anos 1960, Lucas começou a pensar em como analisar a natureza mutável de toda a economia ao longo do tempo. Isso começou durante seus estudos de doutorado, supervisionados por Arnold Harberger, nos quais começou a pensar sobre os processos em que o estoque de capital na economia cresceria, aumentando o nível de produção econômica. Se estivesse no MIT, isso facilmente o teria levado a seguir os passos de Solow. Mas estava em Chicago, onde Friedman e Stigler davam o tom nos debates sobre a natureza da economia, o que rapidamente o despojou de qualquer simpatia keynesiana instintiva. Em vez disso, viria a personificar a ideia de Chicago, da economia como uma máquina auto-organizada que poderia absorver choques de forma rápida e eficaz.

Para seu primeiro emprego acadêmico, Lucas mudou-se para a Escola de Graduação em Administração Industrial da Universidade Carnegie Mellon em Pittsburgh, onde Herbert Simon era a influência predominante. Simon havia deixado a pesquisa ativa em economia no final dos anos 1950, mas Lucas descobriu que ele era generoso com seu tempo e estava sempre disposto a conversar na companhia de uma xícara de café. Na Carnegie Mellon, Lucas estabeleceu uma estreita relação de trabalho com Leonard Rapping. Juntos, eles começaram a desenvolver as ideias que Lucas defenderia ao longo de sua carreira.

Também se inspirou em muitas das ideias de John Muth, membro da equipe de pesquisa de Simon, que já havia desenvolvido o conceito de "expectativas racionais". Muth, trabalhando com Simon para entender a tomada de decisão organizacional, havia feito a proposta, muito razoável, de que os tomadores de decisão usariam todas as informações disponíveis no momento em que precisassem fazer escolhas da maneira mais eficiente possível. Isso significava que suas decisões deveriam antecipar o estado do trabalho com perfeita precisão se o futuro fosse certo. Quando incerto, apenas notícias surgidas após a tomada de decisão tornariam as decisões imprecisas.

A hipótese de expectativas racionais de Muth era inovadora, porque se concentrava no que poderia acontecer no futuro — exatamente o que se esperava ao fazer previsões. Em *A teoria geral*, Keynes tinha sido vago sobre como as pessoas pensariam no futuro. Alguns de seus argumentos exigiam que acreditassem que o estado atual do mundo seria a melhor previsão para o estado futuro. Em outras ocasiões, parecia sugerir que as pessoas esperariam um ajuste gradual de variáveis econômicas, como taxas de juros, aos seus valores de longo prazo. Ao longo da década de 1960, os keynesianos estadunidenses tendiam a supor que os tomadores de decisão só olhariam para dados históricos, de modo que suas previsões envolveriam a extrapolação de eventos recentes.

Lucas e Rapping começaram usando essa abordagem na análise do mercado de trabalho, mas rapidamente concluíram que seria melhor incorporar expectativas racionais em sua pesquisa. Essa não apenas parecia uma alternativa mais realista, como logo descobriram que a suposição lhes permitia eliminar o desemprego persistente em seus modelos, livrando-se do que Lucas e Rapping consideravam, na época, uma característica keynesiana desagradável.

Em 1969, Rapping se envolveu em protestos contra a Guerra do Vietnã e se tornou um crítico radical do trabalho deles. A estreita relação de trabalho que tiveram nos cinco anos anteriores havia sido muito importante para Lucas. Durou o suficiente para que ele desenvolvesse uma reputação substancial e fosse reconhecido como um dos líderes de um grupo de jovens economistas, cuja inspiração residia na crítica de Friedman ao consenso keynesiano estadunidense e na aplicação da abordagem de otimização de Samuelson à economia. A maioria dos líderes do grupo havia se formado nas principais universidades do Meio-Oeste estadunidense, especialmente nas de Chicago e Minnesota. Entre eles, Lucas, Thomas Sargent, Finn Kydland e Ed Prescott ganharam o Prêmio Nobel de Economia. (Colegas me pediram especificamente para incluir Sargent como um excelente exemplo da virtude da humildade na pesquisa.) Com Robert Barro, de Harvard, foram os mais importantes representantes da nova economia clássica. Sua ascensão à proeminência na década de 1970 refletia os aparentes tropeços da análise keynesiana estadunidense.

Ao longo das décadas de 1950 e 1960, os governos descobriram que a gestão keynesiana da demanda funcionava bem. Friedman desafiou essa abordagem, tanto em sua economia monetária quanto nos escritos políticos. Lucas ainda era um estudante de pós-graduação quando *Capitalismo e liberdade* forneceu à campanha presidencial do senador Goldwater, em 1964, um projeto econômico. Contudo, quando escreveu *Livre para escolher*, em 1978, Friedman já havia se aposentado de Chicago. Ainda era o mesmo conservador eloquente e persuasivo, um incansável defensor da liberdade, mas o bastão da liderança intelectual em macroeconomia havia sido passado para Lucas. Mesmo no final dos anos 1960, quando Friedman desmantelou a ideia de que poderia haver uma relação estável entre inflação e desemprego, o que poderia ser útil para formuladores de políticas de governo, ele se baseou em algumas das primeiras ideias de Lucas sobre como os tomadores de decisão previam o que aconteceria no futuro para argumentar que era apenas o elemento inesperado da inflação que reduziria o desemprego.

No final dos anos 1960, a inflação e o desemprego crescentes fizeram da macroeconomia keynesiana estadunidense um grande alvo para Lucas e outros jovens economistas à medida que desenvolviam sua nova forma de macroeconomia. Substituíram a abordagem keynesiana, de pensar sobre o fluxo de dinheiro entre setores da economia, pela tentativa de entender o comportamento dos tomadores de decisão individuais. Isso os levou primeiro a se concentrarem na otimização como objetivo da escolha racional e, em seguida, a enfatizar que os preços sempre poderiam ser flexíveis. A mistura de expectativas racionais, otimização e flexibilidade de preços levou-os a rejeitar a posição keynesiana de que os salários poderiam ser tão altos que as empresas não contratariam todos os trabalhadores que procurassem emprego.

Lucas argumentava que, sempre que houvesse desemprego, os empreendedores poderiam abrir novos negócios. Os negócios pagariam salários abaixo do mercado, mas, ainda assim, atraentes para os trabalhadores desempregados. Podendo cobrar o preço de mercado existente por sua produção, eles teriam lucros substanciais. No típico estilo de Chicago, Lucas argumentava que não haveria "nenhum dinheiro sobrando na mesa". Qualquer um que visse a chance de lucrar a aproveitaria. Isso significava que preços flexíveis garantiriam que todos os mercados estivessem em equilíbrio, até mesmo o mercado de trabalho. Tendo descartado a possibilidade de desemprego involuntário, Lucas se propôs a encontrar uma nova explicação para o desemprego e por que ele poderia persistir.

Isso veio no que é, frequentemente, considerado seu artigo mais importante, em 1972, no qual enfatiza que as pessoas não têm informação completa, e imagina uma sociedade formada por "ilhas" de informação. Vamos supor que você tenha um restaurante e descubra que seus clientes estão dispostos a pagar preços mais altos. Você poderia interpretar essa informação como uma evidência de que todos os preços subiram, então as pessoas simplesmente esperariam que você também aumentasse os seus, ou como uma evidência de que a demanda havia aumentado dentro da economia. Em vez de aumentar os preços, você poderia atender à demanda maior pedindo mais suprimentos e solicitando aos seus funcionários que trabalhassem mais horas. Infelizmente, com informação limitada, você não poderia dizer facilmente se houve um aumento nos preços ou na demanda.

Ao que parece, esse tipo de disponibilidade limitada de informação é suficiente para gerar uma relação temporária entre preços e desemprego, como Solow e Samuelson descobriram em 1960. Lucas, então, explicou que, se os tomadores de decisão previam o futuro usando expectativas racionais, os formuladores de políticas só poderiam explorar a relação entre preços e desemprego fazendo algo completamente inesperado. Se os empresários acreditassem que os preços estavam mais altos devido à inflação geral, eles não mudariam suas decisões de produção, e a política seria ineficaz para aumentar a renda. O mesmo ocorreria com qualquer política anunciada pelo governo com antecedência, ou com choques repetidos do mesmo tamanho. Na medida em que a política fosse previsível, as pessoas a antencipariam. Em vez de a produção mudar, os preços seriam ajustados.

Na década de 1970, os principais nomes da nova economia clássica produziram vários artigos importantes que previam resultados semelhantes, nos quais qualquer tentativa de usar a política de gestão da demanda falharia. Eles compartilhavam a característica comum de que, se tivessem um bom entendimento da estrutura da economia e informações boas o suficiente sobre o que aconteceria no futuro — e desde que pudessem concordar com os preços livremente —, as pessoas anteciapariam como as ações do governo afetariam a economia. As intervenções do governo para reduzir o desemprego, aumentar o investimento ou aumentar a renda nacional falhariam.

Enquanto Friedman recorria às teorias monetárias de Irving Fisher e à análise dos ciclos econômicos de Wesley C. Mitchell para argumentar que a teoria keynesiana seria ineficaz, os novos economistas clássicos se baseavam em argumentos teóricos plausíveis sobre os efeitos agregados das decisões individuais para afirmar que a análise de *Teoria geral* de Keynes era muito fraca. Isso aumentou o conteúdo matemático de seu trabalho.

O artigo "As Ilhas" apareceu no *Journal of Economic Theory*, depois que periódicos mais generalistas o rejeitaram por ser muito abstrato. Talvez fosse o entusiasmo de um recém-convertido, mas Lucas, que antes planejava ser historiador, sugeriu repetidamente que somente modelos matemáticos poderiam expressar ideias de forma interessante.

Ele se lembra de ter ido a reuniões no início dos anos 1970, esperando ser visto como um crítico da corrente dominante, e, em vez disso, descobrir que muitos economistas procuravam algum tipo de modelagem que gerasse os resultados que ele estava produzindo. No entanto, de certa forma, o pensamento da nova economia clássica poderia ser entendido como uma construção sobre os fundamentos keynesianos. Ele adotou muitas das mesmas técnicas e estudou problemas semelhantes. Diferenças relativamente pequenas nas suposições levaram a diferenças importantes em seus resultados. Solow considerava que muitos dos resultados encontrados pelos novos economistas clássicos estavam implícitos nos modelos keynesianos estadunidenses dos anos 1960.

Em 1974, Lucas estava de volta a Chicago, onde desenvolveu a "crítica de Lucas" à modelagem econométrica. Ela se baseava nos resultados sobre os efeitos limitados da política governamental, colocando o problema de como tomadores de decisão racionais e voltados para o futuro poderiam se envolver com as decisões políticas. Suponha que os formuladores de políticas tenham um modelo formal da economia, calibrado usando dados existentes. Lucas sugeria que, se tentassem usar o modelo para prever os efeitos de uma intervenção, estariam efetivamente presumindo que o comportamento de outros tomadores de decisão permaneceria inalterado. Isso parecia implausível para Lucas, e ele argumentou que os formuladores de políticas precisavam levar em conta como suas intervenções políticas afetariam a estrutura subjacente da economia.

Essa não era a visão inovadora do livro — Lucas reconhecia especificamente que os econometristas Jacob Marschak e Jan Tinbergen haviam previsto essa dificuldade; e na época em que Lucas desenvolvia sua crítica, o economista político inglês Charles Goodhart sugeriu que bastaria que os formuladores de políticas usassem o valor de qualquer variável como base de sua política econômica para mudar o comportamento da variável. Lucas foi além dessas preocupações amplamente compartilhadas ao argumentar que, quando modelos da economia eram construídos, os formuladores de políticas deviam levar em conta a forma como a política era feita e implementada, para que a posição política do governo se tornasse de fato parte da estrutura do modelo econômico. Agora amplamente adotada, a crítica influenciou a construção de muitos grandes modelos econômicos, e impulsionou o desenvolvimento da teoria dos ciclos reais de negócios para a modelagem macroeconômica.

A partir daí, Lucas voltou ao seu primeiro interesse de pesquisa: a acumulação de capital. Na década de 1980, foi um dos economistas que começou a ampliar a teoria do crescimento, inicialmente desenvolvida por Solow na década de 1950. O trabalho de Solow previa que haveria convergência do crescimento econômico. Também presumia que a economia era formada por empresas perfeitamente competitivas. Na década de 1980, havia evidências claras contra a convergência. Embora parecesse estar ocorrendo entre as economias avançadas, a lacuna entre esses países e muitos dos países mais pobres aumentava.

Até certo ponto, os primeiros passos para trazer uma explicação do aumento da produtividade para a abordagem de Solow foram dados por seu aluno, William Nordhaus, ganhador do Prêmio Nobel de Economia em 2018. Em um de seus primeiros trabalhos, em 1969, ele havia desenvolvido um modelo de crescimento no qual a inovação poderia ser protegida por patentes, garantindo que as empresas tivessem poder de mercado transitório.

Lucas seguiu por um caminho diferente, concentrando-se em como a economia poderia continuar crescendo quando, a qualquer momento, havia apenas oportunidades limitadas disponíveis para as empresas. Sua solução preferida era que a produção dependesse do estoque de conhecimento útil. Assim como Becker com o capital humano, podemos pensar em Lucas propondo que gastássemos tempo trabalhando e também tempo desenvolvendo nosso conhecimento. Novamente, essa não era uma abordagem totalmente nova. Os argumentos de Marshall sobre economias de escala externas que levariam à aglomeração de indústrias tiveram implicações semelhantes dentro das indústrias.

Essas teorias se baseavam no ponto importante de que o desenvolvimento econômico pode resultar de decisões que têm efeitos limitados no nível individual, mas com efeitos agregados substanciais pelo fato de o conhecimento estar disponível gratuitamente e poder ser usado, pelo menos por organizações com alguma sabedoria e capacidade básicas. Tal modelo de desenvolvimento era totalmente consistente com a abordagem anterior de Lucas sobre a disseminação de informações — conhecemos bem a nossa área local, mas não entendemos o que está acontecendo em toda a economia.

Lucas é o último economista de Chicago que encontraremos. Ele é o culminar adequado da sequência que começou com Frank Knight e passou por Milton Friedman. Knight simplesmente rejeitou *A teoria geral* e nunca procurou se envolver com ela. Friedman pretendia ilustrar que ela era desnecessária, demonstrando que a causa final da Grande Depressão foi um aperto prolongado da oferta de crédito supervisionado pelo Federal Reserve. Lucas considerava o livro quase sem coerência. Ele podia ver as fraquezas que leitores mais simpáticos como Samuelson também encontravam, mas não conseguiu encontrar nenhuma teoria útil em todas as suas palavras.

Para Lucas, a análise macroeconômica tinha que partir de fortes pressupostos comportamentais: que as empresas aproveitariam qualquer oportunidade de lucro que pudessem, que todo comportamento era racional e que os tomadores de decisão poderiam prever o futuro com bastante precisão. A maneira de expressar ideias era por meio da matemática. É famosa a história de Ed Prescott, que certa vez lhe deixou uma nota: simplesmente uma equação sobre a natureza da formação de capital. Lucas não pediu a Prescott para explicá-la — ele a colocou em um sistema maior de equações e calculou quais seriam os efeitos.

Para Lucas, pensar como um economista era supor que toda a economia era um sistema autorregulável, pelo qual a informação fluiria livremente. Isso o levou a acreditar que era impossível para o governo administrar a economia como havia sido tentado após a Segunda Guerra Mundial. Sua visão mais importante também era a de Abraham Lincoln: não dá para enganar todas as pessoas o tempo todo.

23
GEORGE AKERLOF, O EMPRESTADOR
Keynes e as percepções comportamentais de volta à macroeconomia

Desde os anos 1970, o nômade intelectual George Akerlof tenta estabelecer a macroeconomia em uma base bem diferente de Lucas, o economista purista. Abrangendo as ciências sociais, Akerlof tomou emprestadas as ideias que moldaram sua análise econômica. O resultado, reconhecido com a concessão do Prêmio Nobel de Economia em 2001, foi o progresso em direção à macroeconomia comportamental.

Pensar como Akerlof significa olhar para o mundo e vasculhar a academia em busca de boas histórias que possam explicar o que vemos acontecer.

Kahneman e Tversky confirmaram que, às vezes, vemos o mundo que queremos ver, e isso explica muitas das diferenças entre os economistas. Lucas estava comprometido com a visão de que o desemprego nunca era forçado às pessoas, que são amplamente racionais. Isso levou os novos economistas clássicos a terem ideias que explicavam a alta inflação e o desemprego dos anos 1970 melhor do que os keynesianos pareciam conseguir. Suas ideias combinavam com a época.

No entanto, avanços na pesquisa sempre geram ideias alternativas. Lucas tornou necessário que todos os macroeconomistas explicassem como as maneiras pelas quais os indivíduos faziam escolhas com informações limitadas afetavam toda a economia. Os economistas que ainda se sentiam confortáveis com a ideia de Keynes de que a economia poderia passar por engasgos e dificuldades, em vez de ser a máquina bem lubrificada de

Lucas, tiveram que responder às suas ideias pensando em como as pessoas tomariam decisões sem sempre escolherem o ideal.

Há uma assimetria importante entre a abordagem da nova economia clássica e as alternativas. Se as escolhas não passam de racionalidade procedimental, então existem muitas maneiras possíveis de ser racional. Por outro lado, a otimização teve um significado bem definido, em especial na década de 1980. A contribuição de Akerlof para esse debate se deu através do trabalho com sua esposa, Janet Yellen. Eles argumentavam que, mesmo com pequenas diferenças entre as ações dos seguidores de regras racionalmente procedimentais e dos tomadores de decisões otimizadas, era possível derrubar as alegações da nova economia clássica sobre a ineficácia da política governamental.

Isso fazia parte do que ficou conhecido como a nova economia keynesiana, em resposta aos novos economistas clássicos. Para esse grupo, era impossível que os preços fossem completamente flexíveis. Dada a estrutura da economia keynesiana, era natural que se concentrassem em como os níveis salariais eram definidos. Em meados da década de 1970, Stanley Fischer e John Taylor desenvolveram argumentos baseados na afirmação, bastante razoável, de que as organizações poderiam ser capazes de alterar os preços dos bens e serviços que produziam com mais frequência do que mudavam os salários que pagavam aos seus trabalhadores. Eles aceitavam as premissas de expectativas racionais e flexibilidade de preços da nova economia clássica, exceto por esses salários "rígidos". Essa pequena mudança foi suficiente para permitir que a política governamental afetasse o nível de renda nacional.

Então, na década de 1980, Joseph Stiglitz, com vários colaboradores, desenvolveu o conceito de salários de eficiência. Desde o início dos anos 1970, os economistas começaram a pensar na facilidade com que os trabalhadores poderiam enganar os empregadores sobre o quanto estavam trabalhando duro. Como a maioria dos processos de produção são complexos, equipes de trabalhadores normalmente trabalham juntas, de modo que há apenas uma tênue ligação entre o esforço individual e a produção da equipe.

Stiglitz e seus colaboradores defendiam que isso poderia compelir os empregadores a oferecer aos trabalhadores mais do que o valor de sua produção observável, e que isso seria consistente com as organizações que visavam lucrar (dada a incerteza sobre a contribuição de cada trabalhador para vendas e lucros), e porque os salários mais altos reduziriam outros custos. Além de incentivar os funcionários a trabalharem mais, poderiam aumentar a qualidade dos candidatos que a empresa contrataria e, assim, reduzir a probabilidade de bons trabalhadores saírem. Definir salários de eficiência era, então, racional do ponto de vista processual. Assim como salários "rígidos", eles garantiam a eficácia das políticas.

Stiglitz poderia facilmente ter sido meu representante escolhido da abordagem da nova economia keynesiana, em vez de Akerlof. Ambos concluíram doutorados no MIT na década de 1960, depois passaram um tempo em países em desenvolvimento — Akerlof na Índia, e Stiglitz no Quênia. Junto com Michael Spence, dividiram o Prêmio Nobel de Economia em 2001. Stiglitz foi economista-chefe do Banco Mundial, consultor de muitos governos e um crítico incisivo do neoliberalismo e da globalização. Ele tem sido um pouco mais prolífico do que Akerlof e tem maior reputação pública. A parceria entre Akerlof e Yellen levou a uma especialização de funções. O primeiro se manteve fielmente no trabalho acadêmico, enquanto Yellen assumiu uma ampla gama de cargos públicos, tornando-se posteriormente presidente do Federal Reserve Board e secretária do Tesouro. Quando se trata de pensar como um economista, tanto Akerlof quanto Stiglitz nos fornecem uma enorme quantidade de material. Akerlof apenas tem sido mais imaginativo e abrangente do que Stiglitz.

Em seu artigo mais famoso, publicado em 1970, Akerlof expôs uma teoria sobre as dificuldades de compartilhar informações que não podem ser facilmente verificadas por outras pessoas. Usando o exemplo de "limões" (carros usados de baixa qualidade), ele argumenta que os vendedores não conseguem comunicar com tranquilidade o valor do carro que têm à venda, e que tal conhecimento só pode vir da experiência de dirigir um carro por um longo tempo. Em seu modelo, os compradores estariam dispostos a pagar o valor médio de um carro. Potenciais vendedores, que sabem que têm carros de altíssima qualidade decidiriam então mantê-los, reduzindo o valor médio dos carros no mercado. Os compradores que levarem isso em consideração ao decidirem quanto oferecer vão definir o valor médio de um carro que está sendo vendido abaixo do valor médio de todos os carros.

Akerlof montou seu modelo de duas maneiras. Na primeira, com carros sendo "pêssegos" ou "limões", apenas os "limões" de baixa qualidade eram negociados. Na segunda, com a qualidade de cada carro sendo ligeiramente diferente, o mercado entrava em colapso e nenhum carro era comprado. Esse não é o ponto principal do modelo, embora Akerlof, que concluiu este trabalho durante sua passagem pela Índia, sugerisse que havia muitas situações em países menos desenvolvidos nas quais existiam "mercados ausentes", porque os proprietários dos bens não conseguiam demonstrar facilmente seu valor.

Vemos carros usados serem comprados e vendidos todos os dias — e, na década seguinte, os economistas explicariam como os mercados poderiam funcionar quando os compradores não tivessem tanta informação quanto os vendedores. Michael Spence desenvolveu argumentos sobre a capacidade do vendedor de fazer algo que o comprador interpretaria como um sinal de alta qualidade. Seu exemplo mais famoso era sobre educação. Se os empregadores acreditavam que funcionários altamente produtivos eram capazes de completar as tarefas de resolução de problemas dos exames com mais eficiência do que os menos produtivos, eles então poderiam oferecer salários mais altos a qualquer pessoa com educação suficiente, e somente os trabalhadores altamente produtivos escolheriam concluir a educação necessária. Essa teoria da educação funciona como uma "corrida armamentista", na qual a educação não tem valor, de modo que os trabalhadores altamente produtivos gastam tempo e esforço em completar tarefas inúteis para adquirir a certificação necessária. Pior ainda, à medida que a sociedade se torna mais rica, para garantir que seja possível identificar os trabalhadores altamente produtivos, os empregadores exigem que eles tenham qualificações mais avançadas.

Stiglitz sugeriu um método diferente, que funcionava melhor em serviços financeiros. Suponha que uma seguradora de automóveis estabeleça um cardápio de apólices de seguro, cada uma ligeiramente diferente. Os motoristas escolheriam a que melhor lhes convém. Na análise de Stiglitz, apenas os motoristas de alto risco poderiam obter seguro total. Se motoristas de menor risco pudessem obter seguro total, a apólice projetada para eles também seria mais atrativa para motoristas de alto risco do que a apólice projetada para tais situações. Contratos para motoristas de baixo risco nos quais eles teriam que assumir parte das perdas poderiam impedir que isso acontecesse. Enquanto a sinalização de Spence exigia que os proprietários de ativos de alta qualidade desperdiçassem recursos para fazer uma afirmação credível sobre sua qualidade, a teoria da triagem de Stiglitz envolvia os proprietários de ativos classificando a si mesmos por meio de sua escolha em um menu de alternativas.

Enquanto os novos economistas clássicos acreditam que assumir a racionalidade é suficiente para garantir o comportamento ideal, a abordagem da nova economia keynesiana emergiu de uma ampla variedade de perguntas sobre como poderíamos comunicar informações. O artigo sobre o mercado de "limões" deu início a essa linha de investigação. Podemos pensar em salários de eficiência, sinalização e triagem como formas de superar problemas decorrentes dos desafios de compartilhar informações não verificáveis. Elas estabelecem procedimentos que permitem que os mercados operem quando há informações imperfeitas. Como há muitas maneiras de especificar esses problemas, a nova abordagem keynesiana envolve muitos argumentos de que pequenos custos de aquisição e gerenciamento de informações podem se combinar para ter grandes efeitos em toda a economia.

Todas essas ideias remontam ao início dos anos 1970, quando Kahneman e Tversky desenvolviam o programa de pesquisa de heurísticas e vieses. No entanto, eles publicaram a maior parte do trabalho em periódicos de psicologia, e por isso essas linhas de pesquisa se desenvolveram juntas, mas quase inteiramente separadas.

As primeiras tentativas de explicar como o comportamento pode levar a preços inflexíveis, se basearam na observação dos processos de fixação de preços e salários. Ocorreu a Akerlof que, em todo o mundo, existiam muitas maneiras de gerenciar recursos e tomar decisões que já haviam sido estudadas por cientistas sociais de outras disciplinas. Assim como a ideia de que barreiras ao compartilhamento de informações poderiam ser importantes para explicar por que alguns países têm baixas rendas, essa ideia surgiu pela primeira vez durante sua passagem pela Índia. Ele tentou entender o sistema de castas e desenvolveu um modelo no qual os níveis salariais para empregos específicos resultavam de costumes sociais, com salários fixos para diferentes tipos de trabalho.

Ao voltar aos Estados Unidos, insatisfeito com a primeira tentativa, buscou entender melhor como sociólogos, antropólogos e psicólogos sociais já haviam explicado os processos sociais de gestão de recursos. Isso levou a uma série de artigos que justificavam os salários de eficiência de várias maneiras. Uma dessas explorações levou em conta o grau em que os trabalhadores que já estavam empregados em uma empresa — os "iniciados" — poderiam tacitamente definir (e monitorar) os níveis de esforço e influenciar tanto o nível salarial quanto o processo de contratação. Ao restringir a contratação de outros trabalhadores, os iniciados poderiam manter os salários mais altos do que a taxa de mercado. Essa autonomia e auto-organização dos trabalhadores sugerem que os locais de trabalho se baseiam em algo semelhante aos princípios de Ostrom para o manejo de bens comuns.

O desafio de Akerlof não foi tanto explicar por que os salários poderiam ser inflexíveis, mas transformar as percepções de outras ciências sociais em economia. Isso era quase o oposto da abordagem de Becker, que identificava fenômenos sociais e tentava demonstrar que eram resultado de comportamento otimizador. Em vez disso, Akerlof usava as percepções de outras ciências sociais como ponto de partida para seus argumentos econômicos. Enquanto Becker, às vezes, era visto como alguém que aplicava a lógica da economia a contextos nos quais ela não poderia ter um papel útil, Akerlof era visto muito mais como um "emprestador", aprofundando o engajamento dos economistas com outras ciências sociais.

Por exemplo, em "Labour Contracts as Partial Gift Exchange" [Contratos de trabalho como troca parcial de presentes], vemos Akerlof reintroduzir sentimentos morais na análise econômica. As pessoas criam vínculos com o grupo e a organização com os quais trabalham. Nessas relações, muitas vezes ocorre a troca recíproca de presentes. Akerlof sugere que essa troca vai além de uma festa de Natal da equipe. Em vez disso, equipes de funcionários dariam um presente coletivo aos empregadores, trabalhando juntas para produzir mais do que o contratualmente exigido, enquanto os empregadores retribuiriam oferecendo contratos com salários mais altos e melhores condições do que os funcionários poderiam esperar obter em outro lugar.

Salários socialmente determinados poderiam, então, ser facilmente mais altos do que o valor para a empresa do tempo de cada trabalhador, e criariam a rigidez de preço necessária para que a política de gestão da demanda fosse eficaz. Relações recíprocas entre empregadores e trabalhadores também poderiam justificar a suposição keynesiana de que os trabalhadores se oporiam fortemente às reduções salariais diminuindo sua produtividade.

Em grande parte de seu trabalho posterior, Akerlof teve vários colaboradores regulares, principalmente a esposa, Janet Yellen. Eles se conheceram em 1977, quando Yellen trabalhava na equipe do Federal Reserve Board, e se casaram no ano seguinte. Em seguida, mudaram-se para a London School of Economics, antes de retornarem para Berkeley em 1980. A partir dali, durante esta década, exploraram o conceito de "quase racionalidade", que se baseava na ideia de que, quando as organizações confiavam em regras de tomada de decisão, os efeitos agregados na economia, de pequenas discrepâncias entre a escolha ótima e o resultado da aplicação da regra em qualquer escolha individual, poderiam ser muito grandes.

Suponha que a economia comece a partir do equilíbrio, mas que uma mudança na política do banco central cause uma alteração na quantidade de dinheiro em circulação. Em seu modelo das ilhas, Lucas defendia que só poderia haver um efeito na renda nacional se a mudança na política fosse um choque não observado. Akerlof e Yellen sugeriram que seria "quase racional" manter salários e preços, dado que não haveria qualquer evidência imediata da necessidade de mudá-los, já que o custo de não otimizar seria muito pequeno.

O que era verdade para cada empresa poderia não ser verdade para a economia como um todo. Se os preços não mudassem, o dinheiro não ficaria apenas acumulado nas contas bancárias. Parte dele seria gasto e, assim, o total da produção da economia mudaria. Voltamos ao argumento keynesiano de que um aumento na oferta de dinheiro faria com que as pessoas quisessem comprar mais bens e, com os salários dados, as empresas iriam querer contratar mais trabalhadores. Em rigor, esses resultados só seriam válidos se a economia consistisse em empresas relativamente grandes, que não precisassem simplesmente aceitar o preço de mercado. Ao adicionar o conceito de salários de eficiência — do qual o conceito de troca de presentes de Akerlof é uma possível formulação — para que os trabalhadores se esforcem mais, ou se demitam com menos frequência, ou ajam com lealdade à empresa, Akerlof e Yellen estabeleceram que haveria efeitos reais de uma perturbação monetária, e que poderia haver um equilíbrio de curto prazo em que haveria desemprego.

Mais recentemente, Akerlof tem tentado ampliar a base comportamental da ciência econômica. Trabalhando com Rachel Kranton, ele tem explorado a natureza da identidade para a tomada de decisões econômicas. Em seu trabalho, a identidade é uma característica imutável, mas socialmente condicionada. Sexo e etnia são exemplos óbvios. As pessoas são homens ou mulheres, brancas ou afro-americanas. Pressupõem que um grupo é socialmente superior (homens ou brancos) e que há uma gama de comportamentos (emprego ou trabalho doméstico) com os quais os grupos tendem a ser associados. Se é esperado que as mulheres realizem o trabalho doméstico, então uma mulher que escolha trabalhar deve superar sentimentos de ansiedade sobre fazer essa escolha, enquanto um homem que vê uma mulher trabalhando pode achar a dissonância entre identidade e atividade uma fonte de desagrado.

Esse tipo de trabalho tenta fornecer uma explicação baseada na teoria econômica, na qual podemos ver os resultados da discriminação. A identidade se torna a base para um "gosto" beckeriano pela discriminação. No entanto, na abordagem de Akerlof e Kranton, há respostas mais complexas — por exemplo, a assimilação de um membro do grupo externo aos padrões estabelecidos pelo grupo dominante pode causar aborrecimento a outros membros do grupo externo, sem obter a aceitação dos membros do grupo dominante.

Seria muito fácil descartar esse trabalho por causa de sua visão relativamente simples de identidade. Em uma sociedade na qual existem muitas maneiras de expressar masculinidade — na qual as pessoas podem escolher se mover entre identidades sexuais —, podemos pensar na identidade como sendo formada por meio de interações sociais e escolhas pessoais, em vez de simplesmente atribuída. (Becker tratava a identidade como outra forma de capital mental, com oportunidades de investimento para sustentá-la, ao passo que também se desgastaria com o tempo.) Essa linha de crítica perde a força da abordagem de Akerlof, que sempre foi buscar outras disciplinas e encontrar conceitos que pudessem ser aplicados proveitosamente à análise econômica.

Por último, em trabalhos com Robert Shiller, Akerlof escreveu dois livros, *O espírito animal* e *Pescando tolos*. Juntos, eles defendem não apenas a imaginação keynesiana da economia, mas a importância do comportamento ético como base para uma economia que funcione bem. Reconhecendo que a análise econômica raramente é apresentada apenas como discurso, argumentam com firmeza que não há possibilidade de a análise de equilíbrio da abordagem da nova economia clássica conseguir em algum momento capturar o comportamento da economia devido às suposições que ela faz sobre a racionalidade.

Em vez disso, Akerlof e Shiller argumentam que o mundo só é inteligível através de histórias. Todos extraímos significado de narrativas que estão, necessariamente, incorporadas à linguagem. Isso abre caminho para a deturpação do estado da economia, especialmente nos mercados financeiros, nos quais as *commodities* nada mais são do que promessas de pagamento futuro. Talvez a afirmação mais impressionante deles seja que a origem das recessões que os Estados Unidos experimentaram em 1991, 2001 e 2009 foi essencialmente a negociação fraudulenta, apoiada por histórias muito persuasivas. Afirmações de ter encontrado novas maneiras de alcançar o crescimento econômico que logo se provaram vazias.

Isso não é apenas uma visão keynesiana. Ao falarem da importância da justiça nas relações econômicas e do dano que a fraude pode causar a economias inteiras, estão voltando ao pensamento de Smith, no qual a busca da virtude, especificamente a temperança, era essencial para que a sociedade prosperasse. Embora estejam confiantes de que Keynes estava certo ao enfatizar a importância dos "espíritos animais" na movimentação da economia, também enfatizam a importância da narrativa na formação de nossa compreensão dela. Não é apenas que podemos acabar com muitos resultados diferentes a partir de qualquer ponto de partida, mas que podemos justificar o ponto final a partir da história que contamos sobre como o alcançamos.

A ênfase na narrativa tem sido parte integrante da abordagem de Akerlof para pensar como um economista. Ele construiu gradualmente um acervo de histórias interessantes, que parecem capazes de explicar muito do que podemos ver acontecendo no mundo. São centrais para a compreensão de economia de Akerlof: problemas sobre a natureza involuntária de muito desemprego; a eficácia da política monetária (apesar das alegações dos novos economistas clássicos); a falta de evidência de que tolerar o desemprego seja necessário para domar a inflação; a extensão em que a falta de previsão significa que governos e órgãos públicos devem persuadir as pessoas a poupar o suficiente para sustentar o crescimento econômico; e, o mais preocupante, a persistência inabalável de uma "subclasse" de pessoas pobres, que carecem de oportunidades para engajar na economia e na sociedade em geral.

Para enfrentar esses problemas, Akerlof acredita que a macroeconomia precisa de microfundamentos muito mais sofisticados do que aqueles usados nos modelos da nova economia clássica. Mas sempre há o desafio: quais microfundamentos? A facilidade com que Akerlof e outros novos keynesianos conseguiram criar múltiplas versões — embora intimamente relacionadas — de quase racionalidade enfatiza quão desafiador será especificar bons microfundamentos, que serão amplamente adotados na análise econômica.

Isso importa? Talvez não. Se aceitarmos que pensar como um economista significa ser capaz de explicar os efeitos da gestão de recursos, então ter uma narrativa coerente, como a dos novos economistas clássicos, é de fato atraente. Voltamos, novamente, às percepções de Simon de que as decisões devem ser tomadas, de alguma forma. O sucesso de *Teoria geral* foi, então, dar aos economistas a liberdade de abordarem os problemas do mundo existente. Akerlof, como o mais imaginativo dos novos keynesianos, nos dá uma maneira de continuar com essa tarefa.

24
ESTHER DUFLO, A EXPERIMENTADORA

Testes para desmontar
as armadilhas que mantêm
as pessoas pobres

Terminamos com a primeira economista a ganhar o Prêmio Nobel de Economia antes dos cinquenta anos, e a segunda das duas mulheres nos primeiros cinquenta anos em que o prêmio foi concedido. Lucas e Akerlof estabeleceram suas carreiras na década de 1960. Ambos publicaram artigos que o Comitê Nobel citou ao reconhecer seu trabalho, antes do nascimento de Esther Duflo em 1972. Quando Duflo concluiu seu doutorado em 1999, Lucas já havia ganhado seu Prêmio Nobel, e a vez de Akerlof chegaria dois anos depois. Duas décadas mais tarde, Duflo compartilhou o Prêmio Nobel de Economia, em 2019, com Abhijit Banerjee e Michael Kremer — e isso menos de uma década depois de ganhar a medalha John Bates Clark.

De certa forma, a velocidade com que a importância de seu trabalho foi reconhecida confirma que muitas das melhores pesquisas em economia ocorrem em redes. Duflo foi originalmente aluna de Banerjee e Kremer — e Banerjee e Duflo são casados. Com Kremer e sua esposa, Rachel Glennerster, fundaram o Poverty Action Lab (J-PAL) no MIT em 2004 para descobrir quais tipos de intervenção poderiam permitir que as pessoas pobres alcançassem maior bem-estar e transformassem suas perspectivas econômicas. Assim como o Ostrom Workshop em Michigan, o laboratório é hoje o centro de uma vasta rede internacional de pesquisadores acadêmicos.

A pesquisa de Duflo faz parte da economia do desenvolvimento, e há muito mais por trás do desenvolvimento econômico do que o crescimento sustentado da renda nacional. Grande parte do relato histórico em *A riqueza das nações* explorava como as diferenças na organização social e política explicavam por que alguns países eram mais ricos que outros. A partir desse ponto inicial, os economistas políticos clássicos do século XIX colocaram a distribuição de renda no centro de suas teorias. Também acreditavam que a superpopulação poderia facilmente ser uma fonte de crise econômica. Marshall manteve o retrato de seu "santo padroeiro" por perto para lembrá-lo de que a economia deveria beneficiar os desfavorecidos.

Foi somente no século XX que os economistas passaram a pensar na criação de valor como o propósito dos processos econômicos e invocaram a otimização como objetivo da escolha racional. Após a Grande Depressão, o crescimento da renda nacional tornou-se uma medida econômica vitalmente importante, sobretudo para os políticos, cujo potencial eleitoral muitas vezes depende dela. Ao tentar entender a vida das pessoas mais pobres do mundo — e como mudá-las —, a economia do desenvolvimento remonta à tradição clássica.

Desde que Smith escreveu sua obra, as experiências dos países menos desenvolvidos e das economias avançadas muitas vezes divergiram. Durante sua estadia na Índia, Akerlof descobriu que havia muitas oportunidades econômicas que não eram aproveitadas — fato que teria horrorizado Lucas. Enquanto Smith acreditava que, com o tempo, havia uma tendência de as pessoas que viviam na Europa e na América do Norte melhorarem de vida, ele acreditava que, na China, a renda não mudaria. A emergência da China como superpotência econômica desde 1980 intrigaria o autor.

Agora há muitas evidências contra a previsão de países estarem convergindo para níveis mais altos de renda, conforme previsto pelo modelo de crescimento de Solow. Isso levou os economistas a tentarem explicar as condições necessárias para o crescimento e por que essas condições ainda podem não ter surgido nos países mais pobres. Em economias em crescimento, as pessoas podem facilmente adquirir habilidades, conhecimento e educação. Empresas maiores podem ser mais eficientes na gestão de recursos e, portanto, terem custos de produção mais baixos. Essa teoria do crescimento é uma das áreas da economia sobre a qual Chicago e o MIT podem concordar com prazer.

Banerjee, Duflo, Glennerster e Kremer são representantes de uma nova geração de economistas do desenvolvimento, que se baseia na abordagem das capacidades de Amartya Sen, laureado pelo Nobel. Nessa abordagem, o desenvolvimento implica as pessoas construindo as capacidades necessárias para prosperar. A nutrição é claramente importante, mas também o são a educação, o acesso ao capital, a capacidade de transportar bens e o estado de direito, para que a propriedade esteja segura. Todas essas ideias são familiares desde a filosofia econômica da Idade Média. Refletindo sobre a história mais recente, Sen observou que nunca houve escassez em uma democracia, então, sugeriu que a responsabilização das instituições públicas democráticas evitava esse fracasso catastrófico.

A economia dos pobres, que Banerjee e Duflo escreveram para popularizar suas ideias depois que Duflo ganhou a medalha John Bates Clark, começa com uma famosa discussão entre duas lideranças da economia do desenvolvimento, Jeffrey Sachs e William Easterly. Sachs há muito defende uma abordagem de "grande impulso" para o desenvolvimento, diagnosticando a pobreza como falta de capital e argumentando que, se transferirmos o suficiente para os países pobres, saltarão para o caminho do crescimento. Sachs está essencialmente defendendo uma versão modificada da teoria do crescimento. Easterly argumenta que os países pobres carecem das instituições necessárias para o desenvolvimento sustentável. Se adquirissem as capacidades de cooperação e investimento que consideramos óbvias nas economias avançadas, as pessoas que vivem nesses países poderiam encontrar suas próprias soluções.

Banerjee e Duflo acham que esse debate não vem ao caso. Eles acreditam que tanto Easterly quanto Sachs têm uma visão abrangente do que constitui o desenvolvimento. Ambos podem olhar exatamente para os mesmos eventos e se sentirem justificados por eles. Por outro lado, Banerjee e Duflo afirmam que a própria abordagem de pesquisa tem o objetivo muito mais modesto de desenvolver ideias, testando-as em experimentos em pequena escala para ver se funcionarão na prática, e, depois, ampliá-las rapidamente por meio de parcerias com governos locais ou instituições de caridade. As raízes dessa abordagem remontam à década de 1990, quando Banerjee pensava na pobreza como uma armadilha para as pessoas, e Kremer percebeu que deveria ser possível conduzir experimentos econômicos em comunidades que sofriam de pobreza.

Vamos pensar no modelo malthusiano. Um aumento na produtividade leva a um aumento nos salários, mas também na taxa de natalidade, reduzindo os salários. Isso, por sua vez, leva os trabalhadores de volta ao nível de subsistência. Na visão de pobreza de Banerjee, essa é uma armadilha que impede o desenvolvimento. Um aumento na renda naturalmente se desfaz. Como algumas sociedades, mas não todas, conseguiram escapar da pobreza, deve haver uma forma de se libertar dessas armadilhas, mas a fuga não é um processo automático. As condições certas precisam ser atendidas.

Banerjee sugere que, se houvesse um aumento grande o suficiente na produtividade, a renda das pessoas aumentaria o bastante para que pudessem poupar. Essa poupança poderia financiar investimentos. Isso poderia ocorrer dentro do lar, com melhor alimentação, melhores cuidados de saúde e melhores resultados. Ou poderia envolver organizações, que comprariam melhores máquinas e organizariam a produção de forma mais eficaz. Através desses canais, a produtividade do trabalho, os salários, a renda e, finalmente, a poupança e o investimento aumentariam ainda mais. O desenvolvimento, logo, se tornaria autossustentável. Em termos do modelo malthusiano, com salários altos o suficiente, as pessoas naturalmente farão uso de controles preventivos e direcionarão para o investimento recursos antes voltados para o consumo, de modo que a população e os salários aumentem ao mesmo tempo.

De forma geral, as armadilhas da pobreza ocorrem sempre que os efeitos de pequenos aumentos de renda são temporários. As pessoas podem escapar das armadilhas quando aumentos maiores na renda, embora ainda modestos, causam aumentos adicionais. Enfrentar a pobreza envolve a remoção dessas armadilhas. É um processo mais complicado do que canalizar ajuda suficiente ou confiar na inventividade e imaginação dos ainda pobres. Entre as muitas causas possíveis das armadilhas da pobreza estão a falta de acesso a recursos, incluindo água potável; a desnutrição, que afeta a capacidade mental e física; doenças debilitantes e incapacitantes, como a malária; escolaridade ineficaz; cuidados de saúde precários; falta de transporte para os agricultores chegarem aos mercados e falta de acesso a crédito. Seria muito fácil estender essa lista.

Se pensarmos na pobreza persistente como um problema complexo e multifacetado, devemos esperar que ela assuma diferentes formas ao redor do mundo, e que programas eficazes para combater a pobreza apresentem diferenças substanciais de uma cultura para outra. O que funciona em uma cidade pode não ser apropriado para lidar com comunidades rurais.

Em meados da década de 1990, enquanto Banerjee desenvolvia a ideia das armadilhas da pobreza, Kremer começava a projetar experimentos de campo. Ele decidiu adotar a metodologia de um ensaio clínico randomizado (ECR). Emprestada da ciência médica, a ideia era que, enquanto alguns participantes do experimento eram expostos a um "tratamento", outros, que estavam no grupo de "controle", não eram. Atribuir participantes a um ou outro procedimento de forma aleatória (e não informar aos participantes, ou à equipe que executa o experimento, quem está em qual grupo) significa que as diferenças nos resultados entre os grupos poderiam ser explicadas pelo processo de atribuição, em vez das características subjacentes das pessoas em cada grupo. Kremer percebeu que, ao trabalhar com as comunidades mais pobres do mundo, onde muitas pessoas vivem com menos de dois dólares por dia e têm poucos bens, a realização desses testes não precisa ser extremamente cara.

Voltemos por um momento ao debate Sachs-Easterly: uma de suas discordâncias envolvia o valor dos programas que distribuíam mosquiteiros gratuitos para proteger as pessoas de picadas de mosquito e infecções graves subsequentes, especialmente malária. Para Sachs, esses programas tinham um papel valioso na saúde pública, mas, para Easterly, parecia óbvio que as pessoas não valorizariam algo que lhes fosse dado de graça. Elas poderiam usar os mosquiteiros de outras maneiras, talvez como véu de vestido de noiva ou rede de pesca. No entanto, nenhum deles havia testado sistematicamente a eficácia dos programas de mosquiteiros.

A proposta de Kremer sugeria uma forma de descobrir como as pessoas poderiam usar e valorizar os mosquiteiros quando fossem gratuitos ou subsidiados. Quando Pascaline Dupas e Jessica Cohen, que fazem parte da rede J-PAL, conduziram experimentos sobre o uso e a valorização de mosquiteiros no Quênia em 2006 e 2007, descobriram que, ao colocá-los à venda a preços diferentes, a demanda era bastante elástica em relação ao preço. Pequenos aumentos no preço cobrado reduziam a aceitação dos mosquiteiros. Em seguida, obtiveram evidências de que o preço que alguém pagava tinha pouco efeito sobre a probabilidade de uso dos mosquiteiros. No entanto, em visitas de acompanhamento às famílias participantes, nas quais os experimentadores se ofereciam para vender às famílias um segundo mosquiteiro, as pessoas tendiam a estar dispostas a pagar um preço mais alto se tivessem recebido um de graça anteriormente. Isso parecia consistente com as pessoas começando a entender como usar um mosquiteiro e quais eram suas vantagens.

Pensando nessa situação como um economista, poderíamos argumentar que, à medida que o mosquiteiro se tornava familiar, as pessoas adquiriam "capital de mosquiteiro", o que significa que obtinham maior valor de seu uso. Ou, seguindo uma abordagem comportamental, a relutância em adotá-los poderia ser resultado da dificuldade de imaginar os benefícios até que um número suficiente de pessoas os tivesse experimentado. A evidência para este último efeito era que, após os testes, os vizinhos dos usuários estavam mais dispostos a comprar mosquiteiros — embora também pudéssemos estender esse exemplo propondo que havia uma forma de "capital social" do mosquiteiro. Observe as referências de volta às ideias de Becker, Kahneman e Akerlof — e, claro, de Simon. Agentes otimizadores substancialmente racionais não precisariam do incentivo de uma intervenção pública para começarem a usar mosquiteiros.

É aqui que a abordagem da J-PAL rompe com Sachs e Easterly. Repetidamente, sua pesquisa de campo começa a partir de discussões com parceiros sobre soluções simples para armadilhas da pobreza, que já existem dentro da comunidade, mas que as pessoas facilmente ignoram. Permanecer pobre pode ser uma questão de estar em uma ilha de informação limitada, onde muitas pessoas não têm entendimento bom o suficiente de como usar os recursos de forma eficaz. Um efeito disso pode ser a falta de instituições econômicas que Akerlof observou na Índia. No entanto, entre os economistas anteriores, talvez Mill, com seu interesse no desenvolvimento colonial, tenha chegado mais perto disso, argumentando que a educação era essencial para a classe trabalhadora desenvolver a autonomia moral necessária para uma vida plena.

Desde a sua fundação, o Poverty Action Lab tem mantido uma relação próxima com a Abdul Latif Jameel Foundation, que estabeleceu uma rede global de Laboratórios de Ação contra a Pobreza, com a equipe do MIT no centro. A Fundação Bill e Melinda Gates também tem sido uma generosa apoiadora deste trabalho, e seu financiamento possibilitou um rápido desenvolvimento da metodologia. Mas isso levou a críticas de que, para satisfazer seus financiadores, os resultados dos ECRs afirmam oferecer demais. Existe o risco de que aquilo que funciona bem em um teste em pequena escala não seja eficaz em um programa muito maior. Por exemplo, os participantes de experimentos podem se envolver com pesquisadores independentes de maneira muito diferente da população em geral quando lida com administradores governamentais.

Superar essas críticas exigiu que Duflo e sua equipe tivessem uma relação muito diferente com os formuladores de políticas do que os economistas convencionais. Tradicionalmente, os acadêmicos mantinham uma distância cuidadosa da política, talvez atuando como consultores, concluindo trabalhos discretos encomendados e, depois, passando para seu próximo projeto de pesquisa, apenas mantendo acesso aos dados para que pudessem concluir sua análise. eram frequentemente observadores que não participavam. Duflo considera que ECRs bem elaborados não podem emergir em tal relacionamento. Em vez disso, acredita que os pesquisadores precisam trabalhar em estreita colaboração com funcionários públicos, para que compreendam totalmente o ambiente em que as armadilhas da pobreza surgem, e então projetem e testem os efeitos de intervenções sob medida destinadas a evitar essas armadilhas.

A contribuição de Duflo para o desenvolvimento da abordagem de ECR veio em grande parte através da criação de muitos testes úteis. No entanto, a pesquisa que a consagrou fez uso da teoria estatística para mostrar que os testes podiam ser melhores para identificar relações econômicas do que as formas complexas que os economistas desenvolveram para interrogar dados coletados para outros fins. Os economistas costumam usar experimentos "naturais". Imagine que haja um aumento do salário mínimo em um estado, mas que ele permaneça o mesmo em um estado vizinho. Ao compararmos comunidades próximas à fronteira entre os estados, a mudança do salário mínimo só deve afetar as decisões de contratação dos empregadores de um lado da fronteira. Caso contrário, as decisões deveriam ser, em grande parte, motivadas pelos mesmos fatores. Isso torna um experimento natural uma forma de teste, mas sem a atribuição aleatória dos participantes. Duflo e outros colegas demonstraram que há uma tendência de a análise dos resultados de experimentos naturais superestimar as diferenças entre os grupos de "controle" e de "tratamento". Os ECRs não são apenas uma forma mais direta de estimar os efeitos das intervenções — também podem ser substancialmente mais precisos e, portanto, mais úteis.

Como resultado, parte do trabalho do Poverty Action Lab tem sido mostrar que algumas intervenções bem apoiadas não são tão eficazes quanto seus proponentes afirmam. Por exemplo, o microcrédito se tornou muito popular nos primeiros anos deste século. Muhammad Yunus, que fundou a primeira organização de microcrédito, o Grameen Bank, em Bangladesh em 1976, ganhou o Prêmio Nobel da Paz em 2006. Naquela época, as instituições de microcrédito haviam se espalhado para muitos países e tinham cerca de 100 milhões de clientes, todos pobres.

Os defensores dessa abordagem argumentavam que os pobres lutavam para obter acesso a linhas de crédito formais, e afirmavam que uma instituição de crédito sediada na comunidade atendida seria capaz de fornecer os pequenos empréstimos de que as pessoas precisavam para abrir novos negócios. A primeira parte era, sem dúvida, verdadeira. A segunda era o mesmo tipo de afirmação feita por Sachs e Easterly no debate sobre o valor dos mosquiteiros. Na onda global de entusiasmo do público pela ideia, uma afiliada do Banco Mundial, o Grupo Consultivo de Assistência aos Pobres, declarou que "há cada vez mais evidências para mostrar que a disponibilidade de serviços financeiros para famílias pobres pode ajudar a alcançar os Objetivos de Desenvolvimento do Milênio".

Infelizmente, não havia evidências sólidas para tais afirmações. Depois de algum tempo, enfrentando pressão de bancos indianos, a Spandana, que era a maior credora de microfinanças em Hyderabad, concordou em se tornar parceira em um ensaio clínico randomizado para explorar os efeitos do microcrédito. Os resultados foram decididamente mistos. Do lado positivo, havia poucas evidências de que o dinheiro estava sendo desperdiçado, com o empréstimo sendo usado para financiar a compra de ativos, e também houve um modesto aumento na criação de empresas, com algumas delas sobrevivendo e criando riqueza substancial. Contra isso, também havia pouca evidência de efeitos transformadores, especialmente por meio do empoderamento das mulheres, que deveria ser um dos benefícios do microcrédito. A equipe de Duflo não conseguiu encontrar evidências de mulheres que tiveram acesso ao microcrédito alcançando maior controle das finanças domésticas, ou de mais gastos com saúde e educação. Após uma onda inicial de críticas liderada pelas maiores instituições de microcrédito, pesquisas adicionais estabeleceram resultados amplamente semelhantes em instituições de microfinanças em vários países.

Em todos esses testes, o único benefício certo do microcrédito acabou sendo permitir que um pequeno número de pessoas abrisse um negócio de sucesso e, assim, saísse da pobreza. Esse não foi o único efeito, claro — por exemplo, ao pegar dinheiro emprestado, as pessoas puderam adquirir alguns bens duráveis muito úteis (imagine não ter uma geladeira em uma cidade na Índia). São instituições socialmente úteis, e seus clientes continuam voltando para pedir mais empréstimos. Mas, por si só, o microcrédito não é uma bala de prata que pode reduzir substancialmente a pobreza.

Ao descrever seu trabalho, Duflo deixa bem claro que enfrentar os desafios da pobreza leva tempo. Os ECRs muitas vezes parecem pesquisas de mercado muito complexas realizadas para o bem público. Os experimentadores precisam entender como as pessoas responderão a uma mudança na prestação de serviços, que poderá, então, ser estudada com mais detalhes à medida que o experimento for ampliado. Para fazer isso bem, os experimentadores devem entender o contexto no qual as pessoas tomam suas decisões, para, assim, entender melhor, se não estiverem fazendo bom uso dos recursos, por que podem ter adotado esse padrão de comportamento. Sem esse entendimento, será impossível projetar uma intervenção que tenha efeitos imediatos, mas duradouros.

Estamos terminando este livro com uma nova maneira de pensar sobre o papel da economia. Claro que Duflo não foi a primeira economista a ter um relacionamento próximo com os formuladores de políticas. Schumpeter foi ministro do governo, e Keynes, intermitentemente, funcionário público. O movimento dos ECRs é diferente. De certa forma, não tem nenhum objetivo, a não ser melhorar a qualidade da tomada de decisões. Não tem nada a dizer sobre os tipos de instituições que podem realizar a tomada de decisões de forma mais eficaz. Assim como a abordagem de Ostrom para a gestão de recursos, ele não tem um forte poder preditivo, e está preocupado com resultados mensuráveis. Enquanto Ostrom estava preocupada com a concepção de instituições, os ECRS requerem uma compreensão detalhada dos ambientes de escolha e métodos para medir os efeitos potenciais das mudanças neles. Essas duas abordagens se complementam muito bem, afastando nossa discussão das afirmações da teoria e ampliando as maneiras pelas quais a análise econômica pode efetivar mudanças substanciais.

E, com isso, chegamos ao fim do livro. Começamos com Aristóteles pensando na administração do lar em benefício dos cidadãos do sexo masculino de uma sociedade escravocrata e terminamos com economistas pensando em como transformar as perspectivas dos membros mais pobres de nossa sociedade global. Mas ainda pensam em como gerenciar recursos dentro das restrições das sociedades em que vivem.

POSFÁCIO

Em qualquer história sobre a economia, o trabalho dos grandes economistas inevitavelmente vem à tona. Comparados aos milhares que trabalham duro com pouco reconhecimento, os melhores economistas desenvolvem maneiras de pensar que são adotadas por outros economistas e, em geral de forma rápida, embora, como na teoria do equilíbrio geral de Léon Walras, possa haver um longo atraso na aceitação geral de ideias importantes. Os poucos afortunados encontram novas abordagens, que se relacionam bem com ideias anteriores sobre a economia e permitem que outros economistas enfrentem os desafios da gestão bem-sucedida de recursos.

Há dois pontos de virada críticos nesta história. Primeiro, Adam Smith tornou possível pensar em um sistema econômico quando a Europa começava a se industrializar. Depois, na década de 1930, quando a economia global parecia estar à beira do colapso, John Maynard Keynes argumentou que haveria momentos em que os governos precisariam desempenhar um papel ativo no sistema de Smith. A esses, possamos talvez acrescentar o desenvolvimento da análise marginal como tendo sido necessário para a ciência econômica emergir em sua forma moderna e finalmente separar-se da filosofia, da política e da história.

Além desses momentos essenciais, o restante deste relato expôs o que significa pensar como um economista. Não foi um relato abrangente das ciências econômicas — a *História da análise econômica*, de Joseph Schumpeter, cobriu apenas a primeira metade deste livro, e tinha cerca de 1200 páginas. Isso significa que havia vários economistas cujas ideias poderiam facilmente ter aparecido neste livro, mas cujas contribuições acabaram ficando de fora na seleção final. Por exemplo, Kenneth Arrow foi um dos teóricos mais produtivos das décadas de 1950 e 1960. Ele desempenhou um papel importante na descoberta da solução para o sistema de equilíbrio geral walrasiano e em modelos de escolha coletiva. Possivelmente o teórico econômico mais brilhante do século XX, depois de mais de cinquenta anos, ainda é o vencedor masculino mais jovem do Prêmio Nobel de Economia.

Em uma versão anterior do manuscrito, um único capítulo tentava discutir o trabalho de Arrow e Paul Samuelson. Além de ambos serem brilhantes teóricos desde a época de pós-graduação, havia importantes laços familiares. O irmão de Samuelson e a irmã de Arrow se formaram economistas profissionais e, posteriormente, se casaram. Ressaltando a importância das conexões pessoais, o filho deles, Larry Summers, foi um importante economista keynesiano na década de 1980. Ele, então, se tornou economista-chefe do Banco Mundial, secretário do Tesouro dos Estados Unidos e reitor da Universidade Harvard. Parecia que Samuelson e Arrow mereciam seu próprio capítulo, mas a questão era quem dispensar. Talvez, se este livro chegar a uma segunda edição, Arrow apareça como substituto — mas, assim como um primeiro-ministro nomeando novos ministros para um governo, será necessário algum cuidado para não afetar o equilíbrio da equipe.

Também poderia haver uma exploração muito mais profunda da variedade de maneiras de pensar sobre a economia que surgiram no século XIX. Concentrar-se na tradição britânica fez com que as ideias dos engenheiros franceses, das escolas históricas alemãs e dos institucionalistas estadunidenses mal fossem mencionadas. No entanto, sempre houve muitas maneiras de pensar sobre a economia, e a análise de como a ciência econômica se desenvolveu na segunda metade do século XX foi deliberadamente eclética, mostrando como sua profissionalização não a levou a se isolar de outras ciências sociais.

Pensar como um economista significa simplesmente se engajar na reflexão sobre os desafios da gestão de recursos. Uma lição deste livro pode ser que, para afetar a forma como outros economistas pensam, é importante desenvolver alguma percepção profunda ainda jovem e fazer parte de uma grande rede de pesquisadores renomados. Independentemente da época, as melhores ideias econômicas emergiram em apenas alguns lugares do mundo.

Podemos traçar a origem das maiores contribuições de Herbert Simon e Ronald Coase à época em que eram estudantes universitários. Paul Samuelson começou a formalizar a economia neoclássica quando tinha pouco mais de vinte anos. Muitos dos grandes economistas concluíram trabalhos importantes na casa dos vinte anos e, depois, desenvolveram suas percepções pelo resto das carreiras. David Ricardo foi talvez a exceção mais óbvia, mas ele era um cavalheiro amador, que só se voltou para a economia política na aposentadoria. Ele estava, portanto, no início dos quarenta anos. Keynes, apoiado pelo Círculo de Cambridge, completou seu trabalho mais influente por volta dos cinquenta anos — e o esforço quase o matou.

Além do Círculo de Cambridge, vimos como as ideias surgiram de dentro dos clubes de debate do Iluminismo escocês no final do século XVIII, do pensamento dos Filósofos Radicais em Londres no início do século XIX, da Escola de Cambridge criada por Marshall no final do século XIX, de uma variedade de círculos formais de discussão em Viena no início do século XX e da Escola de Chicago em meados do mesmo século. Depois de Adam Smith, seria perfeitamente possível escrever um livro sobre o que significava pensar como um economista concentrando-se apenas no trabalho realizado em Londres, Cambridge, Viena, Cambridge (Massachusetts) e Chicago.

Esses lugares têm sido importantes porque o melhor pensamento econômico tende a acontecer quando economistas competentes conversam regularmente entre si. Os melhores economistas acadêmicos atraem os melhores alunos e os treinam para serem seus sucessores. O nexo Samuelson-Arrow-Summers só era incomum porque envolvia uma família. Entre Arrow, Robert Solow, Wassily Leontief e seus alunos, podemos encontrar quase um quinto dos ganhadores do Nobel.

Novas ideias econômicas geralmente emergem como uma resposta às mudanças na economia. Adam Smith escreveu no início da Revolução Industrial. John Maynard Keynes respondeu à Grande Depressão. A revolução marginal pode parecer ter sido em grande parte interna à ciência econômica, mas permitiu que ela interagisse com a Segunda Revolução Industrial no final do século XIX. Podemos ter certeza de que a próxima grande virada refletirá mudanças na economia que as ciências econômicas, como estão agora, simplesmente não conseguem explicar. Isso torna quase impossível prever o que significará pensar como um economista daqui a cinquenta anos. A possibilidade óbvia é que envolva a busca da sustentabilidade ecológica. Mas, talvez, alguns desafios bem diferentes se tornem mais importantes.

É possível que haja uma revolução interna nas ciências econômicas tal qual a do final do século XIX. Desde a época de Alfred Marshall, houve economistas que usaram uma teoria formal e dedutiva, expressa em linguagem matemática, e que a testaram usando análise estatística. Também houve economistas que partiram de observações detalhadas para gerar insights profundos, muitas vezes ligados a explicações comportamentais. Marshall, claro, teve dúvidas sobre o valor da teoria formal, e tentou imaginar como a economia poderia se inspirar na biologia. Os austríacos, como Joseph Schumpeter e especialmente Friedrich Hayek, mostraram como isso poderia ser possível, mas nenhum deles jamais fez parte do *mainstream* da economia.

Se houver uma crítica ao formalismo que possa dar alguma dica de como o pensamento econômico pode mudar, estará na abordagem de Robert Solow, que tendia a usar modelos como forma de estruturar seu pensamento, e na de seu aluno, George Akerlof, que construiu modelos tomando emprestado de outras ciências sociais. Nesse caso, as novas ciências econômicas reuniriam a formalidade da abordagem de otimização com a base observacional das abordagens comportamentais. Economistas que pensarem dessa forma serão capazes de contar grandes histórias que mudarão nossa compreensão da economia. Eles serão um pouco como Keynes e Friedman, e suas ideias, mais uma vez, cativarão a imaginação do público.

AGRADECIMENTOS

Seria impossível para mim escrever este livro sem o apoio da família e dos amigos. Primeiro, porém, tenho que agradecer a Tomasz Hoskins, meu editor na Bloomsbury, pelo encorajamento e direção, e por me dar o espaço e o tempo para moldar os argumentos que gradualmente emergiram. Toda a equipe da Bloomsbury fez um trabalho excelente na preparação do texto para sua apresentação aqui, e sempre foi um prazer trabalhar com eles: Sarah Jones pela edição do projeto do livro, Chris Stone, Guy Holland e Rosemary Dear pela edição, revisão e indexação, respectivamente, e os departamentos de Publicidade e de Marketing.

Em seguida, minha esposa, Jane Queenan, suportou minhas ausências por horas enquanto eu lutava com as ideias dos grandes pensadores. Nossas conversas foram muito importantes para me ajudar a decidir o que era essencial incluir no livro.

Tentar listar todas as pessoas que me incentivaram a pensar sobre a história das ciências econômicas seria difícil. Por muitas conversas estimulantes, sou especialmente grato a John Sawkins da Universidade Heriot-Watt, Omar Shaikh da Global Ethical Finance Initiative, Russell Napier, o Guardião da Biblioteca dos Erros, e Patrick Schotanus, o líder de pesquisa da Hipótese da Mente do Mercado. Enquanto escrevia o livro, conduzi um seminário para estudantes de graduação sobre a história do pensamento econômico na Universidade Heriot-Watt. Os participantes desse seminário talvez não percebessem que um de seus papéis era me disciplinar a escrever regularmente. Ter que ministrar palestras semanais de duas horas — que invariavelmente terminavam bem depois do horário previsto — me manteve focado na tarefa geral. O entusiasmo deles pelo assunto tornou a escrita um prazer.

Por fim, preciso agradecer ao meu agente. Jaime Marshall foi incansável em sua insistência para que eu expressasse cada ideia de forma clara, precisa, persuasiva e, acima de tudo, envolvente. Ele leu muito mais do meu texto do que eu esperava, e me orientou de maneira cortês, mas com uma determinação inabalável, até que eu me tornasse fluente em um estilo que atendesse aos seus altos padrões. Nunca terminei uma reunião com Jaime sem me sentir encorajado sobre o que eu estava fazendo.

Durante todo o processo de escrita, fui sustentado por um apoio e encorajamento generosos. Isso garantiu que eu mantivesse minha curiosidade enquanto examinava as ideias dos grandes economistas para discernir os fios que as ligavam.

ÍNDICE REMISSIVO

A

Abdul Latif Jameel
Foundation 261
Akerlof, George 14, 244,
245, 246 - 7, 248,
249 - 254, 256,
269 - 70
Alberto Magno 30, 40
Alcorão 22
Allais, Maurice 121, 228
-230
Allen, Roy 160-1
análise da curva de
indiferença 160
Análise econômica
(Boulding) 235
Aquino, Tomás de 26,
29 - 33, 34 - 35,
40, 43
Aristóteles 16 - 25, 27
- 28, 34, 35, 40,
45, 75,
Arrow, Kenneth 129,
267, 268 - 269
Autobiografia (Mill) 61
Averróis (Ibn Rushd) 27
Awan, Elinor ver Ostrom,
Elinor

B

Banco Mundial 115,
126, 134, 246,
263, 267
Banerjee, Abhijit 255,
257 - 259
Barnard, Chester 176
Barro, Robert 210, 237
Becker, Gary 201 - 205,
206 - 11, 230 - 1,
249 - 50, 252
Bell, Vanessa 109 - 10
Bentham, Jeremy 56
Biblioteca Marshall 94
Böhm-Bawerk, Eugen von
98
Boody, Elizabeth 102 -
4, 212
Boulding, Kenneth 235
Bowley, A. L. 91 - 2
Bright, John 69
Buccleuch, Duque de
41
Buchanan, James 141,
142, 197 - 8
Burbank, Harold 160,
161-2
Burns, Arthur 152 - 3

C

Caldwell, Bruce 118

Caminho da servidão, O
119 - 20, 121, 138

capital 34, 193 - 196,
205 - 208, 210 -
11, 230 - 1

capitalismo 69 - 70, 72
- 75, 103

Capitalismo e liberdade
(Friedman e
Friedman) 150 - 1,
237

Capitalismo, socialismo
e democracia
(Schumpeter) 102,
103, 104

Chamberlin, Edward 159
- 60

chrématistiké (arte de
adquirir dinheiro)
21, 75

Churchill, Winston 103,
111

Ciclos Econômicos
[Business Cycles]
(Schumpeter) 102,
105, 118

Cipolla, Carlo 234 - 5

Círculo de Cambrigde
115, 196, 212 -
13, 268

círculo dos "Filósofos
Radicais" 56, 62
- 3, 268

classes trabalhadoras
12 - 3, 46, 60 - 1,
64, 68 - 70, 74,
75, 89 - 90, 104 -
5, 261

clube de discussão
"Apóstolos" 109

Coase, Ronald 137 - 142,
142 - 7, 148, 173,
189, 268

Cobden, Richard 68 - 9

Cohen, Jessica 260

comércio 11, 20 -1, 22
- 3, 27, 32, 33 - 4,
35, 42, 110 - 1,
114 - 5, 126
análise do 50 - 1,
53 - 5
barreiras
comerciais 89
livre comércio 45,
53, 54 - 5, 68 - 9

Comissão Cowles
de Pesquisa
Econômica 177
- 8, 197 - 8

Commons, John 176 -
77

Como pagar pela guerra
[How to Pay for
the War] (Keynes)
114

Competição 30, 42 , 43
- 4, 61, 63, 68, 74
- 5, 99 - 100, 140,
142

Comportamento
administrativo
(Simon) 174 - 5

Comunismo 68, 178 - 9

Consequências
econômicas da
paz, As (Keynes)
107 - 8, 110

Consequências
econômicas do

sr. Churchill, As (Keynes) 111
Constantinopla 26 - 7
Constituição da Liberdade, A (Hayek) 121 - 2, 123
Contratos de trabalho como trocas parciais de presentes [Labour Contracts as Partial Gift Exchange] (Akerlof) 250
Controvérsia do Capital de Cambridge 196
Cournot, Antoine Augustin 94 - 5
Cowles, Alfred 177
crash de Wall Street 112
Crawford, Marion 162 - 3, 212
cristianismo 26 - 29
Crítica de Lucas 240
curva de Phillips 155 - 6 197, 199

D

Darwin, Charles 92
Debreu, Gérard 128 - 9
desemprego 76, 155 - 6, 167, 197 - 8 199, 233, 237, 238 - 9, 244, 251
Destruição Mútua Assegurada 15, 181, 183
Dinheiro 21, 22-3, 33 - 4, 44, 72 - 4, 153 - 4, 156 - 7, 251 ver também Moeda
Director, Aaron 143, 148 149
Director, Rose ver Friedman, Rose (nascida Director)
Direito, legislação e liberdade (Hayek) 121 - 2
direitos de propriedade 28, 33, 62, 63, 73, 123, 144, 145, 187, 212, 217
Discriminação 201-5
discriminação racial 201 - 5
Divulgação 31-2
Domar, Evsey 193
Dominicanos 28, 33
Duflo, Esther 15, 255, 257, 261-2, 264
Duns Scotus, John 30 - 1
Dupas, Pascaline 260
Dupuit, Jules 94 - 5

E

Easterly, William 257, 259 - 60
economia abordagem francesa 77 definição 10 - 1 desenvolvimento 11 - 15
economia comportamental 202, 203, 230 - 1
Economia da indústria, A (Marshall) 89

Economia de escovar os
dentes, A (Barro)
89, 210 - 11
economia do
desenvolvimento
205, 255 - 257
Economia dos Pobres, A
257
economia neoclássica
81 - 3
economia política 46,
47, 50 - 53, 55,
56, 58 - 61, 63
- 65, 67 - 70, 75
- 79, 81, 82, 86
- 88, 93, 94, 95,
97, 105, 118, 122,
139, 165, 180,
186, 189, 194,
199, 212, 268
Economia: uma análise
introdutória
[Economics: An
Introductory
Analysis]
(Samuelson) 88 -
9 165 - 7
Elementos da economia
[Elements of
Economics]
(Tarshis) 166
Elementos da economia
política pura
[Éléments
d'économie
politique pure]
(Walras) 79
Emancipação das
mulheres, A [The
Enfranchisement
of Women]

(Taylor) 62
Empréstimo 22, 23, 34,
35, 115, 153, 154,
263
Engels, Friedrich 66, 67,
68 - 69
ensaio clínico
randomizado
(ECR) 259, 261 -
2, 263, 264
Ensaios em economia
positiva [Essays
in Positive
Economics]
(Friedman) 151
- 2
Ensaio sobre o princípio
da população
(Malthus) 46, 47
- 9, 55
Eríxias 17
Escola Austríaca 83, 97,
98
Escola da Virgínia 141
Escola de Cambridge 93
- 95, 268
Escola de Chicago 148,
149 - 50, 268
Escola Historicista
Alemã 77, 83, 97
Escolásticos 138 - 9
Escolha e consequência
[Choice and
Consequence]
(Schelling) 186
Espírito animal, O
(Akerlof) 252
esquemas de "emissão e
comércio" 145
estagflação 156, 168
Ética a Nicômaco

(Aristóteles) 20

F

família, economia da 208, 209

"Federal Communications Commission, The" (Coase) 142 - 3

Ferguson, Adam 122

Filipe ii 19

Fischer, Stanley 245

Fisher, Irving 157

Fisiocratas 42 - 4

Foxwell, Herbert 95

Franklin, Benjamin 40

Freeman, Ralph 165

Friedman, Milton 13, 121, 148 - 149, 150 - 8, 197 - 235, 237, 242
consumo e renda nacional 154
crítica da curva de Philips 199
e a revista Newsweek 168
teoria do consumo da renda permanente 155
tomada de decisão 172-3

Friedman, Rose (nascida Director) 149 - 50, 212

Frisch, Ragnar 102

Fry, Roger 109 - 10

Funções do executivo, As (Barnard) 176 - 7

Fundamentos da análise econômica

(Samuelson) 163, 164, 191 - 2, 235

Fundo Monetário Internacional (fmi) 114 - 5, 126

G

Galbraith, John Kenneth 198

gestão
gestão de recursos 139 - 218,
gestão dos direitos à água 214 - 15, 217 - 8

gestão do lar ver também oikonomia 18

gestão policêntrica 214 - 5, 218

Glennerster, Rachel 255, 257

Godwin, William 46

Goldwater, Barry 150

Goodhart, Charles 240 - 1

Grameen Bank, Bangladesh 262 - 3

Grande Depressão 13, 101, 112, 113, 149, 156

Grande Fome 58

Grant, Duncan 110

Groves, Leslie 133

Grundsätze der Volks- wirtschaftslehre [Princípios de economia] (Menger) 78 - 9

Grupo Consultivo de

277

Assistência aos Pobres 263

Guia dos perplexos (Maimônides) 27

H

Hansen, Alvin 164 - 5

Harberger, Arnold 209, 235

Hardin, Garrett 216 - 17

Harrod, Roy 193

Hart, Oliver 145 - 46

Hayek, Friedrich 13, 117 - 126, 138, 149 - 150, 156 - 7, 178, 197 - 8, 215, 269

Hegel, Georg Wilhelm Friedrich 68

Henderson, Hubert 112, 115, 118

Heurísticas 224 - 8

Hicks, John 160 - 163, 192

Hilbert, David 131

Hilferding, Rudolf 117

História da análise econômica (Schumpeter) 102 - 3, 104, 266

História da astronomia (Smith) 39

História monetária dos Estados Unidos, Uma [Monetary History of the United States, A] (Friedman e Schwartz) 156

Hotelling, Harold 152

Hume, David 38, 40, 53

- 4, 125

Hutcheson, Francis 38 - 9

I

Ibn Rushd (Averróis) 27

Identidade 12, 153, 251, 252

igualdade de gênero 62

Iluminismo 36, 201

Iluminismo escocês 36, 38, 268

Indústria e comércio [Industry and Trade] (Marshall) 93

Inflação 155 - 60, 167, 197 - 8, 199

Institucionalismo 77, 151, 161 - 2, 179

Instituto Austríaco de Pesquisa de Ciclos Econômicos 117 - 8

Investimento 34, 42, 44, 111 - 12, 113 - 14, 126, 155 - 6, 164, 193, 194 - 5

Islã 22, 23, 26, 27

J

Jevons, William Stanley 78 - 9, 80, 82 - 3, 86, 88, 90 -1, 94 - 5

Jogos e decisões [Games and Decisions] (Luce e Raiffa) 182

Jones, Homer 152

Journal of Law and

Economics 143 - 4, 145

j-pal (Poverty Action Lab), MIT 255, 261, 262

Juros 22, 23, 33 - 35, 51, 112, 156, 236

justiça 21, 27, 29, 32 - 33, 44, 45, 63, 125, 138 - 9,

K

Kahneman, Daniel 222 - 30, 230, 249

Kahn, Richard 115, 119

Kann, Jakab 129

Kann, Margaret 129

Kann, Vilma 129

Kennedy, John F. 168, 190, 234

Keynes, John Maynard 13, 14, 101 - 2, 105 - 6, 107 - 16, 117, 118 - 20, 126, 134, 149 - 50, 158, 192, 197, 266, 268, 269

Keynes, John Neville 108

Knight, Frank, 149, 157, 242

Kondratiev, Nikolai 101

Koopmans, Tjalling 177

Kranton, Rachel 251 - 2

Kremer, Michael 255, 257, 258 - 60

Kuznets, Simon 152

Kydland, Finn 237

L

Landes, David 234

Leis do Milho 54, 59

Leontief, Wassily, 105, 160, 181, 192, 268 - 9

Lewis, Barbara 191, 212

Liberalismo 60, 62 - 3, 69, 117 - 8, 156 - 7

Liberdade 120 - 1, 123, 125, 126

Livre para escolher (Friedman e Friedman) 150 - 1

Lloyd George, David 110

Lopokova, Lídia 111, 114, 115, 212

Lucas, Robert 14, 233 - 39, 239 - 43, 244 - 5

modelo das ilhas 238, 239 - 40, 251

Luce, Duncan 182

Lucro 34, 51- 2, 73, 74, 81, 82 - 3, 90, 111 - 2, 113, 175, 238

Luhnow, Harold 121

M

MacDonald, Ramsay 118

Macroeconomia 116, 233 - 43, 244 - 54

Maimônides, Moisés 27

Malthusianos 58

Malthus, Robert 46 - 50, 51, 55, 64

Manchesterismo 69

Mandeville, Bernard 41

Manifesto comunista, O (Marx e Engels) 67

Mão invisível, metáfora
da 39, 42 - 3, 68,
79, 84, 122, 138,
221
Marschak, Jacob 119,
177, 240
Marshall, Alfred 12, 13,
86 - 95, 97, 99,
105, 116, 138,
141, 149, 241 - 2,
256, 268, 269
Marshall, Mary Paley 89,
93, 212
Marshall, William 86
Marx, Karl 13, 66-8, 69 -
75, 104 - 5
Medindo ciclos
econômicos
[Measuring
Business Cycles]
(Burns e Mitchell)
152 - 3
Menger, Carl 78 - 9, 80,
83, 97
Mercado 32, 69, 79, 148,
221, 238, 247,
248, 253
Coase 139 - 145,
173
Hayek 122 - 3,
124
Marshall 90, 91
Smith 43 - 4, 45
"Mercado de limões",
artigo (Akerlof)
246 - 7, 248
Mercantilismo 42, 43 - 4
Mercadoria 71-4
Merriam, Charles 172
Metodologia da
economia positiva,

A [Methodology
of Positive
Economics]
(Friedman) 151
- 2
Microcrédito 262 - 64
Milgrom, Paul 146
Mill, James 50, 56 - 7, 57
- 8 61 - 2, 62 - 3,
64 - 5
Mill, John Stuart 12 - 3,
50, 56 - 65, 68,
75, 76 - 7, 88, 90,
94, 104 - 5
Mincer, Jacob 206
Mitchell, Wesley Clair
152 - 3
modelo Harrod-Domar
193-5
Modigliani, Franco 190
Moeda 111 - 12, 122
Money, Credit and
Commerce
(Marshall) 93
Montesquieu, Michel de
41
Moore, G. E. 109
Morgenstern, Oskar 128,
192, 230
mudanças climáticas 15,
186 - 188
Murphy, Kevin 208
Muth, John 236

N

Nash, John 134 - 5, 135 -
6, 182
"Natureza da Firma, A"
(Coase) 140-1
Neumann, Max 128, 129
Neurath, Otto 117 - 8

Nixon, Richard 150
Nordhaus, William 166, 241
nova economia clássica 233, 237, 239, 244, 245, 248, 253
nova economia keynesiana 245, 248, 252
Novo estado industrial, O (Galbraith) 198
Nudge (Thaler) 231

O

O capital 66, 67
oferta e demanda 78 - 85
oikonomia ver também gestão do lar 17, 18, 21
Oikonomikos (Xenofonte) 17
oikos, antiga Grécia 71
Ordem Franciscana 28, 33
Ostrom, Elinor (Lin) 212, 213 - 16, 216 - 21, 249
Ostrom, Vincent 213 - 14
Ostrom Workshop 214
Otan 181 - 2, 186 - 7

P

Padronizado 30
Paley, Mary ver Marshall, Mary Paley
Para a crítica da Economia Política (Marx) 67

pesca marinha 217, 218
Pescando tolos (Akerlof) 252
Phillips, A. W. (Bill) 155, 197
philosophia 16
Pigou, Arthur 95, 109, 116, 118, 142, 143
planejamento econômico 120
Plant, Arnold 138, 139
Platão 16 ,18, 19, 22
Pobreza 261
armadilhas da pobreza 255, 261, 262 - 3
microcrédito 263 - 4
Política (Aristóteles) 20
Poverty Action Lab (J-PAL), MIT 255, 261, 262 - 3
preço justo, argumento do 30, 34
Prescott, Ed 236-7, 242
Prices and Production [Preços e produção] (Hayek) 118
Principia Mathematica [Princípios matemáticos] (Russell) 170
princípio da troca voluntária 30
princípio de Le Châtelier 163
Princípios da economia política (Mill) 58, 59 - 60, 61, 64 - 5,

88, 104 - 5

Princípios de economia (Jevons) 78

Princípios de economia (Marshall) 12, 89 - 90, 92 - 3, 95 141, 149

Princípios de economia política e tributação (Ricardo) 46, 50, 56

Princípios de economia política (Malthus) 55

"Problema do custo social, O" (Coase) 143 - 4

produção de alimentos 47 - 8

Projeto Manhattan 133, 134

psicologia 117, 122, 171, 174, 180, 212, 249

Pure Theory of Capital [Teoria pura do capital] (Hayek) 119

Pure Theory of Domestic Values [Teoria pura dos valores domésticos] (Marshall) 89

Pure Theory of Foreign Trade [Teoria pura do comércio exterior] (Marshall) 89

Pye, Dorothea 174, 178 - 9, 212

Q

Quesnay, François 41 - 2

R

racionalidade 125 - 6, 176, 178, 250

Raiffa, Howard 182

Ramsey, Frank 115

RAND Corporation 182 - 3

Rápido e devagar: duas formas de pensar (Kahneman) 223

Rapping, Leonard 235, 236

Rayleigh, Lorde 87

Reagan, Ronald 13, 150, 197 - 8

Recursos 9 - 10
consumo de 32 - 3
gestão de 239, 218 - 20
troca de 32

reis filósofos 16, 19

relações sociais 67, 68, 69, 82

Rerum Novarum (bula papal) 33

resíduo de Solow 195

Ricardo, David 46, 50 - 5, 56, 68, 70, 75, 76, 82, 94 - 5, 268

Ridley, Clarence 174

Riqueza das nações, A (Smith) 11, 37, 38 - 9, 40 - 5, 46, 92 - 3, 255 - 6

Robbins, Lionel 24, 117,

118
Robertson, Dennis 115
Robinson, Austin 115
Robinson, Joan 115,
196, 212-3
Rockefeller, John D.
148
Roosevelt, Franklin 103
Roscher, Wilhelm Georg
Friedrich 88
Russell, Bertrand 170

S

Sachs, Jeffrey 257, 259
- 60
salário
doutrina do fundo
de salários 64,
76 -7
salários de
eficiência 245,
248, 249, 251
teoria da
determinação
salarial 76
Samuelson, Paul 88,
105, 158 - 68,
190, 192, 196 - 7,
198 - 9, 235, 268
- 9
e a revista
Newsweek 168
e o conceito da
aceleração de
Hansen 164
método da
preferência
revelada 160 - 1
Sargent, Thomas 237
Satisfatório 175, 179
Schelling, Thomas 15,

105, 180 - 9, 220,
226 - 7, 230 - 1
Schultz, Ted 205
Schumpeter, Joseph 96
- 106, 107 - 8, 113
- 4, 116, 132, 137 -
8, 160, 161, 269
Schwartz, Anna 156
Seaver, Gladys 98
Segunda Revolução
Industrial 59,
269
Sen, Amartya 257
Senior, Nassau 58
Sensory Order, The
[Ordem sensorial,
A] (Hayek) 122
Será que Lloyd George
consegue fazer
isso? [Can Lloyd
George Do
It?] (Keynes &
Henderson) 112
Shiller, Robert 252, 253
Sidgwick, Henry 87, 89
Simon, Herbert 14, 170
- 9, 189, 212, 215
- 16, 235, 268
Simons, Henry 149, 157
simpatia 39
sindicatos 61, 64, 74
sistema bancário 157,
158
Sistema de lógica
dedutiva e
indutiva (Mill) 58
Situação da classe
trabalhadora
na Inglaterra, A
(Engels) 68-9
Smith, Adam 11 - 13,

283

13 - 4, 36, 37 - 45, 46, 53, 61, 66, 69 - 70, 92 - 3, 105, 122, 135, 151, 218, 221, 256, 266, 269

mão invisível 39, 42, 68, 79, 122, 138

paradoxo da água e do diamante 82

Sobre a liberdade (Mill) 58

Sobre o trabalho [On Labour] (Thornton) 64

socialismo 66, 68, 75, 77

Sociedade Mont Pèlerin 121

Sócrates 16 , 18, 19

Solow, Robert 105, 190 - 200, 241

Spandana (credora de microfinanças) 263

Spence, Michael 246, 247

Sraffa, Piero 115, 119

Stalin, Joseph 103

Stamp, Josiah 118

Stigler, George 121, 137, 143, 144, 149, 159, 235

Stiglitz, Joseph 245, 248

Strachey, Lytton 110

Strategy of Conflict, The [Estratégia do conflito, A] (Schelling) 181,

182 - 3

Suicídio 202

Suma teológica (Aquino) 29

Summers, Larry 267, 268 - 9

Sunstein, Cass 231

T

Tarshis, Lorie 166, 178 - 9

Taussig, Frank 96, 105

Taylor, Harriet 56, 57, 60 - 3, 212

Taylor, John 57, 61, 245

temperança 40-1, 44

teologia econômica medieval 29 - 35

teoria da distribuição de renda 76 - 7

Teoria da economia política (Jevons) 78, 95

teoria da emergência do governo 220

teoria da probabilidade 224-5

teoria do crescimento 195 - 6, 196 - 7, 199, 241, 256 - 7

teoria do equilíbrio geral 91, 125

teoria do prospecto 229

teoria dos jogos 127, 131- 2, 134 - 5, 227 - 30

dilema do prisioneiro 135, 182, 184

jogo de

contribuição voluntária 216

jogos de soma zero 131, 133 - 34, 183 - 4

Nash 134

Ostrom e 216

paradoxo de Allais 229

princípio do minimax 131-2, 134 - 5

problema do carona 216

Schelling 180 - 1, 182, 184 - 5, 226 - 7

von Neumann 127 - 29, 131, 134, 183 - 4

Teoria dos sentimentos morais (Smith) 38 -9, 40, 44, 221

Teoria geral do emprego, do juro e da moeda, A (Keynes) 108, 113, 115, 119, 192, 236

Thaler, Richard 231

Thatcher, Margaret 13, 121, 197 - 8

The Enfranchisement of Women 62

Theorie der wirtschaftlichen Entwicklung [Teoria do desenvolvimento econômico] (Schumpeter) 98

- 9

Theory of Games and Economic Behaviour [Teoria dos jogos e do comportamento econômico] (Von Neumann e Morgenstern) 128

Theory of Parlour Games, A [Teoria dos jogos de salão, A] (Von Neumann) 131

Theory of the Consumption Function, A [Teoria da função do consumo, Uma] (Friedman) 154

Thornton, William 64 - 5

Thünen, Johann Heinrich von 94 - 5

Tinbergen, Jan 240

Tobin, James 190

tomada de decisão 222 - 32, 236

tomada de decisão comportamental 170, 171, 172 - 8

"Tragédia dos comuns, A" (Hardin) 217

Tratado de Limitação de Armas Estratégicas 184

Tratado de Mísseis Antibalísticos

184
"Tratado sobre a lei e a justiça" (Aquino) 29 - 30
Treatise on Money [Tratado sobre a moeda] (Keynes) 101, 111 - 12, 117, 118
Treatise on the Family [Tratado sobre a família] (Becker) 209 - 10
Troca 27, 29 - 33, 34, 71, 77, 250, 251
troca recíproca de presentes 250
Tucker, Albert 135
Tullock, Gordon, 141, 142
Turgot, Anne-Robert-Jacques 41 - 2
Tversky, Amos 222 - 3, 225 - 8, 229, 230, 244, 249

U

União Europeia de Pagamentos 181
utilitarismo 63, 77, 202
teoria da utilidade esperada 229
utilidade marginal 90 - 1, 95
Utilitarismo, O (Mill) 58

V

Valor e capital (Hicks) 163, 192
valor, teorias do 65, 69, 70, 71 - 2, 76

Veblen, Thorstein 81 - 2, 85
Vício 185 - 6, 208
Viner, Jacob 149, 150, 159
Volker Fund 121
Von Mises, Ludwig 117 - 8, 119, 122
Von Neumann, John 127 - 35, 138, 183 - 4, 230
Von Wieser, Friedrich 98, 117 - 8

W

Wald, Abraham 192
Wallich, Henry 168
walrasiano 84 - 5, 104
Walras, Léon 78, 83, 84 - 85, 88, 89, 96 - 7, 128 - 9, 136, 266
Watt, James 43
Wesen des Geldes, Das [A natureza do dinheiro] (Schumpeter) 101
Whitehead, Alfred North 109
Wicksell, Knut 111, 117, 193
Wigner, Eugene 130
Williamson, Oliver 145 - 6, 220
Wilson, Edwin 161, 162, 163
Woolf, Virginia 110

X

Xenofonte 17, 18

Y

Yellen, Janet 245, 246,
250 - 1
Yunus, Muhammad 262
- 3

Primeira edição (abril/2025)
Papel de miolo Ivory 58g
Tipografias Lucida Bright e Bebas Kai
Gráfica Melting